陕西出版资金资助项目

# 中国长治久安的必由之路

ZHONGGUO
CHANGZHIJIUAN DE
BIYOUZHILU

宋昌斌 著

世上没有万古不变的真理。如果有的话，
那就是：世上没有万古不变的真理。

THIRD
第三编辑室

陕西出版传媒集团
陕西人民出版社

**图书在版编目（CIP）数据**

中国长治久安的必由之路/宋昌斌著. —西安：
陕西人民出版社，2014
ISBN 978 - 7 - 224 - 11352 - 5

Ⅰ.①中… Ⅱ.①宋… Ⅲ.①社会主义法制—建设—
研究—中国 Ⅳ.①D920.0

中国版本图书馆 CIP 数据核字（2014）第 253948 号

## 中国长治久安的必由之路

| | |
|---|---|
| 作　者 | 宋昌斌 |
| 出版发行 | 陕西出版传媒集团　陕西人民出版社 |
| | （西安北大街 147 号　邮编:710003） |

| | |
|---|---|
| 印　刷 | 西安市建明工贸有限责任公司 |
| 开　本 | 787mm×1092mm　16 开　16.75 印张　1 插页 |
| 字　数 | 218 千字 |
| 版　次 | 2015 年 1 月第 1 版　2015 年 1 月第 1 次印刷 |
| 书　号 | ISBN 978 - 7 - 224 - 11352 - 5 |
| 定　价 | 38.00 元 |

# — 目 录 —

| 下篇 |　**法治，这条路该如何走**

— 绪 论 —

# 十字路口的必然选择

中国正面临有史以来最深刻的社会转型。

在有信史可考的中国几千年文明史中，以家族统治为标志的王朝更替，大概有几十个；至于以暴力革命方式引发的社会变动，大大小小也有上百次。

所有这一切，包括春秋战国时期那么剧烈的旷日持久的社会变革，包括孙中山领导的推翻几千年帝制的辛亥革命，也包括共产党领导的建立新中国的人民革命，都没有改变一个最基本的事实，那就是中国社会以农牧或者农耕为主的生产和生活方式，并没有发生根本性变化。过去人们常讲1840年鸦片战争是中国近代史的开端，常讲1911年辛亥革命是"中国三千年未有之大变局"，其实更多地侧重上层建筑和意识形态，若从经济基础考量，甚至包括上层建筑和意识形态的许多方面，中国仍然是个传统的农业社会。

但改革开放30多年来，中国社会的生产和生活方式，正在或者说已经发生了根本性变化。

以市场经济为取向的经济体制改革，首先在农村起步，使传统农业进入工业化的生产方式，农业生产的专业化、标准化、规模化程度大幅提升；而传统工业特别是制造业的现代化程度，正向发达国家的水平攀升。第一产业占生产总值的比重，由改革开放前的28%左右，下降到目前的10%左右；第二产业和第三产业则分别占到45%左右。现在绝大多数农民的吃、穿、用、住、行，都已通过工业生产和商品交换的方式获取，中国整体上已进入工业化中期阶段。

工业化推动了城镇化。到2012年年底，全国城镇化率，已由改革开放前的17.9%，上升到52.6%。尽管发展还不平衡，但中国过半人口已由传统的农民变为实际上的城镇居民，应是不争的事实。人口聚集所引发的生产方式、生活方式以及价值观念的变化，推动着社会转型的立体化进程。

交通、通信的革命性变化，使地球的相对空间越来越小。古代社会人们终其一生难以到达的地方，现在一天之间，甚至顷刻之间即可面对。人流、物流、信息流的全球化，使有千山万水阻隔的地球，变成了可以朝夕相处的自然村落。古代所谓的"千里眼"、"顺风耳"，以及浪漫诗人"朝辞白帝彩云间，千里江陵一日还"的夸张诗句，在现代高科技面前，已是没有多少想象力的"小儿科"了。不同种族、文化、制度间的广泛接触，既有"润物细无声"的相互渗透和滋养，也有"水土不服"的伤害与冲撞。

几千年实际上的未变，与几十年实际上的巨变，使中国共产党传统的执政理念、体制、方式，面临空前严峻的挑战。

**其一，同一与多元。**

传统农耕社会的执政理念，就是追求社会思想的同一，惧怕和排斥多元。在中国历史上，无论倾向法家还是儒家的执政者，在这个问题上，没有太大的差别。秦始皇的"焚书坑儒"与汉武帝的"独尊儒术"，虽然取舍不同，但追求同一的实质是相同的。孙中山创行"三民主义"，中国共产党奉行马克思主义，虽然各有其时代先进性，但强调全党全国"思想同一"的追求，与古人并无二致。这种追求社会思想同一的执政理念，与农耕社会单调且分散的生产和生活方式基本吻合。虽然有些时候，比如春秋战国时期，思想的多元化在中国是空前绝后的，但那是民间社会的追求，国家一旦强盛和恢复了对社会的控制，同一就成为统治者不变的追求了。

但今天的情况不同了。工业化、城镇化、信息化和全球化时代的最大特征，就是社会思想的多元化。不同阶层、不同领域、不同阶段，都会有不同的思想变化和价值追求。作为长期执政的中国共产党，对此还需要有足够清醒的认识和科学应对。因为长期以来，在执政高层，实际上仍然把保持党内思想的高度一致和追求社会各界的思想同一，作为基本的执政理念。当社会上出现各种不同声音时，往往认为是"混乱"或"异端"，想方设法要弄到"舆论一律"上来，结果只能得到一个外表看似同一而内核极度裂变的党内外思想状况。现在我们党不遗余力倡导的指导思想和价值观念，包括树立的先进模范典型，在维系社会思想和价值观念的同一与秩序方面，有一定作用，但与所期望的效果，相距甚远。

**其二，集权与分权。**

与执政理念面临同一和多元冲突相伴随的，是执政体制面临集权与分权的艰难选择。

严格说来，战国以前的中国社会是封建制，即封土建侯，类似现代的地方分权自治，名义上的最高统治者只是个盟主，实权大都在各个领主手里。所以我们常说的"封建专制"，其实是个误会，真正的封建是不专制的。春秋战国兴起并在秦以后普遍实行郡县制，才有了中央集权和君主专制。但即使在中央集权的传统体制中，也还有分权的制度安排。统一后的秦国中央政权中，就有行政权、司法权与监察权分立的制度安排，至于隋唐时期定型的三省六部制，更为后世感叹权力分立安排之妙而仿效不替。但是，在君主专制下的这种分权，不管是中央朝廷内部还是中央与地方之间，也不管这种分权有多少花样和形式，最终，都要统一到个人，即君主手中。分权只是君主专制的一种手段，分权的根本目的，并不是要缩小或限制君主的权力，恰恰相反，是要保证最高统治者君临天下的绝对权威。

在现代法治国家，权力分立与制衡是基本的原则。无论是横向的立法、司法、行政三权分立也好，还是纵向的地方自治也好，制度安排的基本目的，是要科学有效地制约公权力，使其不能一权独大，恣意妄为。国家权力既有分立和限制，也有统一与集中，只不过与君主制不同，现代法治国家三权分立也好，五权分立也罢，联邦制也好，邦联制也罢，最终都要统一到法，特别是国家宪法中来，而不是统一到个人或政党、组织之中。这是区别古今分权的关键所在。

美国开国前后的重要启蒙思想家托马斯·潘恩曾说过："在专制国家中国王就是法律，同样地，在自由国家中法律也应该成为国王，而且不应该有其他的例外。"马克思也曾说过类似的话：在民主的国家里，法律就是国王；在专制的国家里，国王就是法律。现在，我们的社会正在迈向现代化，但在执政体制上，"国王"仍然是法，只不过现在的"国王"已不单是个人，而更多的是政党。在战争年代形成的党的"一元化"领导和"党管一切"体制，一直延续至今。由于社会所需的各种权力，统一于个人或政党，使权力失去应有的分立与制衡。权力的滥用和贪腐，权力之间不按规矩出牌的各种暗斗和恶斗，已经严重损害权力应有的公信力。

**其三，群众运动与专业分工。**

以群众运动为主的传统的执政方式，也面临现代社会所需要的专业运作方式的严峻挑战。

从人民战争夺取政权，到以阶级斗争巩固政权；从全党动员、全民动手的"大跃进"，到以经济建设为中心；从全国人民勒紧裤腰带"放卫星"，到以举国之力办奥运；从"严打"等各种运动式执法，到"一票否决"的信访和维稳；等等，革命战争时期形成的一整套社会动员和群众运动的领导方式，仍然沿袭到和平执政时期。比如，时至今日，无论在党的自身建设还是党政机构设置中，无论在经济发展还是社会管理中，仍然习惯用"小而全"、"大而全"的方式行事，仍然要求各行各业要"围绕中心，服务大局"，对一些认为重要的事情，要求各级各方"集中力量，齐抓共管"。

客观地说，在非常时期和应急状态下，这样做无可厚非。但在和平建设时期，特别是在市场经济发展和社会分工细化后对执政方式的专业化要求越来越高的情况下，如果老是把非常时期的一套用于平常时期，恐怕就弊大于利了。因为这样做虽然也创造或正在创造举世瞩目的成就，但同时也造成或正在造成严重的浪费和腐败等问题。更需要注意的是，由于用搞运动或活动推进工作的方式根深蒂固，已经形成"路径依赖"，以致相当多的地方和部门领导，在很多时候，不遵循客观规律，不按法定规则办事，不放心社会分工自治，不习惯专业运作方式，除了以运动或活动方式工作，除了开会、讲话、发文件外，不知自己该做什么，还会做什么。

在传统执政理念、体制、方式遇到严峻挑战的面前，我们要警惕与其他发展中国家一样碰到的两种陷阱。

一种是世界银行提出的"中等收入陷阱"，即一个国家人均收入达到3000至5000美元时，会遇到一个坎，原来的动力会逐步衰竭，优势也难以保持，整个经济会陷入停滞状态，各种社会矛盾会加剧。这时候，如果应对得当，跨过这个坎，就进入发达国家行列；否则，就会很长时间徘徊在这样的水平。目前世界上有不少国家，就待在这个陷阱之中。

　　另一种是"转型陷阱",是指在社会变革过程中,已经形成的既得利益集团,阻止进一步变革的过程,竭力维持现状,希望将某些原本具有过渡性特征的体制性因素定型化,形成有利于其利益最大化的体制格局。

　　这两种陷阱之间是有联系的。对它们的危险,我们都应警惕。前些年,人们关注的可能是前一种危险。现在看来,后一种危险更应该引起我们的警惕。因为所谓"收入陷阱",实际上任何时候都有可能发生。从全球范围看,有所谓"中等收入陷阱",比如拉美的墨西哥、阿根廷、智利等;也有大量"低收入陷阱",比如目前世界上有许多欠发达国家,长期停滞在人均收入一两千美元的状态;还有"高收入陷阱",比如希腊人均收入 2 万美元后跌入陷阱,日本人均收入达 4 万美元后出现经济停滞。而"转型陷阱",对于后发达国家来说,则是一个真正意义上的大坎,它与经济发展水平相关联,但更与社会结构与政治制度密切相关。

　　一般而言,社会转型对政权的合法性基础必然产生新的要求。亨廷顿指出,一个合法性基础牢固的政权,必须具备三重合法性。一是意识形态的合法性,二是程序的合法性,三是政绩的合法性。在中国,政权的合法性基础,改革开放之前主要是意识形态,之后转换到绩效的合法性,就是发展经济。但发展经济的合法性基础,到 20 世纪 90 年代末期,开始受到质疑。中共中央意识到这个问题,提出了科学发展观与和谐社会建设,要将过去完全是绩效的合法性转换到程序的合法性,或者说社会的公平正义上来。但转换遇到的阻力很大,既有"路径依赖"的问题,也有既得利益集团的反对问题。原来的合法性基础越来越弱,建立新的合法性基础又遇到空前的阻力,在无力突破的情况下,只好消耗原来的合法性基础,就是继续拼命发展经济,形成人类历史上少见的"GDP 至上主义"。因为在既得利益格局已经形成的情况下,谁的利益也动不了,民生问题又很突出,只能做大蛋糕,用经济发展来解决民生问题,形成转型过程中的"增量依赖症"。

在社会转型的过程中，出现了社会溃败。有人用两个字来形容，一个是"乱"，一个是"烂"。"乱"是表象问题，就是大家都不讲规矩，今天你打我一拳，明天我踢你一脚，力大于理，势胜于法；"烂"是内部生理机能出了问题，最主要的就是腐败越来越严重。现在，领导层面的主要感觉是"乱"，埋怨群众不听话，不能依法理性反映诉求，动不动就堵门上街，破坏社会正常秩序；而百姓的主要感觉是"烂"，认为现在是"洪洞县里无好人"，无官不贪，为富不仁，整个社会弥漫着浓郁的仇官仇富情绪。

客观地说，对中国社会最大的威胁，不是社会表象的"乱"，而是社会肌体的"烂"。因为后者引发的，是社会溃败和向心力的流失。有人举例说，20世纪90年代沈阳的一场大火烧掉一个商场，而且可能是私营的，围观的很多人默默流泪，觉得痛心。但2009年初央视办公大楼一场大火，烧掉多少个亿，网上发帖很少有痛心的，有的就两个字：高兴。有一个帖子甚至说："我旗帜鲜明地幸灾乐祸。"为什么？因为他不觉得这个东西是他的。

20世纪90年代初中国面临的抉择，是向前进一步推动改革还是向后倒退。现在的情况比那个时候要复杂得多，可能至少有四种选择。

**第一条路，定型现有体制。**

有人指出，中国在20世纪末建立起来的市场经济初步框架，还存在很大缺陷。这一方面表现为它还保留着原有计划经济体制的若干重要因素，比如政府对经济生活的过度干预和国有经济对市场的控制；另一方面表现为现代市场经济所必需的法治基础没有建立起来。进一步深化改革，会越来越多地触动政府官员自身的权力和利益，阻力非常大；而中国经济的快速崛起，又使得各级官员普遍感觉良好，缺乏推进改革的意识。在这种既无动力也无压力的情况下，改革停滞不前，市场秩序混乱，权力干预加强，腐败愈演愈烈，贫富差距也越拉越大。

中国经济学界曾对转型期间日益抬头的腐败现象进行讨论，提出通过市场化改革铲除寻租活动的制度基础，防止中国上演腐败猖獗的所谓"亚洲的戏剧"或"拉美病症"。1990 年初期商品价格自由化，曾经阻断了通过价格双轨制寻租的"官倒"们的财路。然而，行政权力不肯退出市场，"半拉子改革"造成的体制双轨和多轨运行状况，使寻租的基础在许多领域继续保持甚至扩大。

现在人们已经看得很清楚，在改革过程中形成的既得利益者，不想往前走了，认为停在这儿最好，因为这样有利于自身利益的最大化。试想，作为一个房地产商，最希望的可能就是用行政方式廉价拿到土地，然后再到市场上将房子高价卖出去。如果往前走，走向完全的市场化，高价拿地，高价卖房，肯定没有现在好。如果往后退，退到计划经济状况，地花不了多少钱，但房子也卖不出去，也肯定没有现在好。所以目前对中国社会最大的威胁，就是把过渡型体制定型下来，不再向前走了。

还要看到，这些年来，由于改革中形成的既得利益集团，利用改革，滥用改革，败坏了改革的声誉，使得相当一部分民众对改革失去了基本认同。虽然有些时候，主张定型现有体制的人，为了应付民众的呼声，也讲讲改革，但那只是一种姿态，尽管有时话说得地动山摇，但实际上并不准备付诸实施，即使是一些其实并不很难的事情，也是只说不做，或者有头无尾，不知所终。时间长了，也就没有多少人相信了。而如果没有步伐较大的改革，社会就会锁定在停滞状态中。

**第二条路，向旧体制复归。**

实际上，"六四"风波之后，在许多方面，向传统体制的复归是国人明显感觉到了的。这条路在实践中的代表，就是曾经出现的"重庆模式"。应该看到，重庆的一些做法有它的社会基础，就是前些年两极分化严重，社会公平正义缺失，使很多利益受损的底层群众，对现行体制和做法有强烈的不满情绪，而一些有民粹倾向的社会精英，对此也有认同感。当时重庆的主要领导人,利用这种不满情绪,用基层群众喜闻乐见的"唱红打黑"方式,以及涂抹了"民生"色彩的政绩工程,上演了一场现代版的"走老路"活剧。其实质就是以专制取代民主,以人治取代法治。虽然可能至今有人对这套做法不无眷恋,但只要冷静观察和思考一下就会明白,如果这种有违社会文明进步趋势的做法继续下去,其后果与"文化大革命"能相差几何?

当今世界大势,民主法治是不可阻挡的发展潮流。在中国这样一个发展不平衡的大国,某人在某时某地有可能再次上演"重庆模式"或刮起"文化大革命"之风,因为在某些时候和地方,类似的社会基础是存在的,甚至更为严重。但从全局和长远看,倒行逆施走老路,是不可能完全得逞的。"重庆模式"的破产,证明了这一点。

**第三条路,延续过去改革的模式进行改革。**

有人认为,中国的国情特殊,道路选择也比较特殊,需要在威权政治体制下发展经济和社会。经过 30 多年的改革开放,中国没有重蹈苏联的覆辙,就在于中国的改革是在党的坚强领导和对政治社会的有效控制下进行的。今后的改革也必须如此进行,要走已经探明的这条中国道路,要对已经形成的"中国模式"有高度的自信。在当前的社会转型时期,更需要强化威权体制和党的一元化领导,否则就会发生意想不到的社会动荡。辛亥革命推翻帝制后出现的军阀混战,新中国成立后的"文化大革命"动乱,以及后来的"六四"风波,时刻在提醒我们,中国不能乱。学界有人将此概括为"政左经右"的执政理念,就是捺住政治改革这一头,搞经济改革那一头。否则,另辟蹊径,弄不好就会发生类似苏联的"8·19"事件,成为亡党亡国的历史罪人。

在这样一种基本判断和思路下,相当多的精英们确信,只要凭借过去 30 多年奠定的体制基础,并在此基础上小心翼翼地调整和应对,中国就能像过去那样,将经济增长的神话再延续二三十年。到那时,中国特色社会主义道路的成功会得到更加充分的证明，现有的政治体制也会更加巩固。

而实际上，这可能是一厢情愿。一方面，不搞政治改革的经济改革很难成功；另一方面，经济改革到一定程度后，对政治改革的倒逼压力会越来越大。近代以来，中国社会出现的政治危机，大都是政治合法性失去后，局部性社会动乱发生，引发的全局性的政治危机。有人形容辛亥革命是"一帮乌合之众摘了清王朝的烂桃子"，说的就是这种情况。

还有很多学者认为，中国政府与民众之间有一种显而易见的默契：政府许诺保持经济高速增长，民众许诺放弃应有的政治诉求。这实际上可能是邓小平提出"发展就是硬道理"的实际考量和历史由来。现在来看，发展不仅是官方与民间的一种隐性契约，而且已成为党和政府头上的一道"紧箍咒"。因为在发展是第一要务的隐性契约中，实际上暗含着这样一种假设：经济增长必定可以带来普遍而且相对公平的福利改进。应该说，20世纪90年代之前，中国的经济增长的确具有这种特点，但到后来，经济增长在许多时候好像并不能自动带来福利的改进，更不会自动将增长红利以一种可以接受的平等方式分配给全体国民。而当它作为一种压倒性的政治任务和政治录用标准时，就可能被各级政府推向极端，并成为一种邀功请赏的统计游戏。官员考核存在的事实上的 GDP 标准，以及政府本身的内在利益冲动，使各级地方政府陷入了一场狂热的 GDP 竞赛。过去的那些年中，在中央政府层面，主要通过其掌控的财政金融手段来推动经济增长，其中包括积极的财政及宽松的货币政策，甚至积极的股市政策。而在各级地方政府层面，则通过掌握的一切资源，拼命招商引资，大干快上。在一个人均资源占有量只有世界平均水平的 20%~30% 的国家，资源理应由于稀缺而具有更高的市场价格，但在中国，资源价格却长期维持在很低水平。这其中的巨大差价，被政府送给了各类投资者以及其他利益合谋者。权力的高度集中一向是中国体制最重要的特殊禀赋，这个禀赋并没有阻碍经济增长，反而一直是经济高增长最重要的动力之一。凭借这种禀赋，中国可以通过压低一切需要压低的价格，从而在国际投资的竞标中获胜。然而，它的另一面是人民权利的矮化和萎缩。一些人可能以为，只要民生问题解决好了，民主问题就不会发生。其实恰恰相反，民生问题解决到一定程度后，民主问题必然随之而来。

现在，仍有人认为苏共垮台和苏联解体，是由于其总书记戈尔巴乔夫推行的错误政治改革造成的。似乎当年戈尔巴乔夫只进行经济改革而不进行政治改革，或者只进行一些作风方面的适当改革，苏共就不会垮台，苏联就不会解体。而实际情况是，虽然苏共的垮台是在戈尔巴乔夫改革中发生的，与改革举措的不当可能有关系。但苏共的垮台从根本上讲并非戈尔巴乔夫庸医夺命，而是其自身早已病入膏肓，也就是长期实行权力垄断、利益垄断和舆论垄断的必然结果。

还要看到，更年轻的人群正在成为社会的主体，尤其是 80 后和 90 后，他们对现行体制和自己所处环境的评价，有着不同于上一代人的参照系，对社会有更高的理想预期。比如说，对经历过三年困难时期和"文化大革命"的人群来说，今天中国的进步是巨大的，但对于 80 后和 90 后来说，他们生活在开放的中国和世界，他们认为这个事物本来就应该是这样的或那样的，稍有与理想不合的地方，就不满意。我们不能责怪他们。一个国家或民族要有希望，就应当是一代一代对自己社会的期望价值更高而不是更低。所以，改革还要与正在成为主流人口的人群的期望值相匹配。改得过慢，跟不上年轻一代对社会的期望，也会出问题。

**第四条路，以法治建设为核心推进改革。**

就是坚持我们党已经确立的依法治国的基本方略，以建设法治中国为目标，把制度建设作为执政党的中心任务，将民主法治特别是公平正义，作为现阶段深化改革的主要内容，以此化解面临的各种社会矛盾，逐步建立起法治权威和政权的程序合法性基础，使国家迈上长治久安之路。现在的关键，是要坚守这个方向与目标，坚定走这条道路的决心，坚持不懈地努力前行。只有走这条路，才能凝聚改革共识。因为对于民主法治，对于公平正义，老百姓不会反对，所谓的"左"、右派也不会都反对。当然具体的内容、实施的途径和方式会有分歧，但是民主法治和公平正义的基本价值，能够超越现在的各种对立与分歧。

走出"转型陷阱"是很难的。"走远了，想回头都难"，这就是纠错困境。古今中外的历史证明，不论是"左"的极端主义还是右的极端主义，都会给社会带来灾难。如何正本清源，重聚改革共识，防止各种极端思潮撕裂社会，避免"不走到绝路不回头"的历史陷阱，就成为执政者必须面对的大问题。

从人类社会发展进步的历史进程看，每一次大的社会变迁，都是以思想的启蒙和解放为前提的。因为人类社会中思维和行为习惯的形成，有许多是受特定条件限制而然的，后人应当与时俱进，不可墨守成规。有个故事说，女儿见妈妈买了一条鱼，把鱼头和鱼尾都割下来，才放进锅里煎。女儿问妈妈，为什么要这样做呢？妈妈说："这个我也不知道，你外婆就是这么做的，我是学着她的样儿。"见了外婆，女儿问这个问题，外婆愣了愣，答道："这个我也不清楚，反正我记得我妈妈就是这么做的。"等在医院里见到太姥姥，女儿又问这个问题，并问是不是有什么讲究，太姥姥说："讲究倒是没有，关键是我们那时候家里的条件太差了，锅太小，装不下整条鱼。"可见，人们的思维和行为定势一旦形成，就容易因循守旧，若不多问几个为什么，是很难改变的。

现在，我们面临史无前例的社会转型与变迁，非常需要一场史无前例的思想启蒙与解放。经过几十年的发展，中国人现在做饭的"锅"比过去大多了，煎鱼时不必再掐头去尾了。我们既需要经济的市场，更需要思想的市场，需要不同学术、观点、言论、信仰的自由表达和相互之间的平等竞争，以便从中选择正确的思想和路径。因为一种新的思想理念正确与否，并没有先验的标准和权威性判断值得信赖。虽然"实践是检验真理的唯一标准"，但思想市场的竞争与选择，比盲目的实践所造成的损失，可能要小得多。中外历史表明，无知比邪恶更可怕，它给人类造成的灾难更多更大。我们不可能做到不犯错误，但是如果有思想市场的话，就可以避免犯那种灾难性或颠覆性的错误，比如"大跃进"和"文化大革命"。而党的十一届三中全会之所以能开启改革开放的正确路径，之所以能够克服前进道路上一个个艰难险阻，就是以思想观念的解放为前提和保障的。想想当年开展真理标准大讨论，彻底否定"两个凡是"时，引起多少人的心灵震荡！想想当年在农村推行"大包干"时，又引起多少人的"本能"拥护与"理性"恐惧！不仅是意识领域、制度领域，就是一个名词的演变，又何尝不是一波三折。比如，我们一直认为失业是资本主义制度的产物，社会主义是没有失业现象的，当年企业改革过程中出现的剩余人员，以及其他无业人员，开始时不承认，只好叫"下岗"，后来叫"待业"，再后来才叫"失业"！其他方面，比如"人权"、"物权"、"私有财产"等等，从"禁语"到"入宪"，又何尝不是思想解放的产物！至于市场经济改革目标的确立过程中，所遇到的观念阻隔和体制障碍，所经历的惊涛骇浪和反复曲折，更值得今天所有中国人深思和醒悟。

虽然与30多年前相比，今天改革开放面临的主要是利益藩篱，但只要有了真正的思想解放，就可以有效化解既得利益者对改革的阻力。

大卫·休谟在两百多年前讲过，尽管人是由利益支配的，但是人类本身的许多行为则是由观念支配的。华盛顿没有当皇帝，只当了两任总统，开了任期制而不是世袭制的先河，是出于他的理念，而不是他的利益。启蒙运动是反传统的，但几乎所有启蒙运动期间的沙龙，都是在贵族的家庭中进行的。历史上废除黑奴的运动，好多是由白人发起的。我们中国共产党叫工人阶级政党，其实创造和领导中国共产党的，基本是出身于旧体制下既得利益者家庭的人，他们闹革命主要不是为了自身的利益，而是因为接受了马列主义的理念。

还要看到，既得利益者之间也是有差异和博弈的。比如，现代民主制度建立过程中的政教分离，就是世俗统治者和教会长期斗争的结果。法国大革命前，各种类型的贵族之间有很多矛盾，即使在革命期间，同为社会精英的既得利益者中，保守派、君主派和共和派之间的矛盾也很尖锐，而正是这种矛盾，推动了法国民主制度的建立。英国 19 世纪之前的宪政建设，主要是贵族和国王，国王和教会，以及贵族之间斗争的结果。西方的法制和民主，首先是在贵族内部兴起的。因为在专制政体下，最不安全的人其实是特权者本身。今日座上宾，明日就可能变成阶下囚。血泪流得多了，大家会认识到还是应该用法律来保证每一个人的利益和安全。

最重要的是，改革是避免暴力革命的最好办法。英国的历史最能说明这一点。从 1688 年的"光荣革命"，到 1832—1884 年的三次选举改革法案，再到 1918 年的《人民代表法案》，在执政者的理性妥协与适时的渐进改革中，通过朝野双方的利益博弈，不断满足民主需求，有效化解各种矛盾，从而避免了大规模的社会动乱和暴力革命的发生。

据说华盛顿在 1799 年去世前，要求他的妻子玛莎在她去世前，把他所有的奴隶都解放了。但是玛莎在第二年就这样做了。有人问她为什么，她说："我不想生活在那些整天盼望我死的人当中。"如果说华盛顿解放黑奴，主要是因为理念，而他太太的做法，则主要是因为利益，因为她有严重的危机感。历史证明，在一个大的社会变革时期，统治者最好有华盛顿这样的理念，如果没有华盛顿的理念，也应该有华盛顿太太的危机感，如果既没有华盛顿的理念，也没有华盛顿太太的危机感，事情可能就麻烦了。

在大的社会变革时期，需要政治领导人的正确理念和坚强领导，更需要全民的思想解放与主动参与。在传统的人治社会中，人们难免有"英雄崇拜"。中国历史上的秦皇汉武唐宗宋祖，至今为国人津津乐道。每当社会处在变化不定的十字路口时，人们就企盼由"天降大任"的英雄人物来指点方向、充当救星。但人们不应忘记，历史上的这些英雄人物，在创建个人丰功伟业的同时，几乎无不给当时或后世造成灾难。正如布莱希特所说，"一个需要英雄的国家是不幸的"。正在由传统社会向现代社会转型的中国，不能再希望有救世主般的英雄横空出世，必须尽快选择能给自己带来真正福祉的长治久安之路——法治。这，就是本书所要回答的主题。

| 上篇 |

# 法治，为什么是一种必然选择

FAZHI WEISHENME
SHI YIZHONG BIRAN XUANZE

人类社会发展演变的情况表明，尽管各个国家有着各自的发展途径和方式，但或迟或早都会走上法治的道路。这与法治在社会治理和文明进步中所具有的功能和作用，以及各个国家在发展到一定程度后所需要解决的共同问题有关。中国目前所处的发展阶段与所遇到的各种亟待解决的问题，决定了只能选择法治途径和方式，才能适应当前社会发展阶段的需要和有效化解面临的各种困境，并逐步迈上民族复兴和国家长治久安之路。

# — 第一章 —
# 什么是法治

在关于法治的诸多定义中，古希腊亚里士多德的说法最具权威性。他认为所谓法治，就是"已成立的法律获得普遍的服从，而大家所服从的法律又应该本身是制定得良好的法律"。

这个定义有两个基本要素。

一个是要有"良法"。所谓良法，就是能体现人类对真、善、美的价值追求。"真"是指法的内容的合规律性，即符合事物性质、反映时代精神、适应客观条件。"善"是指法的价值的合目的性，即体现人类正义、实现人民利益、促进社会进步。"美"是指法的形式的合科学性，即结构严谨合理、体系和谐协调、语言规范统一。

另一个就是要有"善治"。简单地说，就是良法能够得到普遍实施，法律之上无个人，法律之外无组织。社会所有个人、政党和其他组织，都要在法律的规定范围内活动。通过法律的良善追求，包括正义、自由、平等、效率、人权等，促进和谐社会秩序的形成。

要真正理解法治的含义，还需从源头说起。

## 一、法是什么

在中国占主导地位的话语体系中，法是国家按照统治阶级利益和意

志制定或认可的，并由国家强制力保证实施的一种社会行为规范。这个
定义来自马克思主义关于法的本质的论述，在法学理论和实务界已是耳
熟能详。

这个定义的要点有三。即：法由国家制定或认可；法是统治阶级意
志的集中体现；法由国家强制力保证实施。在人类社会发展的一定阶段，
或者说主要在阶级国家时期，这一定义的确深刻揭示了法的本质特征。
但若放开眼界，拓展视野，对法是什么的认知，恐怕不能局限于此。

### （一）法是自然规律的反映

萌发于古希腊哲学的西方法学理论认为，法可分为自然法与实在法
两类。所谓自然法，就是存在于自然秩序中的普遍和永恒的法则。对于
这些法则，人类只能发现和遵守，不能也无法创制。所谓实在法，就是
人类在认识和把握自然规律的过程中，对发现的必须遵守的自然法则加
以认可和制定。自然法是客观的应然的，实在法是主观的实然的。自然
法是绝对正确的，实在法则不一定都是正确的。因为人类对自然规律的
发现和认识，不一定都符合自然法本身。因而自然法高于实在法，当二
者发生矛盾或冲突时，取舍的标准是不言而喻的。

与西方这一理论相似的，是中国古代老子的学说。他老人家曾说：
"人法地，地法天，天法道，道法自然。"道，是老子学说中的核心价值
表述。老子认为，道，只能来于自然，效法自然。自然永远是老大，人
世间的一切规则与作为，都必须服从它。老子学说虽然没有儒家学说那
样显赫入世，也没有法家学说那样强行治世，但它对传统中国乃至当代
中国的影响，包括对法治建设的影响，介于有形与无形之间，几乎无处
不在处处在，无时没有时时有，不可忽视和低估。

中西方文化这一共同现象中，有两点值得注意的东西。

其一，法是不以人的主观意志为转移的客观规律。说到底，人们只

能认识和发现它，不能创制它。因此，不能简单地把法都说成是统治阶级意志的集中体现。

其二，更进一步说，既然法是客观规律的反映，那么，法就具有共性和普遍性，法的一些基本原则，就应该成为人们必须遵守的共同价值。

法的这两个属性，使人们对法的定义的内涵与外延的理解，有了新的扩展。有的学者甚至把凡是需要人们遵守的人世间的所有行为规则和要求，都视为法。还有的学者，则试图把法分为"硬法"与"软法"。比如，把由国家强制力保证实施的行为规则称为"硬法"，其他则为"软法"。这种理解与划分，是正确还是错误，是科学还是不科学，还需要将来的实践检验。

### （二）法是公众合意

在古代社会，帝王造法，强势集团垄断立法，是普遍现象。在东方，尤其是在中国，这种现象一直延续到近代甚至当代。在西方，尤其是在中世纪，由于教会和宗教裁判所的强势，使这一现象披上了一层神秘的面纱，但这不能改变帝王和权贵势力垄断立法的基本事实。

到了现代，市场经济的出现与发展，使这一情况产生质变。当事人出于公平交易而达成的协议或合约，成为现代法治的基石。在为维护合约而进行的长期广泛斗争中，在血与火的洗礼中，体现当事人真实意志的合约，终于取得至高无上的地位。合约即法，成为资本主义社会的金科玉律，立约与守约，也成为当代宪政国家最基本的法治理念。它的基本内涵，就是法律必须体现公民真实的自由意志，立法包括法律的修改和废止，必须经过法定的民主程序。

中国古代社会虽曾有过一些商品经济的萌芽，但现代意义上的市场经济，是在改革开放以来才出现的事情。市场经济的出现，自然要对法的本质的传统理解产生冲击。只是这种冲击，尚未达到颠覆性程度。因此在当代中国，在很大程度上法律仍然被视为执政者进行社会治理的工具和手段。同时，随着市场经济和民主政治的发展，公众意见更多地进入立法和司法领域，使得传统的法向公众合意的法演进。

在法是公众合意这一命题中，蕴含着另一个重要的命题，那就是，法也是形成社会共识的最大公约数。

最大公约数，是个数学术语。借用到社会学领域，是指在个人诉求各不相同的社会成员中，法律规范是所有成员或绝大多数成员，都可以接受或者不得不接受的行为规范。最典型的例子，是当年刘邦与民约法三章：杀人者死，伤人及盗抵罪。对于当时受够了秦朝繁多的严刑峻法之苦的老百姓，以及其他形形色色的各国官贵等来说，都可以也乐于接受。因为这是天下大乱之后，维系当时社会秩序最基本的需求。无论官民贵贱，舍此都不得安宁。

法是社会共识的最大公约数，对于面临有史以来最深刻社会转型的中国来说，具有特别重要的意义。当前社会转型剧烈，利益诉求各异，改革共识难以形成。其实，我们的现行宪法，既是最好的"顶层设计"，也是最大的社会公约数。最好的选择，就是以现行宪法形成社会共识，作为启动新一轮改革的起点和目标，把改革纳入法治轨道，推动社会转型的顺利完成。

### （三）法是制度的制度

人类社会需要遵循的规则有多种，广义上都属于社会制度范畴。在各种社会制度之中，法律是最基本的制度，也可以说是制度的制度。

什么是制度？在古汉语中，制，侧重于节制、限制的意思；度，侧重于尺度、标准的意思。在英语中，有三个词与制度相关，一个是 system，侧重于系统和规则体系；一个是 institution，侧重于组织的机构或形态；一个是 regime，侧重于权威性和强制性的治理。可以看出，无论中国还是西方，"制度"的基本含义，就是要有标准或规则，要有节制或限制，而且要有组织与系统保障。更准确地说，制度既是一种规则，也是一种习惯、一种组织、一种模式、一种系统。在马克思主义经典作家眼中，制度也是人类社会交往的产物，它是一个历史范畴、关系范畴、规范范畴。

与制度相关联的，还有体制和机制两个概念。

体制的"体"，本义是指人的身体，后来又延伸为事物的存在形式，如物体、字体、文体等。"制"，在这里是指"式样"。所以体制，就是指社会活动的组织体系和结构形式，包括特定社会活动的组织结构、权责划分、运行方式和管理规定等。比如，经济体制是一定社会进行生产、流通和分配等经济活动的具体组织形式和管理体系，包括生产、流通、财政、金融、投资、监管、税收等各个环节的体制。政治体制是社会政治活动的组织结构和管理体制，包括立法、司法、行政管理体制以及相应的规章制度等。

"机制"一词，最早源于希腊文，原指机器的构造和运作原理。生物学和医学借用这个概念，表示有机体内发生生理或病理变化时，各器官之间相互联系、作用和调节的方式。后来人们将"机制"一词引入社会科学研究，指社会有机体各部分的相互联系和作用的方式。比如，市场机制就是市场经济各组成要素，以市场为中介相互联系、作用、协调的方式，主要包括价格机制、供求机制和竞争机制等。

一般说来，制度位于社会体系的宏观层面和基础层面，侧重于社会的结构；体制位于社会体系的中观层面，侧重于社会的形式；机制位于社会的微观层面，侧重于社会的运行。例如，生产资料所有制的类型属于制度问题；生产资料所有制采取的形式，如股份制、承包制、国有制等，属于体制问题；生产资料在生产过程中如何运作和发挥作用，属于机制问题。又如，民主的类型属于制度问题，是原始民主还是资本主义民主或社会主义民主；民主的形式是体制问题，是普选制还是代议制或代表大会制；民主的具体做法属于机制问题，包括程序民主、票决民主、协商民主等。

制度具有相对稳定性，体制和机制具有易变性。一种社会制度一旦确立，将一直贯穿于这个特定社会的始终，其质的规定性不会发生根本性改变。一旦发生根本性改变，则意味着这个社会的形态发生了质的变化。体制和机制则是易变的，随着生产力的发展和社会历史条件的变化，体制和机制也会相应发生变化。总的来说，制度决定体制，并通过体制表现出来；体制受制于制度，又对制度的实施和完善具有重要作用；机制既离不开制度和体制，又有助于制度和体制的运行与实现。

恩格斯曾经指出，"在社会发展的某个很早的阶段，产生这样一种需求：把每天重复的生产、分配和交换用一个共同规则约束起来，借以使个人服从生产和交换的共同条件。这个规则首先表现为习惯，不久便变成了法律。随着法律的产生，就必然产生以维护法律为职责的机关——公共权力，即国家。"（见《马克思恩格斯选集》第 3 卷，人民出版社 1995 年版第 211 页）西方学者一般也认为，制度的自然历史形态有三种，习俗是制度的最初形态，道德是制度的第二种形态，而法律是制度的最高形态。法律成为制度的最高形态，标志着社会进入了现代社会，制度进入了现代制度形态。法律由最初与道德、习俗不分的混沌状态中逐渐分离出来，成为一种独立和高度专门化的形式，反映出社会的复杂化和文明的进步。

法律成为制度的现代形态，主要在于它充分体现了制度的成文性和强制性，也体现了制度的严密性和系统性。所以，在一定意义上可以说，法律是制度的制度。用拟人化的比喻来说，法律相当于现代制度的筋骨与血脉，虽然并不总是像体制那样显形，也不总是像机制那样无形，但由于它的存在，使人的体貌骨架得以成型，使人的循环系统得以自动进行。对于人体而言，一旦筋骨疲软，血脉不畅，就会形不成形，行不得行，生命必然岌岌可危。

在现代法治国家中，法律是制度的制度，集中体现在两个方面。

其一，法律，特别是宪法，是其他一切制度规范的准则和依据。与宪法相抵触或冲突的社会制度规范，在司法中均属无效。这也是国家制度统一、规范、有效的基本保证。

其二，与其他社会规范相比，法律规范带有更多的刚性，是社会秩序的底线。一旦这个底线被突破，其他社会规范必然会统统失守，社会失范、失序、失落的情况就会接踵而至，社会动乱几乎不可避免。

法律是制度的制度，也蕴含着自古以来关于人与制度关系的真谛。在中国，我们常常听到人们说，制度是由人制定的，制度是要人来遵守的，因此，说到底，在人与制度的关系中，人是决定因素。其实，这是一个似是而非的说法。

首先，制度是"天理"即自然规律的反映。而人类自身，也是"天理"的产物。自然演化的客观规律决定了人类的生存与发展，反映这种规律的"自然法"也就决定了人类的生存与发展。这有点像"是蛋生鸡还是鸡生蛋"的问题。长期以来，这一直是困扰人们的哲学难题。其实，从生物学原理来看，蛋是较鸡更原始和普遍的元素，蛋不一定只生鸡，而鸡肯定是由蛋生的。我们不妨把"天理"比作蛋，把人比作"鸡"，谁先谁后，谁决定谁，应该是清楚的。

其次，制度也是"人情"的体现。无论何种社会制度，都要体现人和人的关系，体现个人和整体的关系。立法的过程，实际上是要通过法律制度把单个人的活动连接成整体。但是，连接成整体以后所导致的结果，是任何个人凭着有限的知识和观察所不能预知的。这像数学中的"有限"和"无限"的概念一样，在"有限"中得出的正确结论，放在"无限"中有时是不正确的。制度是千百万人共同建造的，但是，建造的过程并不是完全遵循建造者的意愿，它要因袭原有制度的遗产，就是现代语言称之为的"路径依赖"，还要受到种种外力的影响。一种"理想的"制度建成以后，建造者会惊奇地发现，"竣工验收"的成果与"设计图纸"大相径庭。正如哈耶克所说：在我们竭尽全力自觉地根据一些崇高理想缔造我们的未来时，我们却在实际上不知不觉地创造出与我们一直为之奋斗的东西截然相反的结果。回想一下我们经历的许多情况，不正是如此吗？

第三，从理论上说，制度是为人服务的。但是，一旦制度建立起来以后，人们都要受到这个制度的约束。制度本身的力量，即制度的逻辑力和惯性力，会迫使制度的执行者做出"不得不做的事情"。正如俗话说的那样，"人推着不走，鬼催着飞跑"。制度一旦形成，就具有鬼神般的力量。

简而言之，制度由人而定，人由制度规范。但人不能随心所欲定制度，更不能随心所欲变制度。在时空坐标的推移中，制度有可能不适。对已经不适的制度，人们可以改变，但这种改变必须与制度对应的新的时空坐标和行进路线相适应，否则，就会制定出恶法，或者笨法。一句话，人可以制定制度，但人只能根据制度制定制度。归根到底，是制度决定人。

从制度是规则体系的角度来看，它具有工具性。在制度建设过程中，可以也应该学习借鉴人类社会所创造的所有先进的东西。现代文明制度像一条大道，无以计数的人走了上千年，付出多少鲜血和生命才踏了出来，放着这条安全便捷的大道不走，在崇山峻岭之中另辟蹊径，风险可想而知。很可能在付出惨重代价后，历史规律逼着你从头踏上这条大道。古今中外都有过这样的例子。只要真的坚持以人为本，民族特色和文化传统必然会在人民之中代代相传。"中国特色"不是谁想要就要，不想要就可以不要的。它本质上是历史与现实、政治与文化发展互动的必然选择。

## 二、法制与法治

在阐释什么是法治这个命题时，必然要涉及法制与法治的关系。尽管这是一个现代法学概念，并且在法理界已经得到解决，但在现实社会中，还有很多人，特别是国家机关中的不少人，并没有真正弄清二者之间的关系。

一般说来，法制与法治是紧密相连的。作为规则体系的法制，是法治的基础与前提；而作为治国方略的法治，是法制的运用与升华。中国改革开放前，无论在官方还是民间的话语体系中，占主导地位的是法制二字；改革开放以来，关于法制与法治关系的讨论和争论，持续了很久。最终大家基本达成共识，即国家治理的目标应是法治而非法制。二者虽只是一字之差，却有着本质的区别。

### （一）规则与理念

法制，是"法律制度"的简称，属于制度建设中的规则体系，可以存在于任何国家形态中；而法治，是"法律统治"的简称，属于治国理念的范畴，只能存在于民主国家形态中。法制的基本要求是有法可依和有法必依，而法治的基本要求是法律在各种社会治理方式中具有至高无上的权威。

过去人们有个误解，好像古代国家特别是专制国家没有或不要法制，其实不然。无论是古代的中国还是世界其他国家，都有大量的甚至卷帙浩繁的法律制度，其中有的还影响至今。古巴比伦的汉谟拉比法典、古罗马的十二铜表法、法国的拿破仑法典，至今仍有很强的生命力和影响力。而中国古代无论是夏商周，还是秦汉隋唐宋元明清，历朝历代都有自己的法律制度，其中的唐律更是博大精深，影响久远。

但是古代社会的这些法律制度，基本上都是统治者或统治集团意志的体现。中国汉代的法学家杜周，有两句话很能说明这一点："前主所是注为律，后主所是疏为令。"意思是老皇帝说的话要定为律，新皇帝说的话要制为令。律、令、格、式等等，是古代不同的法律形式。也就是说，只要是皇帝，就是金口玉言，说的话就是金科玉律。所以在古代，帝王造法是一个普遍现象。

而在现代法治国家，立法是一个有着严格程序的民主协商过程。法律不仅仅是统治集团意志的体现，同时也是广大公众的合意。一些事关公民切身利益的法律法规，还必须经过全民公决。公决既是各方利益博弈的过程，也是形成公众合意的过程，还是法律原则和精神的宣示过程。因此，一旦通过并实施，就会有相应的权威，不至于因意见不一、阻力过大而成为一纸空文。正因为如此，现代法治与民主进程是一个事物的两个方面，缺一不可。

## （二）强制与公平

法律与其他社会规范的一个重要区别，就是它具有强制性。无论古代与现代，都是如此。但在古代，由于法律在本质上是统治阶级意志的体现，是统治者用来管人治事的工具，所以法制主要是刑制，重在强制性。而现代法治社会，法律更多的是公众合意，是所有公民都应当遵守的行为准则，所以现代法治重在公平性。这是二者的另一个区别所在。

从汉字的会意法来看，法制的制，落脚在刀，含有明显的强制性。从中国法律起源与流变的实际情况来看，也能印证我们对这一字义的理解。

大家知道，中国古代有"刑起于兵"之说，这里的刑，可以理解为法，因为早期的法律主要是刑法；兵，在古汉语中指兵器、军队和战争。

也就是说，法律起源于战争。古代还有"师出以律"的说法，在古汉语中，"律"字最初的含义为"律吕之律"，与音乐有关；后来又有"律历之律"，与历法形成有关；再后来就是"律统之律"，与战争有关，就是行军打仗要纪律严明、步调一致。因为律字最初只用于音乐，而音乐中的律具有准确、恒常、稳定、普遍适用之意；后来，度量衡制度中便引入律字以表示衡量轻重长短的标准，故有些衡器亦被称为"律衡"；再后来，"法"中引进音乐中的律字以表示"法"的准确、恒常、稳定与普遍适用性。至今人们还认为法律是一种准绳，具有相对稳定性、普遍适用性，而这些特性最初都是从音乐中的"律"借鉴而来的。

在中国法制史上，有一个重大事件，就是商鞅变法时曾"改法为律"，学界对此有多种解释。其中最主要的原因，恐怕是在商鞅变法之时，国家法律不一，商鞅将分散的法律进行整齐划一。"改法为律"，就是"法同律"而已，用"律"字代替"法"字，主要目的是表明法律的稳定性和普遍适用性。"改法为律"，是法律观念的一个进步，对于秦国法制的统一和发展具有积极意义。而商鞅在秦国变法时期的霹雳手段，使"律"的强制性在中国法律文化中留下了浓重的一笔。在商鞅改法为律之后，中国古代社会的法典一般都用"律"来命名，如秦律、汉律、唐律、明律、清律等。

古代法制的基本特征是它的不平等性，这一点无论法家还是儒家，主张实际上是共同的。不同之处在于，儒家更强调教化，让百姓自觉接受，法家更侧重强制，让百姓不敢不接受。儒家的主张，体现在所谓"刑不上大夫，礼不下庶人"原则中，经过汉唐经义决狱、以礼入法的过程，最终在唐律的"八议"、"官当"、"钱赎"等规定中法律化、具体化。法家有"王子犯法与庶民同罪"的主张，商鞅在变法过程中不阿权贵、雷厉风行的做法，特别是敢在太子师傅的鼻子上动刀，成为以商鞅为代表的法家人物"法贵一律"精神的千古美谈。其实，这一说法中的

"王子"本来就指帝王之子，并不包括帝王本身在内，帝王从来就是高踞于法律之上，活动于法律之外的。即使是帝王的儿子，犯了法，也不一定亲自领刑，商鞅那么厉害，不也只敢在太子师傅的鼻子上舞刀，而不敢在太子本人身上动手吗?! 商鞅尚且如此，遑论他人!

而法治的治，落脚在水。水的本性，是不攀上，不拒下，有高低则行，无差别即止，永远追求平整划一，故历来有"法平如水"之说。因此，追求公平正义，是现代法治的精髓所在、生命所在。法国大革命时期提出的"自由、平等、博爱"，既是现代民主的基本原则，也是现代法治特别是宪政的基本原则。无论是总统还是平民，无论是富豪还是乞丐，在享有基本人权方面，是一律平等的。当触犯法律时，是要同等处罚的。在不少法治国家，无论是离任还是现任国家首脑，只要违法，都得接受法律的审判，甚至被送上不归之路。

当然，世上没有绝对的公平正义。过分追求，有时可能适得其反。而且，还会影响社会所需的发展效率。西方发达国家在一些重大问题上决策时的婆婆妈妈，执行时的拖拖拉拉，已是司空见惯的事情。至于英国所谓公民的小屋"风可进，雨可进，国王不可进"的说法，以及普鲁士国王弗里德里希强拆小磨房主的磨房而遭败诉，不得不恢复原状的做法，当然带有价值观推行的宣传和政治作秀色彩。但对照一下目前中国的相反现象，还是值得我们深刻反思。毕竟，宣传比强制好一些，作秀比作恶好一些。

## （三）静态与动态

法制有凝固不动的倾向，法治则有前进不滞的属性。这是二者的又一个重要区别。

法制的凝固不动倾向，根源于它自身规范的不平等性。因为古代法制所要维护的，是社会各个阶层的不平等权利与义务，而立法和司法权又掌控在统治者手中，或者说享有较多特权和承担较少义务的人们手中，因此，他们天然地倾向使维护自身利益的法律制度长久不变。即使这些法律制度已经远远脱离早已发展变化了的实际，也不允许进行变革。在传统社会中，协商不成，改良难行，久而久之，只能积累和激化社会矛盾，最终爆发社会动乱或革命。这种现象长期周而复始，就形成了中国古代社会政权不时更替，社会却鲜有进步的陈陈相因的"周期率"。

法治的与时俱进倾向，则来源于它本身所具有的公平正义的价值追求。社会进步的动力源泉，是人们随着自身的发展而不断升级的需求层次与实际境遇之间的差距。平衡这种差距，正是法治的本质属性。在现代法治国家，用法律平不平，是常态的社会管理和国家治理方式，也是公众早已接受的价值追求。因此，在这些国家，不同的利益追求和变革的呼声经常可闻，几乎天天都有法律的立、改、废在进行，却鲜有大规模的社会动乱或革命的发生。

## 三、法的效用

法有什么用？

传统法学理论主要从法的社会规范属性出发，认为法有惩处和预防犯罪、维护社会秩序、调整利益关系、确立理性预期等作用。

在人治方式为主时期，法的功能与作用，更多地带有工具色彩，通常被当作统治者手中管人治事的工具来用。在极端情况下，比如古今中外一些性情残暴的独裁君主统治时期，包括中国的"文化大革命"时期，法律往往被弃之如敝屣，连做工具的资格都没有近代。

在现代法治国家，法律不仅仅是工具，同时也是人们的生活方式和价值追求，而且随着社会文明进步，后者的性质和色彩更浓一些。因为人们越来越感到，只有法治昌盛，才会安全、自由、平等、幸福。

在由传统人治社会向现代法治社会转型时期的中国，人们对法的作用的认识充满矛盾，既有无用的感叹，也有工具的使用，还有价值的期盼。而作为由人治向法治过渡时期的领导者和实践者的邓小平，在改革开放之初，在谈到包括法制在内的制度建设的重要性时曾说，制度建设带有根本性、全局性、稳定性和长期性。他的这个"四性"概括，不是同义反复，而是在中国前无古人的，值得认真玩味。

## （一）根本性

所谓根本性，是指法律制度对社会生产和生活方式的维系具有决定性作用。

我们当然理解一切社会制度，包括法律制度，来源于社会生产和生活方式。但当它成为相对理性的规则后，决定者就会被决定。当年英国的大宪章，来自当时资产阶级引领的社会新的生产和生活方式的需求，随着大宪章通过并实施，英国的社会面貌为之大变。中国当年在邓小平的大胆倡行下，在广大农村实行土地经营的"大包干"。这项基本制度的实施，对中国农业生产领域，包括整个经济领域乃至政治领域，产生了巨大的作用，比较经典地演示了制度变革与社会变迁的关系。

人们可能会说，英国的大宪章运动，我们不大清楚。中国当年的"大包干"，是被旧制度逼出来的，是破法的过程，不是立法的成果。这种看法比较普遍，也符合历史事实。但从法理上讲，广义的立法和制度建设，本身就包含着对制度的立、改、废。客观地说，"大包干"是由"违宪"开始，由"修宪"结果。用现代法治理念衡量，变革之初的做法，的确不合变法的程序。但在当时的社会背景下，不如此则难以走出历史的困境。应该警醒的是，类似的做法，不可多行，因为它毕竟不利于社会所需要的法律权威的形成。这也反过来证明，制度建设的确具有根本性。

### （二）全局性

如果说根本是根基与关键，牵一发而动全身的话，全局性，就是它无处不在，无时不有，不仅事关全局，而且本身就是全局。

全局性的一层含义是，在法律体系已经基本形成的当今中国，法律制度包括基本原则和具体规范，已经涵盖了社会结构的所有方面。不论哪个部门、哪个行业、哪个领域，不论从事何种工作，都有需要遵循的相应法律依据和规范。区别可能在于，有的是明确的法律条文，有的是法律原则和精神。在所有社会行为中，它具有基础性和保障性的作用。

全局性的另一层含义是，所有主体，无论执政党还是国家权力机关、行政机关、司法机关，以及其他社会团体和组织，乃至国家所有公民，都要在宪法和法律框架、原则、精神和规定中活动，无一例外。依法治国，依法执政，依法行政，依法办事，等等，这些概念的产生，也并非毫无内涵的空洞口号，而是表明所有主体及其所从事的所有活动，都可以而且应当依法进行。

应当与可能之间，总是存在差距。在当下的中国社会，有时人治色彩浓于法治倾向，权力导向实际上仍强于规则导向。众多的领导讲话和指示，无休止的会议和文件精神，不时出台的前后左右矛盾的政策，使大家忙于学习传达，疲于贯彻执行，哪里还顾得上法律不法律。许多人似乎感觉不到法律的存在和作用，认为自己从事的活动与法律没有什么关系。即使是在比较发达的地方和比较开明的领导那里，法制建设也只是被作为诸多工作中的一项具体工作来看待，只是专业性工作而非综合性工作，更不是全局性工作。还有不少领导同志，以为法律就是传统意义上的刑法，是用来处罚犯罪者的工具，法律的作用就是管人治事，而不是首先要约束公权力的。这种狭隘的法律观，影响着法治建设的全局性。或者口头上讲是事关全局的工作，实际上只有在非常情况下，才会被当作工具用一下。

### （三）稳定性

稳定性是法律的一种本质属性。法律一经制定实施，不能随意变更，这是稳定性的基本要求。如果可以朝令夕改，法律就不成其为法律。这也是权与法之间矛盾的一个聚集点。因为权力权威具有人格化色彩，掌权者难免有扩张冲动，而法律权威具有集体理性的非人格化色彩，具有恒常性，二者之间是有矛盾的，冲突的事例也随处可见。但即使如此，古往今来一些开明的统治者，也还会出于维护自身根本利益的考量，屈身守法，这样的事例也有不少。

稳定性不是说法律绝对不能变更和变通。所谓变更，是指对现行法律进行修订或废止。在正常情况下，这种变更本身也应遵循既定的立法程序，不能由个人不经法定程序随意进行。所谓变通，主要是指在法律实施过程中，由于实际情况的复杂多样，需要在适用具体法律条文时，根据法律原则和精神加以合理取舍。中国古代有"礼有经有权"的说法，并有"男女授受不亲，经也；嫂溺援以手，权也"的解释，可以用来比喻法律的原则性与灵活性的关系。因为在古代，礼与法是相通的，起初是"出礼入法"，即违反了礼，就要受到法律制裁；再后来，是"以礼入法"，礼制进入法制，礼就是法。所谓"礼有经有权"，就是法律既要有原则性，也要有灵活性。按照古代礼制，男女之间是不能有肢体接触的，这是原则；但当女子掉到水里时，男子可以伸出手把她拉上来。这就是礼和法的灵活性。

由于法律具有稳定性的内在属性，在社会转型变动时期，经常要扮演保守者的角色，成为改革的阻碍力量，甚至成为改革或革命的对象。在传统社会中，这是普遍现象。但在现代社会，人们越来越意识到，法律的稳定性不仅仅是保守的力量，同时也是变革有序进行的保障力量。

改革要破法甚至废法，但更要先入法，要依法变法。否则，社会变革就可能引发动乱。这在古今中外也不乏正反两方面的例子。

### （四）长期性

在稳定性中，隐含着长期性，但稳定性不等同于长期性。

长期性首先是指，法律制度是基于自然界和人类社会的基本规律制定或认可的，因此，只要自然规律不变，人的本性不变，法律的基本原则和精神也不应该变。这有点像过去被我们深刻批判过的"天不变，道亦不变"的说法，但仔细想一想，道理就是如此，法理也就如此。杀人偿命，借债还钱，自古皆然，至于"天不变，道亦不变"，在特定历史时期具有的对改革和革命的反动性，是可以具体分析批判的。

长期性还指，在制度建设特别是法制建设中，要从基本的自然规律和人性出发，因为越简单的东西，才越具有长久和旺盛的生命力。把不该立的东西立为法，与不把该立的立为法一样，都不利于法律长久生命力和应有权威的形成。同时，法制建设还应有一定的前瞻性，要把握事物发展变化的规律和趋势，不能老是就事论事，而应就事论理，循理立法。法简易行，理长法久。把握法制建设的这一特点，在国家治理中，可以起到一劳永逸的作用。尽管世界上没有绝对的一劳永逸，但相对于其他方式和途径而言，规则导向一旦形成，国家的长治久安就是可以期待的。

客观地看，邓小平的这个"四性"概括，带有当年经历"文化大革命"动乱者劫后余生、痛定思痛的切身感受，也带有政治家权衡利弊的宣示性告白。从法理学角度审视，也还可以有更准确的表述。但这样的概括，的确具有对中国历史和现实的极强针对性和警示性。因为无论邓小平本人实际执政的后期，还是后来的继任者，对包括法制建设在内的制度建设的重视和力行程度，都再也没有达到当年这个"四性"高度。

# — 第二章 —
# 法治的历史必然性

不同的学术流派，对人类社会的发展演变有着不同的阶段划分。美国的人类学家摩尔根，从文明形态演进的角度出发，把人类社会划分为蒙昧时期、野蛮时期和文明时期三个阶段。马克思则主要从唯物史观的角度，把人类社会划分为原始社会、奴隶社会、封建社会、资本主义社会和共产主义社会，社会主义社会是共产主义社会的第一阶段。如果我们从社会权威的嬗变和治理方式演进的角度出发，则可以把人类社会划分为以下四个阶段。

## 一、神治

在人类社会发展史上，国家首领的前身是巫师，即承担与大自然沟通任务的神秘人物。因为在人类社会的初始阶段，无论物质生产还是精神活动的水平都比较低下，内部很难产生出大家都服气和服从的可以化解疑难、裁定是非的权威力量，于是不得不求助于超自然的力量，由它来预判未来，裁决人类社会中的是非功过，占卜、宣誓、诅咒等迷信或宗教形式应运而生，被称为"神明裁判"或"神判"。

传说中国古代的尧舜时期，有个大法官叫皋陶，他断案时经常使用一只似马非马、似鹿非鹿的神兽，叫作"獬豸"，也有叫作"神羊"或其他神兽的，实际上就是一个独角兽。初民时代，当遇到无法裁决的问题时，首领或者相当于首领的执法者，就把它放出来，看它的角抵向谁，就认定谁有过错。中国古代的法字，据说就是这个独角兽的会意字。这种神判的做法，在历史上延续了很长时间。中国古代的一些"清官"，包括大家熟知的包公、狄公等，在遇到疑难复杂的案子时，也往往使用类似方式来审理，比如设置"阴曹地府"、装扮"阎王小鬼"，等等。

因为神判是人类社会之外的一种力量，在民智不开的时候，是可以服众的。这种审判方式，在世界上几乎所有国家都存在过。西方中世纪的宗教裁判，实际上也是一种变相的神明裁判。它的权威，在相当长的时期内，远高于世俗的皇权，很多著名的科学家都是由宗教裁判所送上不归路的。比如，意大利的科学家布鲁诺，提出宇宙无限的学说，被教会在罗马处以火刑，活活烧死了。而确立了宇宙加速度理论的伽利略，也被教会囚禁了好长时间。再比如，在古巴比伦和日耳曼，遇到无法裁决的案子时，就把犯罪嫌疑人投入水中，在巴比伦，以上浮来证明无罪，但在日耳曼，则以下沉来断定无罪。这显然很荒诞！

因此，随着人类文明的进步，神治的权威受到质疑，很难继续成为社会治理的主要方式。

## 二、人治

当人类的物质生产和精神生活都有了比较大的进步时，或者由于智力和体力的差异，或者由于其他一些因素，导致资源占有的差异，社会内部开始分化，能够产生一些服众的权威力量，使社会治理的主要方式，由神治转入人治。这个时期，帝王取代了巫师的地位，成为俗人与上天沟通的媒介，得到国家意识形态的肯定。

所谓人治，简单地说，就是人类社会基本秩序的维持和是非功过的裁决，主要取决于统治者个人或家族的意志。人治时期也有法律制度和其他社会规范，但这些制度规范的认可、制定和实施，在很大程度上由统治者的主观意志左右。

人治最主要的特点，是比较灵活，富有弹性，能够及时应对人类社会复杂多变的各种情况。或者说，可以就事论事，量体裁衣，使得每件事情都有可能得到具体合适的解决方案。所以遇到智力非凡的君主，就能创造灿烂的文明。世界古代的几大文明，都产生在人治时期。中国的秦皇汉武、唐宗宋祖，都是在人治时期出现的杰出人物。秦始皇统一天下，汉代的"文景之治"，唐朝的"贞观之治"，清朝的"康乾盛世"，至今为人们津津乐道。可见，只要和当时的经济社会发展程度与实际需求相适应，人治的确有它的用武之地，也可以造福人类。

人治的这个特点，同时也是它的根本缺陷所在。因为权力不受制约，决定了它不够理性和稳定。所以，在有的时候，它可以创造出灿烂的物质文明和精神文明，而在另外一些时候，它肯定要为非作歹。因为开明和理智的君主，可遇而不可求；君主的开明和理智，也很难一以贯之。常常是开国之初，君主大都明智，过几代后，就不好说了；君主登基之初尚可，过一段时间就不好说了。人治的实质是官治，它所造成的悲哀，百姓肯定比官员更有体会。于是，时间一长，官民之间的矛盾就要积累和激化，直至引发大规模的社会动乱，把几代人积累的文明一扫而光，于是不得不改朝换代，"重打锣鼓另开场"，出现黄炎培对毛泽东所说的社会发展的陈陈相因的"周期率"。

跳出人治时期动乱相因的"周期率"，是一个艰难的过程。我们党执政以后，在这方面进行过艰苦的努力和探索。

大家知道，新中国成立之际，我们彻底打碎了旧的国家机器，同时也废除了旧的法统，即国民党的"六法全书"。在新旧政权交替时，当时中央有个基本方针，就是有法律的从法律（在苏区和边区时期，曾经有过一些立法），无法律的从政策，既无法律也无政策的，从社会主义法律意识。应该说这个方针是比较正确的，因为它科学地界定了法律、政策和领导者个人意志之间的关系，使新旧政权交接比较顺利，没有发生大的动乱。

政权交替基本完成后，毛泽东亲自带领一批人，查找参考了当时世界上许多国家的宪法和法律，起草了新中国第一部宪法——"五四宪法"，它的基本框架和原则都是比较先进的，也是国家现行宪法的蓝本。这个时期，以董必武为代表的老一辈革命家，还提出了社会主义法制建设的八字方针，就是"有法可依，有法必依"。所有这些，表明新中国法治建设的开端是良好的。

可惜好景不长。从1957年到1976年的整整20年时间里，中国的法治建设进入一个徘徊和破坏时期。由于当时一些国内外事件的影响和执政高层理念的变化，中共八大关于加强法制建设的决议被推翻了，董必武提出的"依法办事"主张被抛弃，整个国家处于以领导人意志为中心，不断发动政治运动的紧张局面之中。尤其是"文化大革命"的十年动乱，给中国造成的最大损害，恐怕不仅是经济方面的所谓"面临崩溃"，更重要的是后来精神层面的全面崩溃，即由极端的个人迷信到后来普遍的无所信仰。用中国传统哲学语言讲，就是既损坏了"器"，又丧失了"道"。

为什么会出现这种情况呢？从大的历史背景看，有两个很重要的原因。一个是中国历史悠久的人治文化传统的影响；另一个就是当时的国内外环境和事件，除了"反右"、"大跃进"、"文化大革命"外，还有赫鲁晓夫事件、波匈事件等，导致路径选择发生偏差，从本想抓经济建设，赶英超美，转向防修反修，以阶级斗争为纲。

此外，还有两个因素值得重视。

其一，权与法之间的矛盾。一般说来，当手中没有权力或权力还不稳固的时候，除了革命外，就需要法律授权与维权；一旦权力到手和稳固以后，就会感到法律对权力的制约，觉得法律很讨厌、很麻烦、很无用。这是一个规律，古今中外概莫能外。

其二，领袖人物的个性特征。从毛泽东的个性特征来看，他是一个很有远大理想和自由色彩的人。当年在长沙读书时他曾说过一段话，大意是：人类有三大束缚，第一是宗教，束缚人的灵魂；第二是法律，束缚人的手脚；第三是婚姻，束缚人的行为。这三大束缚要统统打破，首先要从婚姻开始。在人治时期，领袖人物的个性特征，对一个国家会产生巨大影响。就毛泽东的个性特征而言，在革命战争时期，在破坏一个旧世界时，给我们带来了福音；但在和平时期，在建设一个新世界时，却给我们造成过灾难。

不仅在中国历史中，在世界历史进程中，由人治形成的治乱循环，几乎是一个普遍现象。世界几大文明古国，也经历了类似过程，甚至导致文明断裂乃至消失。显然，单靠人治不能促进人类社会向更高层次发展。

## 三、法治

随着市场经济的发展，民主政治的出现，人类社会的物质文明和精神文明都有了很大发展，虽然社会内部还有分化和差异，但这种分化和差异比人治时期要小得多。也就是说，社会形成了中产阶级占多数的"橄榄形"结构。这时，传统社会中个人和家族的权威力量受到普遍质疑，大家不信服你，都想以自己的意志行事，于是就要协商、谈判、表决乃至选举，于是在民主的基础上形成现代法治。

与人治相比，法治有两个显著特征。第一个特征是在立法上，它是良法，具有广泛的民意基础，符合社会发展的客观规律，体现以人为本的理念，法律结构科学合理。第二个特征是在实施上，法律面前人人平等，大家都在法律规定的范围内活动。这在前面已经论及。

如果说，人治社会通行的是权力导向，法治社会就是规则导向，这是一个质的区别，也是一个很大的进步。规则导向的最大好处，就是社会行为可以预期，社会秩序比较稳定。不管国家领导人智商高低，国家机器运转不受太大影响。正如中国古代的法家代表人物韩非子所说，"使中主守法术，拙匠守规矩尺寸，则万不失矣！"就是智力中等的国君，只要遵守既定法则，手脚不灵的工匠，只要按给定的样式干活，就不会出大的差错！甚至有的政府破产了，关门了，社会秩序也不受影响，大家该干啥还干啥！就因为它是法治国家，法治社会，是规则导向，而非权力导向。

据说当年曾主政广东改革开放的一位老同志，曾经说过这样一段话：法治是现代政府管理社会的最好方式，也是我们走出困境、走向明天的最佳选择。我们面前摆着两条路，一是恢复和继续走"全能政府"即"人治"的老路，靠一位伟大领袖发号施令，用计划经济甚至专营的办法去解决经济领域层层盘剥的问题，靠思想政治工作和道德教育去解决以权谋私、腐败堕落的问题，用加强纪律去解决思想、理论、文化界的是非问题，如果还是这样，就不可能也解决不了我们的体制转变。

这段话，对人治传统下执政方式的弊端，可谓鞭辟入里；对法治的肯定，极具历史与现实眼光。

当然，法律不是万能的，法治也不是尽善尽美的，它也有局限或缺陷。

第一，滞后性。法律，通常是要在社会现象大量发生后，才能从中总结出规律性的东西，有针对性地制定相应的规范。立法的滞后性，使得在现实生活中，难免出现法律空白或法律与实际情况不相符的情况。

第二，有些呆板或容易产生道德冷漠。比如现在医院规定，在给病人做手术前要由本人或家属签字。有时会发生这样的例子，就是有些危重病人，需要马上手术，但有的医生坚持要本人或亲属签字才行，结果延误时间，导致病人死亡。当患者亲属来找医院时，医院说我们是照章办事。这显然是不够人性的。

第三，有的法律程序过于繁琐。特别是在社会转型和加快发展的情况下，若完全按既定的程序办事，有时会失去最佳机遇，或者不能防止法律本来要避免的后果出现。比如当年在农村推行计划生育，有的乡村干部就说："等你那套规定动作做完了，人家肚子里的娃娃也能叫妈了！"

第四，有些法律实施成本较大，难以如法执行。比如道路交通法的实施，需要很多比较昂贵的设施，对太贫穷的地方来说，有点奢侈，只能走哪算哪。

这些都表明，法治，也不是人类社会最理想的治理方式和生活状态。社会还有可能朝更理想的方向发展，就是自治。

## 四、自治

所谓自治，有些像马克思讲的共产主义，那时物质非常丰富，精神都很高尚，人类个体之间几乎没有人为的或后天的差异，不需要有一种超越大家的力量，不需要有一个强制性规范。经过长时期法治社会的熏陶，这个时候人类社会所必需的各种规则，已经融化在每个个体的灵魂和血液之中，成为一种自觉的行为，一种自然的行为，一种自由的行为。好比一条繁忙的街道，为了安全有序，先是在道路中央设置金属隔离带，大家开始觉得很不方便，慢慢也就习惯了；再往后，可能拆除隔离带，画个双黄线，违章的人也不很多；再往后，变成单黄线、黄虚线、双白线、单白线、单虚线，直到有一天，什么线也不用画，大家都按习惯行走，而且感到是自由的。到了那时，就像孔子说的那样"从心所欲而不逾矩"，整个社会也就是一个马克思所说的"自由人的联合体"。这是一个理想阶段，从人类社会发展的逻辑规律看，是会有这么个阶段的。

"自由人的联合体"，实际上就是社会自治。社会自治的前提是公民社会的形成。康德说过：大自然迫使人类去加以解决的最大问题，就是建立起一个普遍法治的公民社会。所谓"公民社会"，有两个要素。一个是活跃的、丰富的并与公共利益相关的"团体生活"；另一个是"社会自发自主的"，而不是政府强迫成立的。

我们虽然搞了几十年的社会主义，但实际上很少有人知道什么是"社会"，常常是把社会、国家和政府混为一谈。在古汉语中，社，本是一个祭祀祖宗的场所；会，就是同一宗族的人聚在一起，包括在一起祭奠祖宗。所以，有人类就有人类社会。至于国家和政府，则是社会的子孙，不是一个辈分！由于我们学习和效仿了苏联模式，加之传统的中央集权的单一制国家的体制影响，国家和政府权力过大，把社会权力和个人权利吞食殆尽，致使社会功能萎缩。

据说在中共九大后，毛泽东主席曾讲到社会管理问题，有这么一段精彩的话："社会这个东西，有自己的发展规律，是违背不得的，它老大得很，不管什么主义管它，一概不理。要是违背了它的发展规律，是要受惩罚的。我们把制度和方法，总死死捆在一起。比如，农村实行集体所有制，这是社会主义制度，应当坚持，这是对的。但我们共产党办事很蠢，把老百姓百分之八十都包起来，只让他们自己搞百分之二十，结果是包而办不好。我看要把它倒过去。老百姓百分之八十的事都由他们自己来办，我们只包百分之二十就好办了。"

在当下的中国，"公民社会"还没有获得如同"市场经济"一样的合法性。之所以如此，不仅仅因为它来源于西方，"马克思主义"、"社会主义"、"市场经济"、"公务员"等都来源于西方。恐怕是因为，在当下中国，有许多开展维权工作的草根组织，喜欢将自己归入"公民社会"的活动，尤其是一些政治结社和域外结社的活动，使一些人产生了对"公民"意识和"权利"意识的顾忌，甚至认为建设"公民社会"，主张"公民权利"，就会削弱党的执政基础和地位。因此，在社会治理方式的选择上，宁可花更多的气力，把社会牢牢掌控在自己手中，也不愿或不敢实行真正的"社会自治"。

用历史唯物主义的观点来看，人类社会走出原始共同体，进入阶级国家后，逐渐形成带有浓厚专制色彩的"臣民"意识；在社会主义革命成功后的国家中，大都形成带有浓厚集体主义色彩的"人民"意识，这在中国表现得尤为普遍和突出；在民主法治国家，则普遍形成以保障个人权利和义务为特征的"公民"意识。"臣民"是绝对的被统治者；"人民"在理论上是国家的主人，但只能作为整体被人来代表才行；"公民"则是每个个体都有法定的权利和义务，可以自己主张自己的权利和义务，当然要在法定的范围和程序中进行。在"臣民"社会，帝王是至高无上、权大无限的，可以对臣民生杀予夺；在"人民"社会，国家的公权力是至高无上、至大无边的，个人利益是要绝对服从国家和集体利益的；在"公民"社会，公权力是由私权利让渡的有限权力，公权力必须保护私权利，否则，公权力的受托者就要让位。由传统的"臣民"社会向"人民"社会过渡，再由"人民"社会向"公民"社会过渡，是历史发展的必然规律。

中国社会现在面临的最大问题，就是国家管得太多，一切都要国家去审批，一切都要国家去许可，这样一来，国家权力的行使就难免与私权利发生直接冲突。因此，如何对待私权利，是至关重要的。在通常情况下，私权利可以分成三类：第一类属于绝对自由的权利，不能加以任何限制。比如婚姻自主权，就不能以国家利益或者社会公共利益为由，限制个人的婚姻自由。第二类是可以限制的私权利，比如所有权。这些民事权利的行使不得违背社会公共利益，社会公共利益可以对它进行限制。第三类是与社会公共利益密切相关的私权利，或者说具有社会属性的私权利。比如教育权和环境权，在某种意义上也是一种扩大了的私权利，但越来越具有社会化属性，其行使已经进入公共社会的领域当中。这三种权利的行使有一个顺序：私权问题尽量通过私权的办法解决，私权解决不了的再用社会权力去解决，社会权力还解决不了再动用国家的力量。

从法学角度看，国家权力的核心是强制，社会权力的核心是自治，私权利的核心是自由。社会自治程度高了，既可以约束公权力，也可以限制私权利，使二者之间有一个缓冲地带，这对建设和谐社会是非常有利的。因此，需要在国家权力和私人权利之间，建立公共权力即社会权力。在某种意义上可以说，社会权力就是扩大了的私权利，或者弱化了的国家权力。公民社会的形成，社会权力的正常行使，必然会促使公民自治的成熟，这是所有民主法治国家的共同特点。因为只有这样，社会才有创造、分配、保护财富的不竭动力，才能防止和遏制特权阶级的形成及其对社会公平的侵犯，才能有效实现社会监督和权力制衡，才能走向健康的民主法治社会，实现社会文明的真正进步。

应该看到，上述四种治理方式演进的实质，是社会治理所需权威的嬗变。因为只要有人类社会，总得有个大家都敬畏和服从的权威，否则，社会就难以维系和发展。神治时期，人类比较愚昧，只能敬畏自身之外的力量来维系基本秩序。人治时期，社会发展进步，可以在内部分化的基础上，产生使人敬畏的权威力量，不管这个令人敬畏的力量是个人、家族还是政党，都是人类自身的一部分。法治时期，社会整体进步，容易形成多数人的共识，社会治理的权威力量由过去的个人、家族和某个组织、政党，变成大多数人的共同意志——法律。而自治时期，则由服从大家变成服从自己——法已是我的价值追求，也是大家共同的价值追求。

— 第三章 —
# 科学发展亟待法治规范

中国是发展中国家。改革开放以来，中国的发展特别是经济发展，已经取得举世瞩目的成就。目前国家发展的任务依然很重，因此党和政府把发展作为治国理政的第一要务。但由于多种因素的影响，发展中已经出现和积累了许多问题，传统的发展方式尤其是经济增长方式，正在或者已经走到尽头。在市场经济成为基本的体制选择后，用法治来规范经济、社会和政治发展就成为一种必然。因为市场经济不仅是一种经济发展的方式，同时也是社会发展和民主政治的基础。如果选择市场经济，却不选择民主政治，不选择法治社会，就会引发一系列经济、社会和政治问题。

从世界发达国家走过的路程特别是中国改革开放以来的情况来看，法治与发展的关系，大致呈现为三种状态或三个发展阶段。

## 一、先发展，后规范

几乎所有欠发达国家在经济发展的起步阶段，都出现过这种状况。新中国成立后特别是改革开放初期，就是如此。

客观地讲，以毛泽东为代表的中共中央第一代领导集体，在新中国成立之初，并不是不想搞经济建设。恰恰相反，开国之初，就把发展经济摆在了重要位置，用三年左右的时间，就使国民经济恢复到了战前水平。经过"一五"时期的努力，国家经济建设逐步进入预期的轨道。问题在于，依靠人民战争夺得全国政权的伟大胜利的事实，使许多人产生了一种主观意志和群众运动可以创造任何人间奇迹的理想主义。违背客观规律的总路线、"大跃进"、人民公社"三面红旗"的提出和实施，造成极其严重的经济困难，加之当时国内外一系列事件的发生，使一些人又产生了政权变色的严重危机感，于是来了个一百八十度的转弯，由以经济建设为主要任务，转向"以阶级斗争为纲"。一系列的政治运动随之进行，思想领先、政治挂帅成为各级干部和群众的头等大事，对于经济建设，则是由不敢到不想，后来也不会搞了。这样几十年下来，虽然也搞出了一些较大和较为领先的标志性工程，但从整体上看，国民经济处于非常落后、人民生活处于普遍贫困的状态。短缺经济、票证生活，是从那个时代过来人的共同感受和经历。

饥饿比资本主义更可怕。毛泽东逝世和"文化大革命"结束后，邓小平等"文化大革命"的受害者重掌政权。在彻底否定"文化大革命"的前提下，以邓小平为核心的中央领导集体，顺应百姓呼声，拨乱反正，把全党工作重心，由"以阶级斗争为纲"，转移到"以经济建设为中心"的轨道上来。据说，改革开放后不久，王震访问英国，当使馆人员问他有什么感觉时，老人家说了句大实话：如果加上共产党执政，"英国就是我们理想中的共产主义社会了"。老革命们对经济发展的向往，由此可见一斑。所以，面对当时普遍贫困的社会现实，邓小平敢于以政治家的胆略和气魄，提出要允许一部分人和一部分地区先富起来的国家政策导向。这在中国几千年"不患寡而患不均"的儒家传统理念，以及社会主义共同富裕原则占主导地位的背景下，具有石破天惊的巨大效应。政治家的明确倡导，社会群体饥不择食的冲动，使经济发展开始进入"先发展，后规范"的阶段。

这个阶段的首要特点，是增长领先，特事特办。被誉为中国改革开放总设计师的邓小平，对发展的目标是有设计的，即"三步走"的战略构想，从温饱、小康到中等发达国家水平，目标设置颇具中国特色，并与国际接轨，已为世人耳熟能详。在发展的路径选择上，由于没有现成经验可资借鉴，邓小平和陈云等强调"摸着石头过河"，要求大家大胆地闯、大胆地试，要敢于冲破传统观念与体制的束缚，法律可用的用，不可用的就先破。改革由最为贫困的农村实行"大包干"开始，虽然这是安徽小岗村等地的农民首发，但主要因邓小平等高层领导的鼎力支持而在全国农村迅速展开。这一基本体制的变革，加之后来的科技进步和配套政策实施，终于基本解决了十多亿人口的吃饭问题，的确具有划时代的意义。后来的"包"字进城，以及沿海、沿边特区的建设，都是这样先干起来再说，先试一下再看，不必考虑什么原有制度的规定。认为成功的，就立法；不成功的，就算了。这样，就在整个中国经济建设过程中，形成了可以不遵守既定规则的"特事特办"或特区建设的思维和行为方式。

另外一个特点是党政不分，政企一家。在工作重心转移后，起源于战争年代危险和复杂的对敌斗争需要的党的"一元化"领导体制，很自然地开始发挥它曾在"以阶级斗争为纲"时期的作用。就是在党委统一领导下，不分党政军民学、东西南北中，把所有力量集中起来搞经济。在市场经济初始阶段，有"十亿人民九亿商，还有一亿在彷徨"的说法。在绝大多数地方，党委、人大、政府、政协甚至纪委和军区的领导，都有包抓的招商引资和工程建设项目。有的党政领导甚至主要领导，直接兼任经济开发区和重要企业的主要职务。在几乎所有的基层政府，主要职能就是招商引资，抓工程、上项目。政府与企业打成一片，政府实际上就是企业，成了市场主体，而且是集领队、教练员、裁判员和运动员为一体的特殊市场主体，可以垄断一切，简直无人可敌。

还有一个特点就是以物为本，法治不彰。经济建设与法治建设，本来是相辅相成的。从中国现阶段的国情出发，以经济建设为中心，把发展作为第一要务，有着历史的必然和现实的需要。但从长远看，法治本身也是发展的目标，不仅仅是为发展保驾护航的工具和手段。而且说到底，发展也罢，法治也罢，都是手段，人的全面发展与幸福，才是目的。但在不少领导人眼中，经济发展成了主要甚至唯一的目的，为了 GDP 的增长，其他一切都要统统让路，包括法治。在不少人眼中，抓经济是实事，抓法治是虚事；搞工程有硬指标，搞法治是软任务；上项目是急事情，抓法治可以慢慢来。不少地方的领导，不习惯在规则之内求发展，总希望在法律之外图方便。在有的地方，虽然一些领导嘴上也讲依法治国、依法行政、依法办事，心里却在想，依法还能行政？依法还能办成事？要发展，法治就要靠边站。在他们看来，相对于经济建设而言，法治不仅是虚的、软的、缓的，甚至是一种发展的羁绊和障碍。于是，"先上车后买票"，或者"只上车不买票"，成了这些地方经济发展的成功秘诀。

有人曾用"乱七八糟朝前走"，来形容"先发展，后规范"的做法。所谓"乱七八糟"，是说在这个时期，在巨大的发展压力和极好的发展机遇面前，上下都打破常规，不讲程式，怎么快怎么来，怎么管用怎么做，整个经济乃至社会领域呈现出杂乱无章的状态。而所谓"朝前走"，则是说经济的确发展了，社会整体上也有进步。因为这种"先发展，后规范"的样式，实质是缺乏社会分工意识的集权体制，与需要专业分工和规则导向为基础的市场经济，在特定时期内的奇遇巧合。它的最大好处，是在一定时期内能够有效动员和集中全社会的优势资源，形成巨大的叠加效应。经济发展的动力极大，速度很快，成效明显。马克思当年在评价资本主义兴起的情况时说，它在不到一百年的统治中所创造的生产力，要比人类社会过去所有时代创造的生产力总和还要多。套用一下伟人的说法，就是中国在最近二三十年内的发展成绩，几乎可以与资本主义初起时上百年的发展成绩相比拟。我们的生产总值，由改革开放前的3645亿元，增加到2012年的近520000亿元，经济总量已跃居世界第二。

同时也要清醒看到，这种官商一体、权力垄断、不讲法治的做法，已经和正在形成一系列严重的社会问题。而最为严重的是官员腐败、贫富分化、生态破坏、诚信缺失。可以说，在世界经济普遍持续的不景气中，中国可谓"风景这边独好"；但是当国际政治充满不确定性时，中国面临的危机似乎更大。特别是生态破坏的种种恶果，不仅随处可见，而且危及生存。中国历史上常有"国破山河在"的说法，主要是指战乱；现在则是"国在山河破"，不是战乱，而是植被、河流、土壤、空气等的全面破坏和污染。

有识之士指出，"发展是硬道理，硬发展则没道理"。"硬发展"的种类很多，最值得注意的是破坏生态的发展，以及破坏生态的种种理由。

比如，有些人认为，现在的环境破坏只不过是阶段性的，中国也可以像发达国家那样"先污染后治理"。但"先污染后治理"并不是一项通则，更不是发达国家的普遍事实，因为很多发达国家的破坏根本没有得到过治理，只不过是将破坏的后果转嫁给了其他国家和地区，包括将一批批高污染产业逐步转移到不发达国家。很多生态环境的破坏，比如物种的灭绝，是无法在事后得到恢复的。还有很多生态环境的破坏，比如土地的严重荒漠化，需要漫长的时间和巨大的投入，才有可能相对缓解。更重要的是，人是目的而不是手段，增长是为人的生存服务，而不是人的生存为增长服务。当掠夺式的开发已经危及人的呼吸、饮食和生命健康的时候，当洪水、干旱、毒气等已经使很多人含恨而亡的时候，当我们"豁出生存搞发展"的时候，"后治理"还有什么意义？当这种"后治理"是由某些在破坏中获利却又不承担任何代价的人来宣扬的时候，它还是一种值得认真对待的理论主张吗？

还有人认为生态环境破坏，是人类为增长必须支付的代价，不值得大惊小怪。这种说法在一般意义上能够让人理解，没有人会天真到以为可以白得好处而不付出代价的程度，何况中国长时间以来的积贫状态，更决定了代价不可能完全避免。但值得注意的是，"代价论"的滥用，常常有利于维护不公正和不合理的社会体制和安排，因为历史上一切罪恶和悲剧几乎都可以在"代价论"的粉饰下获得合法性。比如，殖民主义也带来了科技的传播，侵略战争也促进了工业的增长和就业的增加，官僚集权体制也促进了 GDP 的提高，这些都可以被有些人视为"成绩和代价"、"主流和支流"的关系，都可以在"代价论"的逻辑下得到肯定。因此，对"代价论"必须具体分析。问题不在于增长和发展有没有代价，而在于这种代价是否超过了社会或社会中某些阶层可以承受的程度，以及这种代价是由谁来承受。根据联合国的统计资料，全世界非核心国家居民的主体，并没有或很少分享到发展主义带来的好处，核心国家的贫困阶层，也没有或很少分享到这种好处，恰恰是占世界 95% 的人民，正在承受生态环境破坏最主要的后果。

另外就是所谓的"残余论"。这种说法认为，当前包括生态环境破坏在内的一切社会问题，都是计划经济体制的残余，只要彻底实现市场化、全球化，只要完全与欧美等发达社会的体制实现"接轨"，一切问题就会迎刃而解。持这种观点的人，看到了中国 20 世纪 50 年代以来"人定胜天"、"赶英超美"等盲目经济行为和经济体制对生态环境的忽视和破坏，看到了在集权计划体制内的浪费和腐败现象及其对生态环境的破坏。但是，他们没有看到早期社会主义理论侧重阶级斗争与社会关系，在生态环境方面存在着知识盲点，而且这一盲点与西方的发展主义、人类中心主义等意识形态有着亲缘关系，这恰恰是值得我们反思与清理的。冷战结束以后，发展主义最为风行的南亚、非洲、南美洲等地区，是世界公认的生态环境最为恶化的地区；发展主义最受尊奉的20世纪90年代，也是全球臭氧层破坏、酸雨增多、海水污染、土地荒漠化最为严重的时代。这说明生态环境问题并非仅仅是计划经济体制的残余之物，而是今后一个长时期内全人类需要面对的严峻挑战。

## 二、边发展，边规范（边规范，边发展）

当经济发展到一定程度时，随着人们需求的转型升级，要求经济结构和社会制度转型升级，对发展进行规范就成为必然。

党的十三大提出社会主义初级阶段的理论，认为经过几十年的努力，中国已是社会主义国家，而不是其他什么主义的国家；但中国还处在并将长期处在社会主义的初级阶段，因为中国人口多、底子差，至少要经过上百年的努力，才能进入中等发达国家的水平。因此，邓小平强调要坚持"以经济建设为中心"的基本路线一百年不动摇。应该说，这是在总结多年经验教训，对基本国情进行科学分析与定位后得出的正确判断与选择。虽然我们现在的经济社会有了极大发展，尤其是人民的生活水平有了空前改善，但总体上仍处于社会主义初级阶段的基本国情没有变。

同时也要看到，国际经验表明，在人均GDP达到3000至5000美元后，人们的幸福感已与财富多寡没有必然的正相关，而更多地与环境友好与公平正义正相关，这个时候的民主与法治将越来越成为人们的生活方式和价值追求。目前中国人均收入已经超过5000美元，并向全面建成小康社会的目标迈进。虽然现阶段继续把发展作为执政兴国的第一要务，仍有一定的合理性，但应清楚地看到，经济发展并不是唯一要务。与人的全面发展和幸福这一目的相比，其他都是手段。尤其是社会文明程度发展到今天，不管我们的主观愿望多么美好和善良，客观上已不允许以牺牲一部分人或一代人的利益为代价，去换取另一部分人或一代人的幸福。

从经济转型的角度看，在由自然经济、计划经济向市场经济转轨时期，逐步对发展方式加以规范，也是一种必然。

我们知道，在自然经济时期，基本上不存在多少商品交易，就是发生交易也是在很小的熟人圈子进行，不会订什么合同，也不需要公证，通常不用法律介入，靠传统的"声望"机制，也就是道德伦理规范来调整就行了。因为大家都是熟人，甚至沾亲带故，所以"好借好还，再借不难"；要不，"跑得了和尚跑不了庙"；再不，还有"父债子还"的古训在起作用。在计划经济时期，从生产、交换到分配，甚至消费，基本上都由国家计划框定死了，没有多少需要自主的东西，法治也没有多少用武之地。但是在市场经济中，商品交易范围逐渐扩大，要出村、出乡、出县、出市、出省，甚至出国。由熟人圈子走向生人圈子，信息不对称，就要订合同、搞公证，甚至上法庭。西方国家法治为什么发达？一个重要的原因，就是他们比我们早几百年进入陌生人交易，最早的西班牙、葡萄牙、荷兰、英国等，都是海洋国家，他们很早就漂洋过海，进入海外殖民和跨国贸易时期，所以他们的法治就比我们成熟得多。

市场与法治的共性都是"契约"。而在中国传统社会，通常是由纵向的权力而非横向的契约来配置资源的。在社会转型时期，则要由过去的权力配置变为市场也即契约配置，就必须由法治来保障。

第一，要防止上当受骗。因为是陌生人交易，心里没底。你说是"好借好还，再借不难"，但他很可能是"一锤子买卖"，不跟你"再借"。你说"跑得了和尚跑不了庙"，但他在你那个地方就没有"庙"。你说"父债子还"，但你根本就不知道他有没有子孙，子孙在哪里。市场经济中，为什么好多商品要做广告，而且要请名人做广告？因为广告的一个重要作用，就是把"生"的变成"熟"的！此外，订合同，"口说无凭，立字为证"，你若要赖，就法庭上见。通过法治，建立市场经济条件下的社会诚信，不能"欺生"，也不能"宰熟"。诚信是支撑任何一个共同体生存与发展的基本条件，有诚信才会有秩序，有合作，有进步。从总体上看，中国市场已经从以人格化交换为主的"熟人市场"，发展为以非人格化交换为主的"生人市场"，单纯的双边和多边声誉惩罚机制已经难以发挥在传统社会中的作用，需要建立一个以正式法庭为主的第三方执法体系来保证合同的实施。

第二，要降低交易成本。经济学上有个"科斯定律"，大意是只要产权清晰，交易费用就为零。这里的交易费用，是指正常价格以外的费用。中国市场经济中的好多问题，都发生在产权不清，或者说"产权虚置"上。因为无论国有、集体所有，都很难最终确定是谁所有。目前一些地方在资源开发中发生的"一女多嫁"现象，在很大程度上是由产权不清或者说产权虚置导致的。在这种情况下，投资者不知道要寻多少庙门、拜多少神、烧多少香，可能还没弄清真神是谁，交易费用必然很多。只有产权清晰并且法定后，生意才能真实、自由、平等、廉价地进行。中国改革发展的过程，实际上是一个对产权不断加以明确和界定的过程，农村改革和发展就是这样一步步走过来的，当然还需要继续向前走。

第三，要形成稳定的预期。法律的统一、公开、稳定，是法治的一个重要特点。而在人治情况下，主要靠领导者的意志，或政党和政府的政策来调控经济运行，难免有较大的随意性。这些年不少地方，领导的想法朝三暮四，政府的政策朝令夕改，市场主体朝不虑夕，紧张而又盲目地追求利益最大化，竭泽而渔，捞一把算一把，已经或正在造成严重恶果。而且，在各自为政、特事特办的情况下，起初经济可能发展得快一些，发展到一定程度后，就会相互打架，寸步难行。必须有一套大家都遵守的规则体系，才能保障发展的有序和有效。因此，说市场经济就是法治经济，绝不是一句空话，而是不得不使然。

　　从中国前些年的经济发展状况看，已经出现投资冲动——产能过剩——增速下滑——投资冲动的怪圈，早期市场经济国家遇到的问题正在中国上演，而且由于政府主导的因素，表现得更为复杂和吊诡。不少有识之士疾呼法治跟进，以有效矫正中国特色的经济病。

　　20世纪80年代以来，可持续发展问题逐步得到社会的重视，并被国家确定为发展战略。进入21世纪后，中央又明确提出了科学发展观。科学发展观的正式提出，标志着高层在主观认识上也达到了应有的程度。从中国目前的情况看，发展起步较早的东南沿海，已开始进入边发展、边规范或者边规范、边发展的阶段；而发展较慢的中西部绝大多数地方，则正在由前一阶段向这个阶段迈进。

　　在科学发展观的基本精神中，隐含着对发展与法治关系的正确答案。科学发展观的核心是以人为本，以人为本而非以物为本，正是现代法治的最高价值追求。人权至上、主权在民、自由平等，这些理念是科学发展的目的，也是现代法治的基本原则。而遵循经济社会发展的客观规律，正是良法的第一价值追求，与把客观规律变成行为规则的法治原则完全一致。因此，可以说科学发展观的第一要义是"科学发展"，而非"发展"。否则，就不需要提出"科学发展观"了。

　　在科学发展观提出前后，特别是提出之后，一些规范发展的制度建设加快进行。行政许可法和行政强制法的出台，使政府职能与行为受到法律更加严格的规范与限制。物权法与侵权责任法的实施，特别是对强拆的严格限制与程序规范，使公民的财产和人身权利有了更为具体的法律保障。加强与创新社会管理的一些举措，也对市场经济所需的公民社会的形成，具有积极的促进作用。而各地民生工程的广泛实施，以及医改、教改、房改等的推进，比较直接地彰显出以人为本的科学发展观正在逐步落地。对生态保护的重视与相应制度建设，则更是如此。

　　当然，在现行体制下，要使经济发展真正进入边发展、边规范或边规范、边发展的轨道，不会一帆风顺。从国家层面来看，一些法律法规的出台与实施，既有主观自觉，也有形势逼迫，有些带有明显的应急色彩。从地方各级政府的作为来看，更多的是出于对中央的响应，还缺乏真正的自觉和主动。从现实层面讲，现行干部体制和政绩考核指标，与科学发展还有相当的距离。这就像素质教育的要求与高考指挥棒的关系一样。一方面要求科学发展，另一方面却以 GDP 的高低论英雄，结果是可想而知的。

在法治与发展关系中，目前有不少人最担心的，就是厉行法治可能会影响发展。实际上，这是一个误解。历史经验表明，法治建设与经济发展，不是相互对立或者阻碍的关系，而是相互促进和保障的关系。其一，经济发展要讲规律，法治建设要讲规则，规则要体现规律，规律要通过规则来实现。其二，遵循规律，遵守规则，发展才能有序、有效和安全，既能保障经济安全，也能保障人身安全。其三，法治特别是依法行政的原则之一，就是高效便民，要求规范权力行使的范围和程序，精简行政审批，简化办事程序，因此，在正常情况下依法行政不会影响效率，反而能从整体上提升效率。

有人做过总结，古往今来，如果有 30 年左右的和平建设时间，是可以创造发展奇迹的，因此我们不要为过去 30 多年的成绩过于骄傲。古代中国有所谓盛世的创造，大概也就是二三十年的时间。比如西汉文帝、景帝合计在位时间 36 年，采取"轻徭薄赋"、"与民休息"的政策，使西汉物质基础大大增强，史称"文景之治"，也为后来汉武帝征伐匈奴奠定了坚实的物质基础。唐太宗在位才 20 多年时间，就出现了"贞观之治"。战后的西方国家和亚洲"四小龙"，也都是用 30 年左右的时间创造了经济繁荣。所以一个社会如果不打仗，不搞斗争，安安心心搞建设，给人民提供宽松的环境，经济就会发展。因为经济的发展，不是政府的职责，它是社会中的每个人为了追求财富、创造幸福而努力工作的结果。只要政府能提供一个适当的环境，尤其是良好的法治环境，经济就会有较快的发展。

## 三、先规范，后发展

这是几乎所有发达国家的共同做法。经济学界有个通行的说法，"欠发达国家卖资源，发展中国家抓产业，发达国家定规则"。这里的"规则"，主要是指产业和行业的技术规范与标准，但也与社会发展所需要的行为规范相关联。

从宏观方面讲，人的需求的无限性与资源的有限性，决定了任何一个社会共同体，最终都必然要进入先规范、后发展的轨道。进入先规范、后发展轨道的基本条件，一是在经济发展的基础上，中产阶级已成为社会结构中的多数，社会需求整体升级。按照马斯洛的人的需求五阶段说，是由生存、安全向交往、尊重乃至自我价值实现转变，并且容易达成社会共识。二是政府职能回归到"守夜人"角色，与市场、社会、企业的关系定位科学。三是公民社会形成，社会自治程度较高。这时，经济发展必须遵循客观规律成为社会的基本共识，这些客观规律已变成可以遵循的行为规则，这些行为规则具有不可违背的权威性。这样，按规矩办事高效，守规矩安全自由，公平正义成为主要价值追求，法治本身就是发展的内容和目标。

在这个阶段，法治对发展真正起到规范、引导、促进和保障作用。所谓规范，就是营造自主、平等、竞争、有序的市场机制，政企、政资、政事、政社分开，各类市场主体进退有据，行为规则明确具体，市场机制在资源配置中真正发挥决定性作用。所谓引导，就是通过符合经济发展客观规律的立法活动，明确经济建设的方向和目的，指引正确的路径和方式，增强经济发展的预期性和确定性，防止过度的投机和短期行为，减少大起大落现象。所谓促进，就是通过清晰的产权界定和规范的审批程序，降低交易成本，提高经济效益，调动市场主体创业和创新的积极性，从而使经济发展具有可持续的活力和动力。所谓保障，就是市场主体的合法权利能够得到有效保护，伪、劣、欺诈等各种违法行为能够及时得到纠正或制止，经济运行中出现的矛盾和问题可以得到妥善解决，从而使经济始终运行在正确的轨道上。

当今世界上的发达国家，大都已进入这个阶段。与中国处于相同或相似发展阶段的所谓"金砖五国"，也正在向这个方向努力前进。"金砖五国"，依次是巴西、俄罗斯、印度、中国、南非，是用其英文国名的首位字母排列，形成所谓"金砖"一词。五国总人口接近世界总人口的一半，生产总值超过世界总值一半，虽然人均水平仍处于发展中国家，但发展速度都比较快，其中尤以中国最引人注目。

值得注意的是，在五国中，印度、南非、巴西，都有过西方资本主义殖民的历史，文化和制度中已经渗透西方民主法治的理念，虽然发展速度不如中国快，但体制风险较小。俄罗斯虽与中国有着相同的集权专制传统，但20年前也经过了制度革新的隆烈洗礼，或者叫"休克式疗法"，过了制度转型的"坎"。而中国目前还处在社会转型和体制转轨的过程之中，潜伏的经济和政治问题还比较多，如果处理不当，是有风险的。

从经济方面看，一国的经济发展大体要分为要素驱动、投资驱动、创新驱动、消费驱动四个阶段。中国目前正处于第二阶段，能否迈入创新驱动阶段，主要取决于制度和文化等更深层的因素。目前面临的主要问题，一是三大需求动力减弱，现在投资率已很高，继续提高投资率不合理也不现实；消费近年来持续下降，远低于世界平均水平；至于出口，美国、欧洲、日本占我国出口份额50%左右，有相当的风险。二是经济结构不尽合理，突出表现是第一产业基础不稳，第二产业核心竞争力不

强，第三产业比重不高。三是自主创新能力不强，2012 年全球前 100 名
最具创新能力企业，美国 47 家，亚洲 32 家，欧洲 21 家，中国无一上榜；
2011 年度全球最佳品牌前 100 强中，美国 63 个，德国 9 个，日本 7 个，
法国 5 个，中国无一入围。四是经济领域存在潜在风险，有政府性债务
过大问题，能源矿产对外依存度过高问题，还有粮食和食品安全问题等。

从政治方面看，目前社会矛盾凸显。收入差距、城乡差距、区域差
距较大，土地征收、房屋拆迁矛盾较多，腐败现象仍然易发多发。中国
改革开放的头 30 年，恰好碰上了国内外的历史机遇，已经成熟了的工业
技术和有利于国际贸易的世界秩序，为后发国家提供了前所未有的机会，
使中国在没有法治的前提下，通过模仿照样能高速发展。于是，这种便
利给中国带来"没有政治体制改革，经济也能快速增长"的错觉，只顾
追求快速发展，并试图靠高速发展对冲或掩盖法治缺失所带来的社会公
平正义等问题。但现在，国内外的历史机遇利用殆尽，快速发展遇到的
挑战越来越多，如果还不通过法治改革，从根本上制约政府权力，经济
危机在不久的将来会难以避免，随之而来的，自然是政治危机。

托克维尔曾说："在行政集权的一定时代和一定的地区，可能把一个
国家的一切可以使用的力量结集起来迎来战争的凯旋，但却无补于一个
民族的持久的繁荣。我相信民主政府经过时间的推移一定能显示它的实
力，如果一个民主国家，由共和政府管理一个世纪，那么在这个世纪结
束的时候，它一定会比相邻的专制国家更富有，更加人丁兴旺，更加繁
荣。"我们应该醒悟到，解决中国所有问题当然要靠发展，但也要靠民主
法治，最终还是要靠民主法治。厉行法治，不是不要发展，或者发展得
慢一点，而是为了发展得更好一些，更快一些。或者说，解决所有问题
要靠科学发展，而科学发展则要靠法治规范。因为没有法治规范的科学
发展难以实现，或者只有发展而缺乏科学，最后可能还不如不发展。

— 第四章 —
## 法治先行才能使民主成为好东西

　　民主，是人类社会有史以来，一直孜孜不懈追求的目标。中国古代社会虽说缺乏民主传统，但追求民主的声音和举动实际上是一直存在的。改革开放以来，随着工业化、城镇化、信息化、全球化的进程和深刻的社会转型，民主化的浪潮不时涌动，对传统的执政理念、体制和方式带来巨大压力。特别是随着市场经济逐步发展，公民社会逐渐形成，传统的以绝对服从为特征的"臣民"意识，以集体主义为特征的"人民"意识会发生变化，以个人权利保障为特征的"公民"意识必然占主导地位。公民依法维权和参政、议政、主政的要求会越来越强烈，对国家权力依法进行规范和制约，成为必然要求。与此相应，执政党的执政方式，也必须由传统的主要靠会议、文件和领导讲话，靠党和政府的政策，向主要靠法律转变。面对民主政治的需求，如果法治建设跟不上，可能会再现与"文化大革命"类似的"大民主"情形。因为民主和法治是一个硬币的两个面，缺一不可，否则，就难免产生"民主则以众暴寡"、"法治则恃强凌弱"的怪胎，社会秩序就会在畸形状态中裂变。

# 一、民主是一个由低质向高质不断演进的过程

用最通俗和简单的说法，所谓民主，就是按多数人的意见办事。当然，从国体方面讲，民主就是多数人的统治；从政体方面讲，民主就是一个由民众在定期的、有规则和有程序的竞争性选举中，选择国家执政者的政治体制。

民主要从理念变为现实，是有一些客观条件限制的。比如说，第一，要有基本的物质条件。就一个国家内部来讲，地理环境、经济发展程度，包括基础设施，都会影响到民主的实现。比如没有会议室或聚会场所，交通通信又很不方便，民主要搞起来就很困难。第二，就是法制条件。要有对个人权利的法制保障，如果没有法制保障，民主就可能是一场人人受害的混战。第三，就是智力。一个是人们的智能，包括智商、情商达到一定的程度，才有可能理解、对话、沟通。另一个就是信息，信息是智力的开发和延伸，民主最重要的一个权利就是"知道"。如果不知道就不可能搞民主，或者是搞成盲目的民主。第四，就是心理。心理主要是人们的气质、态度，以及相互之间的包容。比如在一些发达国家的竞选中可以看到，在未见分晓之前，可以相互攻讦，一旦结果出来后，胜负双方都能正确对待，具有相互理解和宽容的心态。第五，就是要有和平状态。民主实施的国度，不能发生大规模的外侵和内乱。如果发生外侵内乱，进入战争状态，通常都是专制和独裁的，或者是准军事化的。

从历史角度看，近现代民主实际有两种基本形式，一种是基于限选制的低度民主，另一种就是基于普选制的高度民主。从缺乏民主到低度民主，再从低度民主到高度民主，以至于高度民主本身再继续发展完善，是民主发展的自然历史过程，也是民主发展的政治逻辑。

西方国家在 19 世纪及其以前实行的近代民主，实际就是低度民主。

这种低度民主有一系列的基本特征。其中最主要的就是实行限选制，而不是实行普选制。在19世纪的大部分时间内，欧美各国拥有选举权的国民，始终不超过男女成年人口的10%，直到19世纪末也未超过20%。被选举权受到的限制更大，比如不给议员开工资，就在事实上剥夺了绝大多数工薪阶层人士的被选举权。再有，分权制衡初步形成，但又远不充分，特别是分权共谋仍然暗藏其中。孟德斯鸠指出，当分权只是同一伙人内部的分权时，就会变为共谋。在限选制下，政治参与的范围只是扩大到了整个富裕阶层，而这个阶层仍然是社会上的一个小圈子，所以这种分权仍在相当程度上变为共谋，使整个社会的公正性大打折扣。还有，法治和宪政初步形成，但又远不完善。选举制的建立和发展导致了议会地位的实质性上升，立法机构和法律的权威性基本确立，司法独立的传统得以继承和加强。但这种法治和宪政又很不完善，基于限选制的立法，使利益导向严重失衡，在劳资两大阶级之间尤为如此，公正性受到很大限制；由于分权制衡不充分，司法独立仍受行政和金钱的严重侵蚀；在少数富裕阶层独享政权的情况下，少数人对于多数人暴政的问题也没有完全解决；等等。

虽然低度民主有诸多不尽如人意之处，但它发挥了不可或缺的重大历史作用。特别是在比较广泛的公民自由、民主选举制度等的有效性和灵活性的结合中，创造了以和平方式解决早期市场经济发展所伴生的尖锐社会矛盾，使市场经济获得更高发展的可能性，从而奠定了以和平改革的方式，逐步走向现代宪政民主政体的制度基础。正是这种制度基础与民权运动相结合，在20世纪催生了现代宪政民主政体也即高度民主的诞生。

高度民主的首要内容和基础就是普选制。从《马克思恩格斯全集》看，马、恩关于未来高度民主的设想要点是：建立没有任何专政的新国家；在这种新国家实行普选制；建立基于普选制的议会；使基于普选制的议会成为最高权力机关；实行基于普选制的分权制衡；实现和保障所有社会成员的人权和公民权；国家公职人员工资水平中产阶级化；人民当家做主，人民教育官员，社会高于国家。马克思曾将这种制度叫作"未来共产主义社会的国家制度"。后来的事实证明，这套政治理想并非空想，但它必须与市场经济相结合，而不是与计划经济相结合，它的实现是历史合力的结果，在实质上属于现代宪政民主的范畴。

虽然欧美诸国都是通过低度民主走向高度民主的，但后发达国家似乎并不尽然。比如韩国等国家和地区，是在实现经济现代化的基础上，从威权政体直接转变为宪政民主政体的，而不是先搞低度民主，后搞高度民主，尽管他们在初步建成现代宪政民主政体之后还需要一个成熟期。还有更多的发展中国家，也仿照现代宪政民主政体实行了本国的民主变革，但在实际效果方面大多存在不同程度的问题。这就或明或暗地提出了一个问题：低度民主究竟是不是历史必由之路？中国是否仍然应走先建立低度民主、后实现高度民主的发展道路？这个问题的实质，就是民主的条件问题。对此有两种极端的观点需要注意。

一种是民主无条件论，即认为在任何情况下都能实现高度民主。从前述民主历程看，民主不可能是无条件的。在有民主条件时不推进民主是保守，在缺乏民主条件时推进民主则是冒进。冒进的民主变革，要么是随后就退回到条件许可的范围内，要么形式上是高度民主，实际上是低度民主，而且还会伴有相当程度的危险性。诚然，韩国等国家和地区是在经济现代化的基础上，直接由威权政体转向宪政民主的，也就是在较高民主条件形成后，转向民主政体的，但这可能只是一种历史特例。而且这种特例可以在条件特别有利的较小共同体内出现，不大可能在中国这样的超大型国家出现。因为较小共同体有可能在特别有利的条件下，以较短时间实现现代化，超大型共同体则不可能做到这一点。韩国从最初的经济起飞算起，只用了二三十年时间就实现了现代化。中国从"文化大革命"结束后开始经济起飞，到21世纪中叶基本实现现代化，需要70多年时间。欧洲的规模与中国相近，它的原生性现代化之路就更长。另外，虽然实现现代化的时间长短有差，但威权政体下的腐败速度却是大致相同的。韩国搞了二三十年现代化就严重腐败了，中国也以同样的速度严重腐败了。由此产生了两种不同的要素组合及其所导致的两种不同的前途。在韩国，严重腐败与经济社会现代化相结合，后者又是民主化的高条件，于是严重腐败就成为直接导致现代宪政民主的催化剂。在中国，严重腐败与半现代化相结合，后者并未提供民主化的高条件，此时，如果不能以必要的民主改革，遏止严重腐败及其所导致的各种严重的社会不公，那就可能会导致社会动乱，而不是走上所谓"先民生、后民主"、"先现代化、后民主化"的梦幻之路。所以说，中国必须在现代化的进程中间就开始推进民主化，并从低度民主逐步发展到高度民主，使现代化与民主化相得益彰。

另一种是民主高条件论，即把现代宪政民主赖以实现的高条件，视为任何民主政体赖以实现的必要条件。或者说只有基本消除贫富分化，使中产阶级成为大多数，才能开始实行民主改革。从世界范围看，除西班牙外，西方多数国家的历史，不是只有中产阶级占多数才能搞民主改革，而是只有在民主发展的基础上和过程中，才能逐步有效地消除贫富分化，进而使中产阶级占多数。这是一个互动的关系，因为愈益大众化的宪政民主本身，就是一种日益有力的公平分配机制，这也正是我们所迫切需要的。

在既定的历史背景和国际国内环境中，中国的民主化道路及其低度民主又会有相当的特殊性，不可能也不应当是欧美道路的简单翻版。也就是说，它一定会是普遍性与特殊性相结合的道路，而不会是只有普遍性而无特殊性，或者是只有特殊性而无普遍性的发展道路。

比如，不能实行19世纪式的限制阶级权利的低度民主，只能实行适当限制民主化程度的低度民主。在普选制已经成为世界主流，我国在法律上也早已规定了普选制的情况下，再以财产和受教育程度等限制选民资格，退回到只有少数富裕阶层人士享有选举权和被选举权的早期的"资本主义民主制"，显然是行不通的。从实际出发，中国应当实行的是另一类型的低度民主，即自上而下的集中控制与自下而上的自由民主相结合的低度民主。以选举权来说，这种低度民主就在于不是选举权的享有范围受限制，而是选举的自由度受到某种程度的限制，比如逐级代议等。

再如，不能实行政府只充当"守夜人"的低度民主，而是必须同时实行发展公共财政的低度民主。从经济角度看，西方低度民主时期的国家职能主要是充当廉价、廉洁、高效的"守夜人"，也就是主要保护资产者的利益，缺乏面向大众的公共财政。这在当时是行得通的，因为广大的海外殖民地既提供了广阔的海外市场，又能使之以丰厚的海外利润给本国工人涨工资，而且西方的技术和管理优势也在带动着工资上涨，这就在扩大市场和增加收入两方面，都具备了相当于早期公共财政的实际功能。二战后，西方殖民地丧失殆尽，内部民主又获得了高度发展，公共财政也随之替代了殖民地的功能。中国现在和未来都不可能有海外殖民地，国际金融危机后，继续主要依靠国际市场拉动增长和增加收入的空间已不大，这就使中国现在必须通过发展公共财政提高大众的实际收入水平。所以，中国的低度民主必须是在保护产权的基础上，着力发展公共财政的新型低度民主，而不能再是仅仅充当"守夜人"的旧式低度民主。

又如，在当下还不宜实行多党制的低度民主，而应实行共产党执政的低度民主。在某种程度上，前述两个特征也为名义上实行现代民主，实际上仍处于低度民主阶段的发展中国家所共有。中国的特殊性在于，由于共产党居于法定的执政党地位，这种体制既有可能是一党专政，也有可能是一党民主，在这种既定的前提下发展和实行低度民主，必将是共产党执政的低度民主，而不是多党制的低度民主。同时，由于循序渐进的民主化，需要自上而下持久有序推动，低度民主化时期也需要某种形式和某种程度的威权政体要素，只要中国共产党承担起领导和推动民主化的历史责任，这种民主化道路可能会是成本最低、最稳妥顺利的发展道路。

所以，在现阶段，中国理应发展和实行中国共产党执政的低度民主，尽管这还需要相当的制度创新，而不是一条现成的发展道路，但它是中国当下民主化进程的最基本历史定位。邓小平曾指出："实现民主和法制，同实现四个现代化一样，不能用大跃进的做法。""民主化和现代化一样，也要一步一步地前进。"道理就在这里。

## 二、跳出"历史周期率"，靠民主更要靠法治

1945年7月1日，黄炎培等六位国民参政员，应中共中央和毛泽东主席的邀请，为推动国共团结商谈，飞赴延安访问。7月4日下午，毛泽东邀请黄炎培到他住的窑洞做客，问黄炎培来延安考察几天有什么感想。黄炎培坦率地说："我生六十余年，耳闻的不说，所亲眼看到的，真所谓'其兴也勃焉，其亡也忽焉'。一人、一家、一团体、一地方乃至一国，都没能跳出这个周期率的支配力。……中共诸君从过去到现在，我略略了解了的，就是希望找出一条新路，来跳出这个周期率的支配。"毛泽东庄重地回答："我们已找到了新路，我们能跳出这个周期率。这条新路，就是民主。只有让人民来监督政府，政府才不敢松懈；只有人人起来负责，才不会人亡政息。"黄炎培听后十分高兴地说："这话是对的，只有把大政方针决之于公众，个人功业欲才不会发生，只有把每个地方的事，公之于每个地方的人，才能使得地地得人、人人得事。用民主来打破这

周期率，怕是有效的。"毛泽东与黄炎培的对话，被人们拿来与传诵千古的《隆中对》相比拟，称为"窑洞对"。

从"窑洞对"到今天，半个多世纪过去了。中国的民主化进程，历经曲折，难尽人意。在查找原因时，人们往往认为，是毛泽东违背了当年对黄炎培的承诺，没有坚持实行民主。但仔细回顾一下这段历史，应该说，就毛泽东本人的主观愿望而言，他是想搞民主的，是把人民的利益放在高位的。他搞"反右"运动，是想巩固新生的人民政权；他搞"大跃进"，是想让人民尽快富裕起来；他搞"社教"，是想把新生的盘剥人民的当权者教育一下；他发动"文化大革命"，是想把"走资派"拉下马，让人民走共同富裕的社会主义道路；直到临终前，他还念念不忘"资产阶级就在共产党内"。他曾发誓要把那些吸工人农民血的特权阶层消灭掉。所有这一切，都是有据可考的。至于"文化大革命"时期的民主之"大"，更是史无前例。可悲的是，尽管他老人家搞民主的主观意图那么强烈，而客观效果却与初衷大相径庭。

这是为什么？

有人经过认真分析，发现毛泽东的民主思想中，存在很多误区和局限。

其一，"民"是全体还是多数？按照通常理解，"民"一般有三种含义：第一种是指全体公民，即一国之内根据宪法和法律规定享有权利和承担义务的人；第二种是指人民，即排除敌对阶级和敌对分子，以劳动者为主体的社会基本成员；第三种是指与"官"相对应的百姓之"民"。按照现代法理学的一般解释，民主之"民"所指的应该是第一种含义，即凡是公民，不管宗教信仰，不管民族归属，都同样享有民主权利。即使是第二种或第三种含义，也应该是指它的全部，而不仅仅是其中的一部分或大部分。民主有一个重要含义，即不仅尊重多数人的权利，还要尊重和保护少数人的权利。但毛泽东以为，只要多数人享有了权利就是

"民主"，而不是"地地得人"和"人人得事"。基于这种认识，就必然忽视少数人的权利，使他们的民主权利不能得到保障。在这个问题上，卢梭在《社会契约论》中，曾有过精辟的分析。他说："众意与公意之间经常总是有很大的差别，公意只着眼于公共的利益，而众意则着眼于私人的利益，众意只是个别意志的总和。但是，除掉这些个别意志间正负相抵消的部分而外，则剩下的总和仍然是公意。"后人认为，卢梭关于公意与众意区别的说法，无论在理论还是实践中都有模糊性，但是，它有非常积极和重要的意义，那就是众意并不完全等于公意。可以说，所谓"公意"，就是在正常情况下的集体理性，在法治社会通常表现为既定法律原则和精神；而"众意"，有时可能只是相对多数人的"私意"，通常表现为民主的激情意志。如果没有法治对个人权利的平等保障，忽视少数人权利的民主，很有可能走向专制和暴政。

其二，民主是目的还是手段？对这个问题可以从不同层面来理解。对于建立民主制度来说，民主应该是目的。从民主属于上层建筑，要为经济基础服务这个层面来说，它又是手段。对于民主是目的还是手段的问题，毛泽东都曾论及。在民主革命时期，他多次提出"建立无产阶级领导的以工农联盟为主体的人民民主专政的共和国"的专政目标，并把人民民主专政作为中国的根本的政治制度，把"民主集中制"作为新民主主义共和国的政体。后来他又提出，要建立社会主义民主。这都是把民主作为目的来说的。但是，他更多的是将民主看成手段和方法。他说过，民主这个东西，有时看来似乎是目的，实际上，只是一种手段。马克思主义告诉我们，民主属于上层建筑，属于政治这个范畴。这就是说，归根结蒂，它是为经济基础服务的。他还说，民主是一个方法，看用在谁人身上，看干什么事情。由于毛泽东更多的是把民主看作手段和方法，所以他在关于民主的论述中讲得最多的是民主态度、民主作风。即使作为根本制度层面的人民民主专政和民主集中制，在毛泽东那里，也更多的是作为手段和方法来讲的。由于他过多地强调民主是一种手段和方法，就减弱了民主的目标意义，降低了民主的地位，使它变得可有可无，从而忽视民主制度的建设。因为从理论上说，目的具有唯一性和不可易性，手段则具有多样性和可易性，如果将民主只是作为诸多手段和方法的一种，那就可以采用，也可以不采用，可以改变，也可以抛弃，想用的时候就用，不想用的时候就不用。

其三，是"小民主"还是"大民主"？"大民主"并不是毛泽东最早提出来的。1956年波匈事件发生后，针对我国现实生活中，公民参政议政、国家大政方针决策、新闻自由等等"大民主"太少，而调资、升级、分房等纷争的"小民主"太多的现象，党内就有人提议应该多实行"大民主"。起初，毛泽东并不认同"大民主"的说法，断定这是主张西方的"议会民主"，搞什么"新闻自由"、"言论自由"，是缺乏马克思主义阶级观点和阶级分析方法的错误主张。不过，他认为"大民主"、"小民主"的讲法很形象，便借用了"大民主"这个概念，接过了这种说法。但他曲解了"大民主"提出者的原意，在经过反右派斗争后，赋予"大民主"以"大批判"的内涵和"四大"（大鸣、大放、大辩论、大字报）的形式，开始主张实行"大民主"，并声称找到了实行社会主义民主的最好方式。这种"四大"的形式，在后来的"文化大革命"中得到广泛推广，成为推动"文化大革命"的一个重要工具。对于"四大"，现在还有很多人怀念它，认为它真正发扬了民主，使广大群众得到了民主权利。但有的学者已经指出，毛泽东的"大民主"理论是他民主思想的重大失误。实行这种"四大"形式，确实使人们得到了正常情况下难以得到的揭发、批判别人的权利，也确实可以揭发出一些问题，给那些贪赃枉法的人造成很大压力，使他们有所收敛，但同时也存在两个问题：一是不管是"小民主"还是"大民主"，都不符合民主的本义，在实际施行中，这种"四大"只是符合领导人意愿的一部分人的"四大"，是只许一种声音、

一花独放的政治批判手段，并不是全体人民的真正的民主；二是由于
"四大"不受法律约束，容易造成无政府状态，使那些造谣、诬陷别人的
人得逞，使好人受到不应有的打击。"文化大革命"造成的深重灾难，已
经印证了这些问题。因此，提倡"大民主"确实是毛泽东民主思想的一
大误区。

其四，是"由民做主"还是"为民做主"？由民做主，公民无须通过
自身以外的主体而自由地表达意愿，并且直接行使权利；为民做主，则
是公民自身以外的主体代替公民表达意愿，代替公民行使权利。在毛泽
东关于民主的论述中，人民民主即"由民做主"是一条重要原则。但在
实际政治生活中，却把人民民主变成了"为民做主"。在前述 20 世纪 40
年代回答黄炎培关于如何跳出历史周期率时说的那段名言中，毛泽东就
已经说得很清楚："只有让人民起来监督政府，政府才不敢松懈。"这种
"让人民监督"、"让人讲话"的说法，他以后讲得非常多。其中的真正含
义却很少有人领会，那就是"让"人民监督和讲话。一个"让"字，说
明了"为民做主"的本质。既然可以"让"，也可以"不让"。正因为是
为民做主，所以"人民"的范围是由他人决定和区分的。很多阶级、阶
层和各种各样的人，都根据政治需要不时被排除在人民之外。最早被排
除的是地主阶级，接着是民族资产阶级、富农、"右派分子"，以及形形
色色的所谓"坏分子"。在每次政治运动中，都有百分之五的人成为被斗
争的对象。很多人今天是"人民"，明天忽然成了"敌人"，被剥夺了一
切政治权利。

在诸多误区和局限中，最关键的还是民主与法治的关系问题。民主
本来是和法治密切连在一起的，只有通过具体的法律把民主制度固定下
来，实行宪政和法治，民主才能得到保障。在取得全国政权之前，毛泽
东讲过要实行新民主主义宪政的话，但取得全国政权不久后，他又明确
表示，他并不喜欢法治，而是喜欢人治，实际上就是要由领导人为民做

主。为民做主实际上潜藏了一个前提：即公民自身以外的主体，能够完全了解并代表全体公民或多数公民的意愿，而且能够完全按照公民的意愿行使权利。然而人们通常看到的情形恰恰是主体的意愿与公民的意愿并不重叠，相反常常发生龃龉甚至抵牾。也就是说，为民做主的主体并不能真正反映公民的意愿，因此也就不能按照公民的意愿行使权利。所以，在一些重大决策上，毛泽东自以为代表了人民的愿望，实际上却脱离甚至背离了人民的愿望。导致全局性错误的"反右"运动、"大跃进"和"人民公社化"运动，特别是"文化大革命"，莫不如此。当年黄炎培在对话中曾说"只有把大政方针决之于公众，个人功业欲才不会发生"，这个"决之于公众"，既是民主，也是法治。可惜两人当时的兴奋点都是民主，而忽略了法治。尤其是忽略了对"个人功业欲"的法律限制，最终难免酿出一个个苦果。

从理论和实践的分析中可以看出，毛泽东的民主局限，有诸多因素，而为民做主的"救世主"心态，缺乏现代法治意识的权力制衡，是导致其由民主立意到专制收场的最主要原因。民主，不管是精英之治，还是大众之治，说到底都还是人治。再往深一点说，民主具有天然性、扩张性的特点，也即人们天性中具有自己的事情自己做主的倾向，往往容易诉诸激情，这样就会使得民主的发展具有无限放大或无序化的趋向，容易导致无政府主义。就是主张民主的领袖人物，也是如此。法治则是人类理性的产物，具有更多的内敛性、规范性和约束性。没有法治，公民的政治参与就有可能破坏社会稳定，民主进程就有可能导致秩序的失控，而民主权利也有可能随时被剥夺。历史反复证明，实行民主肯定离不开法治，民主必须法律化、制度化、规范化。

经历"文化大革命"之痛的邓小平，说过一段非常中肯的话："制度好可以使坏人无法任意横行；制度不好可以使好人无法充分做好事，甚至会走向反面。即使像毛泽东同志这样伟大的人物，也受到一些不好制度的严重影响，以致对党对国家对他个人都造成了很大的不幸。我们今天再不健全社会主义制度，人们就会说，为什么资本主义制度所能解决的一些问题，社会主义制度反而不能解决呢？这种比较方法虽然不全面，但是我们不能因此而不加以重视。斯大林严重破坏社会主义法制，毛泽东同志就说过，这样的事件在英、法、美这样的西方国家不可能发生。"这段话，今天听来都振聋发聩。如果当初我们沿着这个思路对民主进行更加深入、更加系统的探索，如果我们后来不是把自己封闭起来、照搬苏联高度集权缺乏民主的模式，如果我们很早就着眼于从制度设计约束权力而不只是注重为政者们的个人品德，那么，我们可能就不会酿出"文化大革命"的苦果。

历史证明，民主是国家长治久安的必要条件，但并非唯一和充分的条件，民主只有与法治结合，实行宪法政治，才是跳出历史"周期率"，真正实现国家长治久安的必由之路。

## 三、中国现阶段的民主试验急需法治

在经历"文化大革命"时期"大民主"的教训后，人们认识到对中国实行民主的经济社会基础估计不能过高。在宪法中取消"四大"，强调民主的制度化与法律化，既有符合实际和合法规范的一面，也有对不当民主防范的一面。在市场经济改革实际进行时，党的十三大对包括民主法制建设在内的政治体制改革，曾勾勒出比较清晰的方向和路径。但随后不久发生的"六四"政治风波，使得被邓小平强调"一个字都不能改"的十三大政治报告，实际上不改一字而搁置。

但市场经济的发展与民主法治的进程是不可长期分离的。"六四"以后，民主的社会需求仍在不断增长。为了适应实际存在并不断增长的社会需求，高层小心翼翼地在党内民主和基层民主两个方面进行试验。有人曾对这两个方面的民主试验，做过比较和分析。

## （一）党内民主

从政治学的一般常识上讲，在国家权力暴力性更迭的特殊时期，"打天下者坐天下"是国家权力执掌的基本途径。但这种非常状态下的"授权"不是永久性的。在开国领袖离开国家权力舞台后，授权机制就必须改变，这也是常识范围内的政治"更化"问题。而党内民主，不只是解决中国共产党的组织民主问题，也关系到执掌国家权力的民主授权机制问题。党的十七大提出了中国政治民主化的一个公式，即要以党内民主引导人民民主。这实际上是以精英民主引领大众民主，基本上符合民主发展的历史和实践逻辑。特别是在中国，政治实际上是政治精英之间的互动。在现代民主产生之前，一旦政治精英之间发生利益冲突而不能妥协，暴力就会接踵而来。在现代民主法治条件下，政治精英之间的互动，会变得文明起来。不同政治精英代表不同的利益，相互之间有竞争也有妥协。和平的竞争与妥协，就是民主与法治。当然，实现党内民主，不能仅仅依靠这个组织领袖的政治意志、个人才能、政治技巧，必须借助严格的制度规则。党内民主制度的安排，关键在于将一党独大的传统革命党，转变为能够经得起民主竞争的现代执政党，就是要全面引入竞争性机制、程序性安排和公开性评价。

从中国的现实层面来看，在邓小平最后一代"强人政治"之后，党内的政治生态已经或正在发生变化。

首先是领导人的产生方式正在发生变化。在强人政治时代，领导层由单纯的任命方式产生，党内竞争无从谈起。毛泽东实行的是指定方式，伟大领袖要用谁，别人不敢置喙。邓小平时代有些变化，虽然也指定，但有时要协商。特别是在选拔最高接班人的时候，必须参考其他领导人的意见。邓小平之后，指定式越来越难以行得通，即使有指定，也要接受党内相当范围的民主认可程序。因此，随着强人政治的结束，党内的协商民主和政治竞争变得不可避免，而制度化的竞争就是民主的本质。

其次是具体的领导方式也在发生变化。在强人政治时代，尽管也强调民主，但很难制度化。因为只要有强人在，不管怎样强调党内民主，最后还是强人说了算。在毛泽东时代，不同政治力量都必须服从伟大领袖的政治意志。毛泽东本人可以选择支持哪一种政治力量，或者反对哪一种政治力量，但他本人至少在形式上并不属于任何政治力量。到邓小平时代，如果他要进行重大决策，就需要获得党内相当重要的政治力量的支持，尽管许多重大决策最后由邓小平拍板，但实际上已融合了众多的不同意见。在邓小平之后，党内集体领导有了更多的可能。特别是在经济结构复杂，社会贫富差异巨大，各种利益高度分化的当今，党内利益多元化也已是常态，并且在许多时候，没有一种利益能够占据主导地位，没有一位领导人能够超然于各种利益之上，并获得不同利益之间的共识。简单地说，如果毛泽东时代是伟人政治或强人政治，邓小平时代是强人政治或共识政治，那么今天就是常人政治或利益政治，而利益的制衡必须靠法治，这是政治规律，也是国际经验。

## （二）基层民主

现阶段的基层民主，主要体现在农村村级组织的换届选举中。同时在乡镇一级，进行民主选举的试点。在其他类型的基层组织中，各种形式的民主也在有组织或自发地进行。这种自下而上的社会民主非常必要，有可能成为中国民主进程的持续动力。

但从实践层面看，基层民主遇到了极大困难。

比如，缺少法律基础。以乡镇选举为例，到现在为止还不具备法律地位，只是在试点的基础上说才具有"合法性"。乡镇一级直接选举的试点各地都有，但如果不修改法律，乡镇的直接选举很难扩展到全国范围，成为一种新的制度。

再如，容易导致下级政府的合法性远较上一级政府高的情况。在中国，它会影响到另外一个重要的方面，即党政关系。如果政府官员是选举出来的，而党的干部不是，那么就会产生严重的党政冲突。尽管村级组织现在已经不是一级政府，但村级组织里面党支部和村民委员会之间的冲突，就很能说明这个问题。村民委员会是选举出来的，而村党支部则不是。这样，两者的冲突很难避免。

还有，会造成政治体系的过度分散。因为当政治合法性下移的时候，地方就有了很强的理由来抵御中央政府。在一些极端的场合，地方民主甚至可能导致国家的分裂。美国从早期极为分散的邦联制过渡到权力相对集中的联邦制，就是为了维护国家的统一。中国 20 世纪 30 年代的"地方自治"和"联省自治"，尽管从中央与地方关系的角度来说相当民主，但国家的统一就成为大问题。

### （三）两种不良倾向

党内民主和基层民主，一个是自上而下的民主，一个是自下而上的民主。如果搞得好，形成良性互动，对中国民主进程具有极重要的意义。但目前的情况不容乐观。就党内民主而言，有许多方面实际上还没有破题，就已经出现了两种非常不好的倾向。

一种是"官场的市场化"。官场的市场化，不是说党内可以自由、公开、平等竞争，而是唯利是图、不择手段，包括跑官要官、贿选拉票等，使官场变得很俗气、很势利，拼关系、看实力，有人称之为"唯财是举"。而这种"财"，来自公共财政，落到私人腰包，加剧了现阶段民主竞争的不公和腐败。

另一种是"官场的江湖化"。官场的江湖化，就是义气盛行，不讲规矩。"义"的本义是"宜"。但过度了，就"不宜"。古今中外，以"义"

坏法的例子，屡见不鲜。《水浒传》中就讲一个"义"字，李逵就很义气，杀了好多人，但并不都是坏人，其中有许多无辜的人。《三国演义》中的曹操，奸诈邪恶，是蜀汉之大敌，但最终还是被关云长在华容道徇私放走。自从几代说书匠把关云长捧上了"义"字的天空后，关云长成为世人顶礼膜拜的"圣人"，而不是一个因"私"害"公"、以"义"坏"法"的罪人。人类社会的历史反复证明，在人与人交往中，人们往往喜欢讲义气的人。但义气过度了，最后要坏规矩。规矩坏到一定程度的时候，社会就可能会溃败。因为权力是公器，是有法度准则的，以义气行事，则公器化为私道。以私道用公器，必然失去基本的公平正义，可能获得一时一地的喝彩，但最终会失去人心和秩序。

至于基层民主实践，同样也有"市场化"和"江湖化"的问题，而且表现得更为赤裸。有人曾不解地说，中国共产党强调民主要有物质文化基础，却偏偏在物质文化基础最薄弱的农村进行民主化试验！这好像是个悖论。但实际上真正的民主化历来是自下而上的；而农村基层组织本是自治性的，规模较小且相对封闭，搞坏了影响也不大。民主应该自下而上，不一定是执政者的主观意识，搞坏了影响不大，则可能是认真考量后的选择。

历史告诉我们，民主制度并非人类社会生活最理想最完美的归宿。然而，正如丘吉尔所说："民主有缺点。但迄今为止，它是最好的制度。"所谓民主的缺点，主要是民主常常可以被利用、歪曲和作假，甚至异化变质，成为专制集权的工具。古今中外都有这方面的例子。不仅拿破仑一世是一票一票选举出来的，拿破仑三世、英国的克伦威尔、法国的雅各宾专政头子，也是一票一票选出来的。在远古的希腊，苏格拉底被处死，阿那克萨哥拉被驱逐出境，都是以民主方式做出决定的。

为什么会出现这种现象？有人分析后认为，与人性的干扰破坏有关。一是人的认知偏差，即由无知造成的偏差，例如，受信仰、主义、学说、观点等影响的人可能盲目跟进，这是盲从；二是人的利益驱动，即自私贪婪造成的偏差，比如，受利益驱动，不问是非曲直，只为追逐私利，这是利从；三是人的威胁逼迫，即由野蛮霸道造成的偏差，比如，受权力的威胁、逼迫、恐吓，无奈跟进，这是屈从。以上三种因素的任何一种，都有可能造成民主的失真和失效。

尽管如此，各种迹象表明，随着中国现代化进程的加深，整个社会对民主建设的制度需求越来越旺盛。执政党要在这个全新的环境生存和发展，就需要新的制度体系。目前的情形是，正式制度体系缺少变革，但各种利益都在推动着非正式制度的快速成长，形成在社会各个领域真正起作用的"潜规则"。正式制度体系是为整体利益服务的，而非正式制度体系或者说"潜规则"，在许多时候是为一些具体的利益服务的。当非正式体系开始支配正式体系的时候，社会矛盾的积累和激化就变得不可避免。"王法不行则私情盛"，这是自古以来的实践反复证明了的必然规律，也是执政党今天面临的最严峻的挑战。同时，也是最难得的改革机遇。因为当大家都深受各种"潜规则"之害的时候，在民主基础上建立与实施社会正式制度体系，就会变得容易一些。

## 四、法治先行是推进中国民主进程的正确选择

从理论上讲，国家与民主的性质是对立的。有了彻底的民主，就不可能有国家，有了国家，就不可能有真正的民主。如果社会全体成员都享有民主，民主就不需要了，国家也就不存在了。民主的前提之一是自由，而孟德斯鸠说过，自由就是做法律允许做的事情，一个人如果做法律不允许做的事情，他就失去了自由，因为其他人也可以这样做。民主与自由的这种特质，决定了在实行民主和自由时，必须设计出一个能保障二者正当性的制度体系，这就是要让法治先行。不可否认，现代法治

需要民主的基础。但民主是一种统治形式，法治是一种统治规则。没有法治的支持和约束，民主固有的缺陷必然使它夭折或发生蜕变，甚至无法正常运作并真正收到成效。因为法治能够为民主创设有利的外部环境和必要的社会条件，为社会各阶层提供稳定的政治预期，使民主的正常运作成为可能，并防止民主走向反面。正像霍姆斯所说：离开某种法律框架来谈论"人民政府"毫无意义，法律赋予全体选民统一意志，稍微夸张一点说，人民不捆住自己的手，就等于没有手。

有人说，西方并不存在什么民主法治化的问题，我们为什么要讲这个问题？这是因为，在西方这两方面从来没有分离过，民主就是在法治化的环境中发展起来的，而法治又是在民主的基础上不断巩固的，二者相辅相成、相得益彰。而对于缺乏民主法治传统的中国来说，先完善法制，再扩大民主，是最稳妥的途径。因为种种事实表明，中国目前的局势，不是要不要民主化的问题，而是民主化会是一个相对和平有序的过程，还是一个充满动荡不安甚至以暴易暴的过程。要争取前一种过程，就必须法治先行，即先对民主进行全面的制度化和法律化。虽然法治先行不一定能保障民主的广度和高度，但民主的制度化、法律化，至少可以有效防止历史上极端民主灾难的发生。

中国的民主化必须法治先行，还有一些特定的因素。

## （一）中国目前尚处在发展中国家行列

在发展程度较高的经济环境中，社会进程趋于平稳，有充分的时间磋商和磨合，分权是有利的；在发展程度较低的经济环境中，社会面对发展的压力，效率成为优先的考虑，必要的集权可能更有利一些。亚洲二战后成功实现经济转型的国家和地区，都是在其政府的强力推动下，实现了经济起飞，从容地介入国际竞争之后，开始政治民主化的。反之，拉美和非洲一些国家，在不具备这种经济竞争力，或者经济指标虽然够格，但依然没有摆脱经济依附地位的时候，急于仿效西方民主制，结果大都导致社会动荡。所以在中国现阶段搞民主，就是要通过法律确定各种具体的行为规范，并且有效实施。高度民主是一个"水到渠成"的过程，这里的"水"就是市场经济，只有市场经济发展到较高水平，规则意识普遍形成时，高度民主才可能搞得好。

邓小平当年与美国总统布什会谈时曾指出，"中国正处在特别需要集中注意力发展经济的进程中。如果追求形式上的民主，结果是既实现不了民主，经济也得不到发展，只会出现国家混乱、人心涣散的局面。对这一点我们有深切的体验，因为我们有'文化大革命'的经历，亲眼看到了它的恶果。……中国人多，如果今天这个示威，明天那个示威，365天，天天会有示威游行，那么就根本谈不上搞经济建设了。我们是要发展社会主义民主，但匆匆忙忙地搞不行，搞西方那一套更不行。如果我们现在十亿人搞多党竞选，一定会出现'文化大革命'中那样'全面内战'的混乱局面。'内战'不一定都是用枪炮，动拳头、木棒也打得很凶。民主是我们的目标，但国家必须保持稳定。"老人家当年的这种担忧，不是没有道理的。

### （二）党内民主竞争需要有共识的游戏规则

西方国家民主化的过程表明，一个民主社会要得到稳定，执政党与反对党必须拥有共同的价值观。他们之间的不同仅是在一些具体政策或者政策执行技巧上的不同，甚至是仅仅出于政客之间的争权夺利。执政党与反对党之间在意识形态上的差别越大，一个社会的民主体制就越不牢固。如果执政党与反对党信奉着截然相反的价值观，并且反对党准备在取得政权后，以自己所信奉的价值观来系统地改造社会，那么这个反对党就成了一个"非忠诚反对党"。存在着"非忠诚反对党"的国家，很难发展成为一个成熟的民主国家。这一原理告诉我们，一个社会内部各阶层的矛盾越小，主流价值观越是确立，该社会的民主体制就会越稳固。要建立一个稳固的民主社会，必须给予民主制度一种不可谈判的或霸权性的地位，即不管是谁上台，他既不会也没有能力去改变这一体制运作的基本规则。

在中国，共产党是长期执政，一党独大，加之开放性的党建方针，社会精英多进入党内，这是一个基本的事实。由于外部没有形成多党竞争格局，内部多元竞争就是应当的，也是不可避免的。既然是内部的多元，就意味着党内竞争不能超过一定的限度，否则就会造成党内的分裂，这在中国这样一个一党长期执政的大国，是非常可怕的事情。要允许党内多元民主竞争，又不致发生党内严重分裂，就必须有一整套支撑党内民主竞争的制度规范，即党内民主要首先制度化、规范化，能够保证不同派系之间的争论在可控范围进行，并能适时达成基本共识。同时，用党内民主竞争的制度和规范，指导和引领社会民主的制度设计与规范安排，这才是比较稳妥和可行的正确选择。

### （三）要有"变动的多数裁定"的制度安排

民主的基本原理是多数人的统治，按多数人意志来办事。但即使是多数，有时也不一定正确，若长期把持一个阵营，也会发生腐败，也要导致不公正。因此，民主的实行，还要有"变动的多数裁定"的制度设计。也就是说，具有决策权的多数应当是变动的，不能长期由固定的人来掌控。它的具体制度安排，在西方国家就是两党或多党轮流执政，议会议员的轮替选举，政府官员的任期限制，等。

在中国，这些年也有类似的制度设计，但还需要进一步规范和落实。因为我们现在的政治体制，特别是执政者轮替的实际情况，是定期的"换人不换党"，这比传统社会中固定的血缘家族统治，当然是巨大的进步，但与"变动的多数裁定"的原则相比，显然还有距离。目前的许多问题，也与这样的制度安排有直接或间接的关系。但可以在此基础上，做一些条件许可的改进，比如党代表、人大代表、政协委员真实的民主差额竞选，党政主官严格的任职限期制，尽量减少"一辈子只当官"的人数，等等。只有这样，才能有效防止苏格拉底之死、希特勒上台和中国式"文化大革命"悲剧的重演。

— 第五章 —
# 法治是"维稳"的根本途径

"维稳",是维护社会秩序稳定的简称,是一个极具中国特色的词语,近年来在主流话语体系中使用频率很高,反映出社会秩序中存在问题的严重性。在化解"维稳"难题的实践中,可选择的方式很多,但相对而言,在诸多选项中,"法治"才是治本之策。

## 一、当前社会秩序不稳的主要特征

今天中国社会秩序不稳的现象五花八门,基本特征则集中在以下三个方面。

一是不时出现各种形式的非法暴力事件。这其中有公权力对民众的暴力,比如强拆伤人、城管打人等;也有民众对公权力的暴力,比如有些人诉求得不到回应就打、砸、抢、烧等;还有民众之间的暴力,彼处受气,此处发泄,受强者的气,在弱者头上发泄。此外,还有"软暴力",比如在网络上恶言恶语,一旦形成争论,不是就事说理,而是相互扣帽子、问候老祖宗,等等。

二是不问青红皂白地仇官仇富。只要是官民之间的纠纷,一定是当官的欺负为民的；只要是贫富之间的矛盾，必然是为富者不仁。一些无直接利益冲突的群体性事件，大都与社会普遍的仇官仇富心态有关。

三是官员与富人也多有不满。不论大官还是小官，实际上也都有自己的不满。有的较有涵养或城府，不肯轻易表露，但遇到特定的情境，不满情绪就会溢于言表；有的则随时可以直接表白，从不考虑个人身份与影响，甚至官越大，不满也越大，越觉得组织亏欠自己的真是太多了。至于富人，也是小富小不满，大富大不满，普遍觉得现在致富不易，代价太大，得不偿失，甚至连那些被大家公认沾尽体制和政策之光的巨富们，也觉得自己深受体制之苦之累之害。

这种情况的出现，与中国目前正处在社会转型的发展阶段不无关系。美国当代政治学家亨廷顿指出，发展中国家普遍发生政治动乱的原因，不是由于它们贫穷落后，而是由于它们力图实现现代化。高度传统的社会和高度现代化的社会都十分安宁，恰恰是那种处在现代化进程中的社会最容易发生动乱。处在现代化进程中的国家，原有的社会控制机构已经遭到破坏，而新的社会秩序难以在短期内建立起来，因此存在导致社会秩序失控的危险。中国目前正处在这个阶段，发展不平衡，收入差距过大，公职人员腐败现象比较严重，种种情况，都会直接或间接引发社会不满和秩序不稳。而社会转型时期所需的有效制度供给不足，规则导向的社会氛围没有形成，许多方面基本的公平正义缺失，使得几乎所有阶层的人都有不公平感。

现在人们的普遍感觉是，一旦遇到点事，比如孩子上学、身体有病、亲戚找工作、邻里闹纠纷诸如此类，就会发现办事真难。因为在社会表层，各种办事的规矩都有，但你若按这些规矩去办事，会寸步难行，到处碰壁。应该说，政府特别是司法机构的主要职能就是伸张正义，就是讲理。可是一旦有利益冲突的时候，有些官员往往习惯于按各种"潜规则"办事，把"理"和"法"抛在了一边，对违法犯罪的行为制裁不力，对诚实守法的行为保障不够，使好人受气，坏人嚣张。日积月累，政府和司法机构的公信力下降，社会的不满情绪上升，好人要学坏，善人也作恶，秩序不稳的情况就随时可能发生。

## 二、"维稳"为何越维越不稳

对于社会不稳的严重情况，高层是有清醒认识的。这些年来，大量的人力、财力、物力用于"维稳"，有人甚至估算，国家财政用于"维稳"的经费，已经高于国防费用，或者与之相当。这在当今世界各国中，恐怕是不多见的。但实际效果似乎不很理想。拿与"维稳"直接相关的信访来说，时至今日，党政机关门前人声鼎沸，喊冤鸣屈，仍属司空见惯。一遇重要活动，一到敏感时间，各级官员高度紧张，千方百计、不遗余力"维稳"，尽管防控措施严密，有时还难免出乖露丑。一些有识之士担忧，长此以往，无论国力民心，都恐难以久持。而"维稳"的努力与实际效果的反差，与传统的执政理念、体制和方式有直接关系。

### （一）"求稳怕乱"的执政理念

对于执政党来说，保持社会和谐稳定与人民生活幸福安宁，是天经地义的事情。特别是对中国这样一个处于发展转型的大国来说，保持社会秩序的基本稳定，尤为重要。邓小平当年说过："中国的问题，压倒一切的是需要稳定。没有稳定的环境，什么都搞不成，已经取得的成果也会失掉。"这是历史老人的经验之谈，执政者当然不敢懈怠。但应明白，稳定是一种全局意义上的概念，更多的是指基本的秩序和制度框架意义上的稳定，而不应将社会生活中任何矛盾都视为稳定问题。过分强调"稳定压倒一切"，听不得一点不顺耳的声音，容不得一点不合意的行为，对属于公民法定权利的行为也要严加限制，就会堵塞民主和法治社会所需的情绪宣泄的正常渠道，积累和激化社会矛盾。比如，对群众上访层层设防，并有严格的指标限制，就会使这项本意强化各级责任和把问题解决在基层的方针，产生与初衷大相径庭的结果。因为我们的政治体制特别是干部体制改革，还滞后于经济社会发展和民主法治需求。许多地方为了不突破上访指标，要么把事压住，把人截住，把上面瞒住；要么不惜代价，不顾后果，花钱买稳定，违规保平安。应该说，各级领导，特别是各级信访机构工作人员，的确很辛苦，工作也是有成效的。但往往是解决了这些人的，那些人又来了；解决了这时的，带出了那时的；解决了这里的，引来了那里的……"按下葫芦浮起瓢"，整天应接不暇。由于客观上存在"小闹小解决，大闹大解决，不闹不解决"的情况，诱发不少人"信闹不信理"和没有标准的盲目攀比行为，甚至形成"闹得越大，解决得越快"的危险社会心态。于是，不管有理无理，不论可能不可能，大家都会心存侥幸，都要试着闹一闹，否则就可能会"吃亏"。

前些年，在"求稳怕乱"的执政理念下，高压维稳的一整套做法应运而生，重庆的"唱红打黑"是其中的典型代表。比如高度发挥警察强权的作用，搞专案组，钳制检察院和法院，滥用劳动教养权，等等。不讲法律原则和程序，"摆平就是水平、搞定就是稳定、没事就是本事"成为一些地方极为流行的"维稳三大方针"。从一时一地看，很有成效，从全局和长远看，是在加热高压锅，发酵火药桶。

有识之士指出，我们过去解决社会矛盾和冲突的指导思想是有问题的。我们要的所谓稳定，实际上是一时的天下太平，为了要这个，就得压制利益的表达和利益的均衡机制，最后的结果是恶性循环：要"维稳"，就得压制正当的利益表达；要压制正当的利益表达，利益关系就会失衡；利益关系越是失衡，社会矛盾就越是尖锐，就越得"维稳"。在这种"维稳"思路之下，中国最后将会成为一个完全没有规矩的社会。因为我们解决问题的标准是不出事就行，反正你这里不能出事，我不管你怎么解决。什么样的问题才给你解决呢？会出事的问题我才解决。在一个正常的有规则的社会，人们遇到事情时首先会想到规则，但是在中国，人们遇到一点事会想什么呢？第一步是考虑找人，第二步是考虑找不着人怎么闹。因为人们知道政府解决问题的标准，就是你是否威胁稳定。你如果没有理，但你会闹，最后你也能闹出一点利益来。你有理，但你老实人一个，不会闹，就没有人给你解决问题。最后，"维稳"成了制造不稳定的根源，这个思路肯定是走不下去的。

### （二）"包揽词讼"的执政体制

中国古代的各级衙门，既是行政机关，也是司法机关。因为行政司法不分，百姓要讲理、要告状，只能到衙门找行政长官。在行政长官中，也就有"包（拯）青天"、"海（瑞）青天"之类"清官"出现。这种缺乏权力分工的家长包办式管理体制，有它存在的经济社会基础并影响至今。比如，现在我们的立法、行政、司法，在理论上是有分工制约的，但在实际运行中，党政之间难以有明确的分工，立法、行政与司法之间缺乏实际的分权制衡，形成大行政、小司法格局。这些年越级访、进京访人数居高不下，与中央集权、党政包揽的体制有很大关系。据权威人士的统计分析，在上千万信访案件中，批评类、求决类、诉讼类大约各占三分之一。诉讼类自不待说，求决类其实也大都可以通过诉讼、复议、仲裁、调解等司法或准司法渠道解决，也就是说，大约三分之二或一半的信访案件是可以不进入党政机关的。但由于集权体制的影响，加之司法门槛较高、效率低下、判决不公、腐败行为和执行难等问题不同程度存在，群众不管遇到什么问题，都愿找党政机关，都想碰到能给自己申冤理屈的"青天"。一些党政领导也习惯于当"家长"和"青天"，有时的确能解决一些问题，但由于突破了法律底线，可能引发出更多问题，甚至一些已由法院终审或再审的案件，也要返回到党政机关重新处理。

公平正义的理念失去基本原则和程序的规范后,"越解决问题越多"的恶性循环自然出现。

### (三) 群众运动的执政方式

中国共产党是靠群众运动起根发苗的。执政以后,自然把群众观念和群众路线贯穿到治国理政之中。改革开放之前,基本上是靠一个接一个的群众运动来开展工作的,这种执政方式在十年"文化大革命"期间达到极致,造成的后果人所共知。改革开放之后,高层开始注意转变执政方式,但因多种因素而步履蹒跚。在许多时候,上上下下仍然习惯用抓中心、搞运动的方式开展工作。中心工作一来,就要全党动员,全民动手,其他事情都要服从和服务于中心工作。这样就容易产生社会发展的失衡现象,虽然一个时期的中心工作可能搞得有声有色,但可能产生、积累并掩盖其他一些问题。一旦"中心"或"运动"过后,问题就会集中暴露出来。而当群众有诉求时,由于决策者的缺位和责任主体的推诿,常常因为一件事情,要在几个地方跑来跑去,长年累月得不到解决,这就使本意便民的一些渠道,在有的地方变为让群众备受身心痛苦的荆棘之路;本想加强领导与人民联系的机构,有时变为干群之间难以逾越的鸿沟。不少申诉人的主要控诉,也由最初促使他们申诉的冤屈,变为申诉过程中遭受的欺凌和打击,导致一些群众行为过激,除了围门、堵路、拦车等外,极端的暴力对抗事件也时有发生。当感到问题成堆,群众已经闹起来时,职能部门又习惯采用大排查、大接访等方式来解决问题。这种不计成本、大动干戈的做法,虽然也能解决一些经常性的问题,但不能经常性地解决问题。特别是目前普遍存在的"穷人犯法没办法,歪人犯法没办法,众人犯法没办法",以及"用违法手段对付违法行为"的现象,使法律应有的权威丧失殆尽。这样,在一些时候和一些地方,"无法无天"实际上成了执法主体与管理相对人的共同选择,社会秩序的失范就很难避免。

# 三、"维稳"的根本途径是法治

亚里士多德说过："法律即秩序。"当然前提是要有好的法律。从这个意义上讲，法治是"维稳"的根本途径。许多有识之士，包括相当多的领导干部都认为，需要有一个解决社会矛盾和冲突的正确途径，就是制度化的道路。它的目标至少有两个。其一，增强制度容纳矛盾、容忍冲突的能力。一个制度的好与坏，不在于当中有没有矛盾，而在于能不能容忍矛盾和冲突。我们现在实行的所谓一把手负责、一票否决，是建立在这样一个假定基础上，就是没有矛盾、天下太平才是好地方，才是好制度。美国攻打伊拉克的时候，曾有几百万人上街反对，没有人觉得美国这个社会要出大乱子了。而我们在和平时期，几十个农民工上街讨要被拖欠的工资，就如临大敌。其实，社会矛盾和利益冲突是社会常态化组成部分，严防死守，试图把这种现象消除在萌芽状态，是不可能的，要逐渐习惯这个东西。其二，增强用制度化方式解决问题的能力。可以把社会矛盾和冲突看作水，水有利，也可能有害，关键是要有科学合理的引导渠道。在法治社会，虽然有时水来得很凶猛，但不用太担心，因为它在渠里面流，往什么地方流，在什么地方拐弯，什么地方急一点，什么地方缓一点，什么地方会泄一部分，什么地方会泄得差不多，人们有可预测性。我们现在的问题就是没有渠，或者渠有问题，水来了，不知道往哪里流。在可以流的地方，又随时会发生管涌。一旦发生问题，一把手可能要被追究责任，所以提心吊胆，到处筑坝，结果还是漏洞百出，防不胜防。所以必须强化制度建设，要顺势修渠，而不是到处筑坝。

## （一）树立合法博弈的柔性稳定观

按照现代法治理念，大家做法律允许的事，不做法律禁止的事，就是正常的社会秩序，也是稳定的社会秩序。法律是各种社会规范的基础和底线，只要守住底线，不会出太大的乱子。要想长治久安，就要在加强舆论引导和法治规范的前提下，引导公民依法理性表达自己的意见和诉求，允许公民依法行使法定的各种权利，包括言论、出版、集会、结社、游行、示威的自由权利，使社会的不同诉求随时得到表达，使公民不满情绪随时得到释放。因为转型时期不同群体之间的利益博弈，是经常发生的事情，在现实生活中受到压抑，也是每个人都可能遇到的事情。你不让他骂娘，他憋不住了，就可能会动手打人。古人说过：防民之口，甚于防川，大决所犯，伤人必多。就是说，不让老百姓说话，比堵塞大河还危险，一旦冲开口子，伤害的人会很多。现在很多话语暴力和行为暴力，不是要表达道理，而是要宣泄情绪。执政者必须敢于面对现实，勇于倾听不同的声音，了解真实情况，逐步把"压倒一切"的"刚性"稳定观，转变为"合法博弈"的"柔性"稳定观。

同时要在全社会树立正确的公平正义观。一般而言，革命通常是诉诸实质正义的，法治的终极目标虽然也是实现实质正义，但为了有序实现公民的自由和平等，其基本形态是形式或程序正义。它不能容忍以实质正义的名义来破坏法治的基本形式和条件。不能因为你受了委屈，你就可以打砸抢；不能因为你代表公共利益，就可以随意把人家的房子拆掉。中国历史上缺乏法治传统，而不缺乏实质正义的传统。需要在观念上、在公民文化上，破除对实质正义的迷恋，树立遵守程序正义的自觉，才有可能减少和避免社会暴力行为。

### （二）"维稳"要维权

从人类社会的发展历史来看，一个稳定的社会必须具备三个最基本的条件。一是要有确定的产权，有恒产者才有恒心。二是要有独立公正的司法机构，遇事有讲理的地方，有值得信赖的主持公道者。三是有真正的代议制度，就是有自己选出来的民意代表，利益和意志可以得到及时、真实的表达。归根结底，是公民的基本权利有法定的保障。所以，社会稳定必须基于人心稳定，这是可靠的稳定；人心稳定必须以保障公民权利为前提，这是可持续的稳定。以高压政策保稳定求发展，可以作为非常时期的权宜之计，不能作为治国理政的长守之道。要想长治久安，就不仅要在改善民生上做文章，更要注重在维护民权上下功夫。公民懂得自己的法定权利，学会依法行使自己的权利，社会秩序就有最可靠的保证，民生工程也才会真正惠及民生。

《管子》中有句话说："法者，所以兴功惧暴也；律者，所以定分止争也；令者，所以令人知事也。"大意是，法的职能是振兴功业，并使暴力者感到惧怕；律的职能是确定权利的界限，制止纠纷；令的功能是让人知道重要事情的原委。管子时代，以至于漫长的中国古代社会，主要以刑法为主，但已经出现了民法和宪法思维。而我们今天所谓的"维稳"，更多的却是刑法思维。我们应当将"维稳"由目前的刑法思维过渡到民法思维和宪法思维。民法思维就是权利要尊重权利，宪法思维是权力要尊重权利。只有做到权利尊重权利，权力尊重权利，才能有现代意义上的"兴功惧暴，定分止争，令人知事"。

## （三）"维稳"要限权

法治的本质在于控权。法律在赋予公共机关国家权力的同时，也确立了权力的界限、责任、行使程序。健全的控权制度以及保护私权的机制，可以有效协调好政府与民众之间的关系，维护好公民的根本利益，从而有效化解社会矛盾。实践中有些暴力的形成有多重因素，而公权力没有受到严格约束是重要因素。比如有些地方的城管动不动打人，有些地方拆迁中随意施暴，实际上是有公权力基础和某些制度支撑的。这种暴力产生以后，会激起民间更大的反弹，因为老百姓有理却投诉无门的话，最后也就得诉诸暴力。公权力的暴力和民间的暴力，具有同构性。以暴易暴是一个相互的过程，暴力只能激起暴力，而无法激起理性。

为了从源头上防止侵犯公民权利的决策和行为发生，必须把党的机关、国家机关、行政机关、司法机关的权力运行，真正纳入法定的权限和程序上来。还可以借鉴国外成功经验，试行独立于行政机关的申诉专员制度，形成以公民权益保护为核心的权力制衡。敞开行政复议大门，放宽准入条件，发挥其在依法行政方面监督和救济的双重功能。积极而又稳妥地推进政务公开，促使权力在阳光下运行，尽量减少腐败行为的发生，社会的稳定就有可靠的保证。

### （四）"维稳"不能搞运动

对于执政党和政府来说，"维稳"是一项基本职责，也是常态化的工作，除非特殊情况，是不能用搞运动的方式来履行职责的。必须逐步减少各级各地不时进行的大排查、大接访等活动，逐步淡化党政领导信访接待日活动，逐步取消层层下达上访指标、信访排名和"一票否决"等做法，使各种权力机关依法各司其职成为常态，形成解决矛盾冲突的长效机制。同时，要严格、公正、文明执法，不能用违法手段对付违法行为。正确处理法与情、理、权、法之间的关系，执法不能偏袒权贵，不能"欺软怕硬"，做到法律面前人人平等。对合法有理的诉求，不闹也给解决，对违法无理的诉求，再闹也不解决。对同一类问题，上下左右应统一解决标准，做到"一碗水端平"、"一把尺子量到底"，不超越法律原则和规定的底线。对少数无理纠缠者，应依法果断处理，以儆效尤。否则，没有法治保障下的公平正义，人人都有可能成为弱势群体，人人也都有可能成为失去理性的暴民。

这些年来，有一个习惯性的说法，"发展是解决我们面临所有问题的关键"。仔细想一想，这句话也对也不对。说它对，是因为许多问题的解决，是要有物质基础的；说它不对，是因为并非有了钱，就能解决一切问题。有时可能恰恰相反，发展越快，钱越多，问题越多，解决起来越麻烦。这里的关键，是要建立并严格遵循维系社会公平正义的规则体系。如果做不到这一点，天王老子也不能保证天下永远太平。不平则鸣，是人类的本性，也是社会进步的动力，更是民主法治建设的不竭源泉。我们如果意识不到这一点，就会时刻处于高度紧张的"维稳"困局之中，甚至一不小心，就会出现"天下大乱"的局面。而走出"维稳"困局的根本途径，就是从法治建设做起，逐步实现民主需求与制度供给之间的动态平衡。

# — 第六章 —
# 法治是德治的基石

　　法治与德治的关系是个千古话题。中国历史上的主调是以德治国，德主刑辅，在和平时期尤其如此。在社会深刻转型的今天，依法治国的调子越来越高，但以德治国的呼声也不时高扬。其实，在国家治理的任何时候，法治都是德治的前提与基础；在社会转型时期，必须依法治国，或者说从法治做起，否则转型所需的社会基本秩序就不会形成与保持，德治也无从谈起、无法落实。

## 一、德治的历史局限

　　简单地说，德治就是道德之治。在老子的学说中，道，可以理解为自然界的客观规律；德，可以理解为道的载体，在古汉语中又可训为"得"，得到或者获得，当然这里的获得，不仅是物质，也包括精神。合在一起的意思，大概就是符合规律的思想和行为，就是道德。我们知道正义的基本含义就是"给人以应得"，所以道德和正义往往紧密相连。作为一种社会规范，道德的形成可能比法律更早一些，在许多方面，它是法律的一种渊源；它的存在也可能比法律更久远一些，将来在不需要法律的时候，道德可能还有发挥作用的地方。

从中国的情况看，道德更多地源于家族伦理关系的调整和规范的需要，并由此推广延伸到国家和社会领域。中国社会几千年的一个基本特征，就是家国同构，家国一体。在国家治理中，主要依靠血缘和泛血缘关系中的伦理规范，"修身、齐家、治国、平天下"，就体现着从治家到治国的同一道德要求。至少从周朝开始，道德礼仪就开始成为统治者倡行的东西，之后一整套的道德规范和礼仪形式逐渐形成，到后来就固化为儒家经典中具有代表性的"三纲五常"，主张以德治国就成为中国古代社会的主调。

但是，用道德规范来管理社会和治理国家，带有更多的理想色彩。主张德治的儒家理论的一个基础，就是所谓"人之初，性本善"。特别是亚圣孟子对人性中恻隐之心的分析与论证，是极具说服力的。而法家代表人物韩非，则是典型的性恶论者。他对人性的洞悉，在中外历史上是罕见的。儒家和法家的理论各执一面，在治国实践中既有此消彼长的时候，也有相反相成的地方。

实际上，人的本性是无善无不善的。历代圣贤哲人所谓"性善"、"性恶"的争论，严格说来，实际上是指人性中有"向善"或"向恶"的因素而已。因为本性是不可改变的，无论认定人性是善还是恶，就等于人只能是善或者恶了，这不符合人类生存和发展的历史。作为动物的一种，人的本性中既有善的因素，也有恶的基因。恩格斯在《反杜林论》中就说过："人来源于动物界这一事实已经决定了人永远不能摆脱兽性。所以问题永远只在于摆脱得多些或少些，在于兽性与人性程度之间的差异。"

还有学者认为，人性中其实只有"利己心"和"求同心"，而利己心和求同心，是不能简单地用"善"和"恶"来评价的。"利己心"的另一面，就是"避害心"，因此趋利避害是所有人的天性，无论贫富贵贱，莫不如此。趋利避害无可厚非，但人人事事如此，就有问题了。关键在于社会制度的设计，能不能引导利己心也能利人，求同心也能保障自由平等。第二次世界大战结束以后，一位名叫马丁的德国新教神父，在美国波士顿的犹太人屠杀纪念碑上留下一段话，至今令人回味和警醒："起初他们（纳粹）追杀共产主义者，我不是共产主义者，我不说话；接着他们追杀犹太人，我不是犹太人，我不说话；后来他们追杀工会成员，我不是工会成员，我不说话；此后他们追杀天主教徒，我不是天主教徒，我不说话；最后他们奔我而来，再也没有人站起来为我说话了。"这是西方基督教文化背景下，人们对无意识为恶的内心忏悔，正是这种逐渐成为人们共识的忏悔意识，推动人们警惕因趋利避害的无意识为恶，推动历史向积极的方向发展，即以制度建设维护善行，引导人们自利利人，避害除恶，并打破自身遭受压迫与虐待，而又将压迫与虐待加诸他人的怪圈，跳出以暴易暴的恶性循环。

所以，以性善论为基础的制度设计和安排，在实践中肯定不能完全管用。或者说，用圣人的标准去管众人，结果只能管君子，无法管小人；只能管好人，而难以管住恶人。实际上，因时因地制宜，儒法并用，或者外儒内法，是中国历史上聪明的统治者惯用的伎俩。比如，在经历暴秦统治和剧烈的社会动乱之后，汉初实行黄老的"无为而治"和董仲舒倡导的"独尊儒术"。经过一段时间的休养生息，到汉宣帝时，法家主张和法家人物又开始登场。不谙世事的太子对此非常不解，在宣帝跟前质疑。汉宣帝直白地说，汉家的制度，本来就是儒法并用，哪能只用儒教和儒生？宣帝对太子的教训，道出了统治者治国理政的真谛。不仅汉代，以后的历代王朝，大抵如此。

当然，中国历史上也有几乎纯用法家主张的时候。春秋战国时期的秦国，在商鞅变法之后，就是如此。秦国能够在落后的西部崛起，并战胜实力原本强于自己的六国，最终统一天下，靠的就是当时的法制，有人称为"战时法制",以形容其严苛。而强大的秦王朝二世即亡,汉初的贾谊在《过秦论》中基本说透了,就是一个"过"字——没有把握好法治与德治转换互补的时机和程度。

同样生活在社会剧变时期的老子,曾用洞悉一切的冷峻风格,说过一段至今为许多人无法理解的语言:"失道而后德,失德而后仁,失仁而后义,失义而后礼,失礼而后法。"对这段话人们有不同的解释。一种认为,大道丧失以后才有德行,德行丧失以后才有仁爱,仁爱丧失以后才有正义,正义丧失以后才有礼仪,礼仪丧失以后才有法律。还有一种解释认为,《老子》帛书和通行本,每句"而后"佚了"失"字,有人根据韩非子在《解老篇》中的引文,补订了"失"字。翻译成白话就是:失去了道以后,也就失去了德;失去了德以后,也就失去了仁;失去了仁以后,也就失去了义;失去了义以后,也就失去了礼;失去了礼以后,也就失去了法。有个成语叫"皮之不存,毛将焉附"。以此类推,则道是德的"皮",德是仁的"皮",仁是义的"皮",义是礼的"皮",礼是法的"皮"。前者没有了,后者也就不会存在了。

对老子这段话的真实含义,我们不去深究,其中至少隐含一个重要意思,那就是,法律规范是所有社会规范中的底线和基石。如果顺着老子的思路往下说,不知"失法而后兵"的道理能否成立?这里的兵,当然是指战争或暴力性的社会动乱。这时,道、德、仁、义、礼,通通都不管用了,最后连法也不管用了。道、德、仁、义、礼,可统统视为德治,当德治行不通时,还有法治;而当法治也行不通时,天下就要大乱了。

## 二、当下道德领域的问题在于法律基石不立

道德缺失是中国社会目前极为严重的问题。缺失的最主要原因,是

在社会深度转型过程中，旧的道德规范逐渐失去作用，新的道德规范又没有完全形成，或者尚未得到社会认可和遵守。从情况最为严重的三个领域来看，都程度不同地与法律基石的阙如有关。

## （一）官员腐败问题

从这些年贪污腐败易发多发的时段、领域、人群来分析，一个基本规律是，贪腐现象严重的地方，大都是权力与市场的接合部，也是新旧体制的接合部。而围绕配置资源的权力展开的寻租博弈，更是腐败的集中高发区。这样的寻租或权钱交易现象，在计划经济时代是很难发生的。因为那时社会的经济结构简单，利益主体单一，全国的企业就像一个个生产车间，生产什么、生产多少、产品如何销售、利润如何分配、工资如何确定等等，并不由企业自己决定，生产要素的配置主要是政府主管部门按照计划指令执行。在这样的经济社会环境中，政府官员和企业负责人缺乏寻租的根据，也难有寻租的可能。在完善的市场经济条件下，利益主体主要通过市场机制获得资源，政府的行政干预空间很小，权力寻租现象也不会很多。而在转型中的市场经济体制，由于双轨并存，给权力与市场之间留下了许多空隙。比如在行政审批中，一些本该由政府管的事，有的职能部门不作为，有权不用；一些不该由政府管的事，职能部门乱作为，有权乱用。这些不作为和乱作为，反映出制度安排和实施中的缺陷，为权力寻租和权钱交易，提供了客观条件。

应当说，这些年，中国在积极探索建立与社会主义市场经济体制相适应的教育、制度、监督并重的惩治和预防腐败体系中，取得了一些进展。一个基本思路，就是从健全完善体制机制上，封堵权力寻租、权钱交易的源头。例如，土地的"招拍挂"制度、工程项目的公开招投标制度等，在一定程度上提高了权力寻租、权钱交易的难度和风险。但从总体上看，以权力寻租为特征的腐败行为，既缺乏社会价值观的有效心理防范，更缺乏有腐必反的法律威慑与制约。而社会价值观的形成和有效防范，尚需时日，且难以遏制严重贪腐的势头；法律的威慑与制约，更能显效，但贵在"必"而非"重"，"隔墙扔砖头，砸到谁算谁"的做法，是不能遏制更不能预防腐败的。明朝皇帝朱元璋对官员贪腐惩治的严酷程度可谓空前绝后，但明代官员的贪腐程度可能也是空前绝后。有人据此得出结论，法治反腐不行，还是德治才是治本之策。其实，不是法治不行，而是只有"重"而没有"必"的法治不行。古人曾以水与火来比喻德与法的作用：水性柔和，犹如德治，但正因为它柔和，使得多少人因嬉水而溺；火性热烈，恰如法治，但正因为它热烈，使人望而却步，不敢贸然玩火。在正常情况下，溺水而亡者远多于丧身火海者。

## （二）诚信缺失问题

在自然经济和简单商品经济条件下，生产、交换、分配和消费，是在一种简单状态下进行的，生产的产品大都是单一的农产品和品种有限的工业制成品；交换的手段要么是直接以物易物，要么是即时的一手交钱一手交货；分配是严格按计划和最低实际需求进行的；消费的物品是人们可以直接判定成分质量的产品。在这样的经济活动条件下，即便是恶意欺诈也很难得逞，因为每一个交易人都是有效的诚信监督者，这样就造就了直接的信用监督机制和纯朴的诚信道德。

现代市场经济条件下，生产、交换、消费的情形发生了根本变化。从生产环节看，人们原来直接从田地里收获食用的庄稼，现在往往只是现代化大工厂流水线上的原材料，食品加工业生产出的商品五花八门，把超市的货架摆得琳琅满目。从交换环节看，原来直接的以物易物和即时交易行为，被越来越多的间接订货方式所替代，支票结算、信用卡结算成为基本的结账方式，期货交易、网络交易等成为新型的时空分离的交易方式。从消费环节看，过去食品从田间到餐桌只有一步之遥，现在不仅粮食、蔬菜、水果的生产可能被施以各种化肥和农药，而且还要经过复杂的加工环节，消费者个人很难有能力检测出餐桌上的食物是否"绿色"和"有机"，更检测不出"地沟油"和"瘦肉精"。在这样复杂的经济活动中，可以制假贩假的链条全方位延伸，诚信缺失的风险空前放大，信用监督的职责，根本无法由交易的当事者独立完成，更不可能由消费者个人独自担当。

在一定意义上说，市场经济就是信用经济，没有信用体系，就没有市场经济；信用体系有多完善，市场经济体制就有多完善。而建立、完善和维护信用体系，不仅需要有专门的监管机构，还需要统筹银行、商务、海关、税务、工商、质检、工业、农业、保险、统计等很多部门，共建共享质量信用信息平台，以有效防范和惩处诚信缺失者。显然，这是一项庞大的系统工程，需要大量的人力、财力、物力的投入，还需要足够的时间。更重要的是，要有一整套的法律体系，明确各个部门的职责、履行职责的程序和方式、渎职和失职的法律责任，以此有效遏制欺诈伪劣行为，并严格防范监管部门与造假欺诈者的利益勾结，等等。

进一步说，诚信问题的核心，是行为主体在社会互动中，能够预测彼此的行为并实现共赢。换言之，各方必须主动遵守一定的交往规则，而且这种规则不是恃强凌弱的潜规则，而是公平交易的明规则；遵守规则的收益应高于违反规则的收益；规则应该具有确定性和可预测性。这样，人们在收益中受到激励，减少了对对方违反规则的忧虑，才能保证遵守规则的风气得以形成。在当代，最具备这些特点的规则便是法律。因此，诚信问题的本质是法治问题。要有健全的法律体系和严谨的法律程序，赋予交往规则公平性和确定性；同时配合强有力的执法和监督，增加违法的成本。

## （三）公德失范问题

这些年有关公德失范的典型案例，屡见不鲜，有的令人不可思议，心冷齿寒。比如广东的"小悦悦事件",等等。由此引发的有关社会公德问题的讨论,也令人深思。

一些社会成员的公德失范,深层次的原因,是中国社会正在经历从"熟人社会"向"陌生人社会"的转型,以往调节"熟人社会"的道德机制弱化,而调节"陌生人社会"的道德机制尚在建立和完善之中。因为在"熟人社会"中,人们对自己的处境比较了解,在行为选择时,价值观不会出现大的混乱,容易拥有道德自信和勇气;而在"陌生人社会"中,人们往往需要对新的处境进行分析判断,对陌生环境和陌生人容易产生不信任感,在行为选择时,自信心和勇气都可能大打折扣。

有心的研究者会发现,当前中国社会的公德失范现象,绝大多数不是发生在"熟人"之间,而是发生在"陌生人"之间。在熟人圈子,人们照样会为亲朋好友"两肋插刀",但面对陷入困境的"陌生人"处境,往往要退避三舍。其中一个很重要的因素是,在熟人圈子一般不会发生误解和陷阱,行为的价值也容易得到承认,若不出手施救,肯定会受到谴责;而在生人处境,眼前情景的真实性不完全清楚,有时会发生误解和掉入陷阱,虽然道德规范提倡扶危救困,实际上一旦被欺诈威胁时,往往无法自证清白。而法律对这种情况的相应规范基本阙如,等于没有行为底线,利弊选择就会偏向见死不救、见危不助。

德国心理学家格林曼特曾做过一个著名的"电梯实验"。他让自己的一名学生扮演"患病者"乘坐电梯,当电梯里只有一个人时,患病者晕倒后,那人立即上前施救;当有两个人时,也能得到救助,通常是一人安抚,一人报警;当有四人时,情况发生微妙变化,有人借故离开;当增至七人时,选择离开的人会更多,最后只剩下一人救助。当格林曼特追问离开者为什么选择离开时,大都回答说"不是有人施救吗",或者"我看到有人走了,就跟着离开了"。在类似的实验中,还有恐惧、害羞、侥幸等心理因素在起作用。格林曼特的实验表明,培养善良、正直的行为，仅仅靠道德反省是不够的，还需构建一种积极强大的心理力量，不让依赖、从众、恐惧、害羞、侥幸等心理因素，打败人们的良心。

还有一些所谓的道德问题，实际上将会随着社会转型及其价值观的转变，而不再成为问题。比如，未婚同居问题，在传统道德规范甚至法律规范中，都是一个问题。但人类婚姻形态，有其发展演变的规律，用现在的价值标准看，远古时期的人可能都是流氓罪犯，而现代人眼中的问题，在未来人看来，也根本不是问题——因为现在有不少人已经由看不惯变为看得惯，由看不起变成看得起了。同样，传统的忠、孝、节、义等道德观念和规范，早已或正在发生变化，这是社会进步的表现，不应当大惊小怪，更不应当设法加以逆转——实际上根本不可逆转。只要不违反法律规范的行为，都是可以允许的。否则，社会的发展进步就会时时处处受阻。你可以看不惯，但只要没有伤害你的基本权利，就应该容得下。法治比德治的这种宽容，才是社会文明进步的真正前提和保障。

## 三、转型时期的社会治理需要大仁大义

自古以来，善治国者必行仁政，但仁政的基石是公私分明、赏善罚恶的法治。用古人的话说，就是要行君子之仁，不能只有妇人之仁。法家代表人物韩非就说过："爱多者则法不立，威寡者则下侵上，是以刑罚不必则禁令不行。"北宋范仲淹主政时，锐意改革吏治，他查看诸路监司名册，将不称职者姓名一笔勾去。大臣富弼在旁说："焉知一家哭矣！"范仲淹回答说："一家哭，何如一路哭耶！"所以，真正善于治理国家的政治家，不可囿于小恩小惠，而要行大仁大义，在社会转型时期，尤其如此。

所谓大仁大义，就是赏罚升黜，一断于法，不为人情所惑，不为利益所动。"计利当计天下利，立名要立万世名。"实行法治，是当代国家

治理的天下计，也是政治家值得博取的万世名。从中国的情况看，传统社会的三大支柱，即皇权制度、科举制度、儒家文化，在20世纪短短几十年中，全都倾倒。由此造成的是新中国成立前近半个世纪的社会混乱。而经过60余年的发展，目前的中国正处在由传统社会向现代社会的深刻转型过程中。在一个有深厚宗教传统的国家，恢复宗教传统可以填补道德衰落带来的伦理空白；但在中国这样一个复杂的社会，道德的复兴和人性的回归就要困难得多。在填补道德空白时，用法治打基础、做保障，是别无二致的选择。

从实践层面看，道德与法律同属社会规范体系。二者之间，大致存在三种基本关系。

其一，是完全的同构关系。即道德规范与法律规范的基本目标、要求以及规范的严格程度，是相同或相近的。现在经济、政治、社会、家庭等领域中大多数道德要求和规范，与现行法律原则、精神乃至条文，并无二致。比如，官员腐败问题，既是缺德，也是犯罪，对此，应当也可以法律化。因为从法理和伦理学角度讲，道德是法律正当性、合理性的基础，道德所要求或者禁止的，往往是法律做出相关规定的重要依据，古今中外大多数调整社会关系和规范社会行为的立法，大都是道德法律化的结果。

其二，是完全不同构关系。公德领域中，有相当一些关系，只能由道德规范来调整，比如，男女之间的恋爱关系、同事之间的友爱关系、上下级之间的关爱关系等道德规范，一般是很难纳入法律调整和强制规范的范畴而使之法律化的。因为在文明社会，道德的归道德，法律的归法律，是两种不同社会规范都能发挥作用的基本保证。

其三，是交叉关系。即某些领域，道德可以管，法律也可以管，都管也行，一个管也行，当然不能谁都不管。比如，诚实守信、赡养父母、抚养子女等，某些道德要求既可以法律化也可以非法律化。对于那些需要法律禁止和惩罚的不道德行为，对于需要法律褒奖和支持的美德善德行为，可以通过立法予以必要体现。当然，对背离社会道德的行为，能否用法律介入、用什么法律介入、在什么时候介入、怎样介入等问题，都需要深入研究才能做出科学结论。

总体上可以说，法律是底线道德，道德是高端法律。中国自古有"礼禁未然之前，法禁已然之后"之说，人们以为只有道德高尚，法律才会被自觉遵守。其实恰恰相反，只有敬畏遵守法律，道德才有基础。在正常的社会秩序中，德治与法治并重是可行的；在社会转型时期，不能过分强调德治，否则会窒息社会生机，而应当强调法治，用这个社会共识的"最大公约数"来规范社会秩序，可以既保持转型所需的社会动力和活力，又不会导致社会转型时可能发生的失范。胡适当年曾经说过，一个肮脏的国家，如果人人讲规则而不说道德，最终会变成一个有人味儿的国家，道德自然会逐渐回归；一个干净的国家，如果人人都不讲规则却大谈道德、谈高尚，天天没事儿就谈道德规范，人人大公无私，最终这个国家会堕落成为一个伪君子遍布的肮脏的国家。

当然，在现代文明社会中，我们既要坚持"法律的归法律，道德的归道德"的处理办法，也要警惕"法律万能"或"道德至上"的偏向。不是法律越多越好，而应当是"法网恢恢，疏而不漏"；也不是道德越多越好，而应当是"大德不德"。只要把一些最基本的道德规范纳入法律规范之中，养成守法的良好习惯，社会一般不会失德，更不会失范。

另外，道德强调人们的内心修炼，强调领导者的带头示范，而且多数道德规范没有强制措施。要实行德治，除了要教育老百姓遵守道德外，就是要强调官员的以身作则。以身作则的意思，就是官员要以自己的实际行动给百姓做出榜样，主观意图是好的，但怎么保证官员以身作则，进一步说，怎么保证官员一直以身作则却是道难题。实际情况是，一段时间或许可以，一些人或许可以，而所有官员在所有事情上都以身作则，古今中外不曾有过。因为人类后天养成的德性，虽然可以在一些特殊情况下成为对抗欲望扩张的因素，但通常情况下，德性不可能成为抵抗欲望洪流扩张的坚不可摧的力量。孔子说，"未闻好德如好色者也"，说明后天养成的德性无法同与生俱来的天性对抗。比较可靠的做法，是"以则作身"，即以法律规范来限制官员的行为，而不是把官员的行为作为百姓学习的榜样。要让所有的官员都成为孔繁森，实践证明是不可能的；而用严格的制度防止他们都变成王宝森，实践证明是有可能的。前者是人治，所以靠不住；后者是法治，所以靠得住些。

## 四、用法治文化融合法治与德治

我们讲法治是德治的基石，在社会转型时期必须从法治做起才能形成优良秩序，并不是要否定德治在社会治理中的重要作用。儒家先祖孔子曾说："道之以政，齐之以刑，民免而无耻；道之以德，齐之以礼，有耻且格。"意思是，仅用政令来禁止，用刑法来惩治，百姓会因害怕而避免受罚，却没有廉耻之心；但以德来引导，以礼来规范，百姓会因知廉耻而遵守规则。应该说，孔子的说法是不错的，国家长治久安，社会和谐有序，离不开法治，也离不开德治。而要使二者相互补充，相得益彰，必须塑造法治文化。因为文化对制度的影响，远大于制度对文化的影响。可以说，人们选择什么是文化，而能否选择则是制度。一般说来，文化是无高下的，但制度是有优劣的。正如钱穆先生所言："一切问题，由文化问题产生；一切问题，由文化问题解决。"

中国的德治文化可谓源远流长、博大精深，但法治文化几乎是空白，人们甚至对法治能不能成为一种文化都还有不少疑问。其实，从深层次来看，法治归根结底是一种文化、一种信仰、一种生活方式。用法治文化建设，来实现法治基础上的法与德的融合，是完成社会转型和国家长治久安的充分条件。

在中国古汉语中，"文化"本义是指"文治"与"教化"，与今天使用的文化概念相去甚远。我们今天使用的"文化"（Culture）一词，是19世纪末通过日文转译从西方引进的，大致有内涵不同的三种含义。广义的文化观认为，文化是人类创造的一切，主要包括精神文化、制度文化和物质文化；中义的文化观认为，文化是指社会的意识形态，以及与之相适应的制度和组织机构；狭义的文化观认为，文化是指社会的意识形态或社会的观念形态，即精神文化。

法治，在精神层面上，主要是指统治和管理国家的一整套理论、思想、价值、意识和学说；在制度层面上，主要是指在法律基础上建立或形成的包括法律原则、程序和规范的各种制度设施；在运作层面上，主要指法律秩序和法律实现的过程及状态。作为人类活动的产物，法治本身就是一种文化，这是毫无疑义的。

在精神文明层面，法治文化引领一个国家的法治发展方向，决定法治建设的性质和特点，正所谓"法治文化有多远，法治建设就能走多远"。对于一个历史上缺少民主法治传统的国家而言，作为精神文明成果的法治文化的真正形成，既需要长期的民主政治文化积淀、法治思想启蒙、法律知识传播和法律宣传教育，也需要经济社会发展的支撑和民主政治建设的土壤，必然要经历一个长期渐进的历史过程。

在制度文明层面，法治文化构建法治国家的国家机器，带动法治精神文明和社会法治行为向前发展。在一定条件下，它具有较强的构建性，可以通过革命、改革或其他人为方式加快实现。因此，对于一个要加快实现现代化的赶超型发展中国家而言，高度重视并把制度建设作为法治文化建设的重点，大力发展制度文明的法治文化，既有必要性也有可行性，是法治文化发展模式的一条重要路径。

在社会行为方式层面，法治文化可以把法治思想理论的指引和法律制度规范的要求，贯彻落实到每一个社会成员，实践于每一种法律关系，把纸面的法律变成生活中的法律和行动。当然，一个人口众多、封建文化影响深刻、市场经济落后、理性文化缺失、民主政治欠发达的国家，要把法治文化付诸自觉行动，成为一种生活方式和精神信仰，必然是一个艰难甚至痛苦的过程，不可能一蹴而就。

当一个社会的法治文化真正形成时，德治与法治的关系就会自然解决。内心世界的东西，多归德治，外在行为的东西，多归法治。内心世界越丰富越好，外在行为越规范越好。国家治理的基本要求，是人们的外在行为不危及他人，所以法治是国家治理的基础；内心世界越丰富越好，是人的全面发展的目标和要求，所以德治是社会治理的升华。在法治文化建设中，二者可以融为一体，相互补充，相得益彰。

# 法治，这条路该如何走

FAZHI ZHETIAOLU
GAI RUHE ZOU

　　法治是中华民族伟大复兴和长治久安的必由之路。但要真正实现法治，还需要我们筚路蓝缕地开拓、百折不挠地努力。中国现阶段的基本国情，决定了在选择法治路径时，必须首先树立法律应有的权威，同时把改革纳入法治轨道，按照现行宪法的基本框架和内容，落实公民法定的基本权利，把国家权力关进制度的笼子里，推进司法独立与公正，建立有序和有效的监督体系。这样环环紧扣，步步相连，稳妥转型，必定能够迈入国家长治久安、人民自由幸福的法治坦途，实现中华民族的伟大复兴之梦。

# — 第七章 —
# 树立法律应有的权威

　　党的十一届六中全会通过的《关于建国以来党的若干历史问题的决议》中，有两段话值得重温："种种历史原因又使我们没有能把党内民主和国家政治社会生活的民主加以制度化、法律化，或者虽然制定了法律，却没有应有的权威。""完善国家的宪法和法律并使之成为任何人都必须严格遵守的不可侵犯的力量，使社会主义法制成为维护人民权利，保障生产秩序、工作秩序、生活秩序，制裁犯罪行为，打击阶级敌人破坏活动的强大武器。决不能让类似'文化大革命'的混乱局面在任何范围内重演。"决议中的个别语言虽然带有历史特征，但总体思想是民主必须由法制来规范，法律必须有至高无上的权威。这也正是当今中国的迫切需要。

## 一、什么是法律应有的权威

　　许多人都知道马克斯·韦伯的权威理论，他把权威分成魅力型、传统型和官僚型三种，划分的标准就是权威的人格化程度：魅力型支配是完全人格化的权威，传统型支配是半人格和半制度化的权威，官僚型支配是完全非人格化的权威。魅力型权威度最高，但也最不稳定；传统型权威度不如魅力型，但稳定性要强一些；官僚型权威度又不如传统型，但稳定性最高，因为它人格化程度最低。

还有人把权威分为五种：第一种叫血缘权威，比如父亲对儿子的权威就来自于血缘关系；第二种叫暴力权威，比如由国家机器带来的威慑力；第三种叫道德权威，就是人们主动服从德行好的人；第四种叫神授权威，假借上天授权而成立；第五种叫民授权威，通过选票获得。这五种权威中，血缘权威的稳定性最高，其次是神授权威，第三是民授权威，然后是道德权威，最不稳定的是暴力权威。然而，最稳定的权威常常是最不灵活的权威，或者是最没有效率的权威，依次倒推，在最有效率的权威里边，民授权威排在第三位。这样，在最稳定和最有效率的权威排名中，民授权威都排在第三位。按均衡理论做选择的话，就应该选择民授权威，因为它虽不是最好的，但也不是最坏的。

以上两种权威划分的理论不一定十分科学，但从中可以窥探到权威的本质和等级。权威，就权威者本身而言，是对社会或他人的支配力；就被支配者而言，是对支配者的信仰和服从的程度。从社会治理所需的秩序和稳定而言，官僚型与民主型是比较合适的选择。官僚型与民主型都与法治相连。而现代法治就其本质而言，就是要树立法律在社会中的最高权威。如果我们将法律权威与权力权威和个人权威相比较，就可以发现，相对于权力权威来说，法律权威是法治；相对于个人权威来说，法律权威是民主。从这个意义上可以说，在现代社会，法律应有的功能，归根到底，就是它能有效地治官和保民。治官，也就是限权，使权力去人格化，不能随心所欲，为非作歹。用邓小平的话说，就是国家的治理和秩序，不因领导人的变化而变化，不因领导人注意力的转移而转移，能够保持足够的理性和稳定。保民，也就是维权，使权力人性化，由民所授，为民服务。

法律的这两种功能，决定了它在现代社会中应有的权威。首先，法律必须在整个社会规范体系中居于至高无上的地位。不得以政策、道德、习俗等其他社会规范冲击或代替法律，更不得以领导者的个人意志来左右法律。其次，社会主体的一切行为都要服从法律。国家机关和公职人员要严格依法办事，执政党必须在法律规定的范围内活动，所有公民的一切行为都要符合法律规范的要求。

法律权威是实施依法治国方略的关键。美国法学家哈罗德·伯尔曼在《法律与宗教》中说过："法律必须被信仰，否则它将形同虚设。"从表层意义上说，依法治国指的是依照法律治理国家；从实质意义上来讲，它是一种视法律为社会最高权威的理念。只有这种理念在社会成员中普遍形成时，才能实现由"应然"法治到"实然"法治的跨越。如同建造一幢大楼须有牢固的地基一样，实施依法治国，必须树立起法律应有的权威，才能支撑起这座理想的大厦。

## 二、法律为什么缺乏应有的权威

经过 60 多年，特别是改革开放以来 30 多年的努力，社会主义中国的法律体系已基本形成。据统计，中国目前已制定现行有效法律 240 件左右，行政法规 700 件左右，地方性法规 9000 多件，部门和政府规章则数以万计。从前"无法可依"的状况，有了根本改观。但有法不依、执法不严、违法不究的情况仍比较普遍。在国家治理和社会生活中，权力、人情、关系等因素，往往比法律更起作用。在一些极端的情况下，有法等于无法，甚至还不如无法。

之所以如此，有诸多原因，其中最主要的有以下几点。

### （一）"人治"传统的影响

中国几千年文明史中，有"法制"状况而无"法治"传统。权大于法、德主刑辅是国家治理的主调。中国共产党在领导人民夺取全国政权的过程中，由于没有合法斗争的条件，一切革命活动几乎都是在突破旧法制中进行的。不信任乃至仇恨法律的心理，在党内和群众中有较为广泛深厚的基础。夺取全国政权后，一些领导干部虽然口头上也说"我们的权力是人民给的"，但骨子里认为还是"枪杆子里面出政权"。因为我们是"打出来的天下"，不是"谈出来的国家"，所以不少人一直认为法律只是"革命成果的记录"和"办事的参考"而已。当时党的领导人在群众中的崇高威望，以及在全国范围进行的几次大的群众运动的成功，也在一定程度上助长了轻视法律的社会心态。"文化大革命"期间达到极致的"以阶级斗争为纲"的政治路线，高度集中的党的"一元化"领导的政治体制，使党的主要领导人的指示和党的政策取代法律，在很大范围直接调控国家和经济社会事务，更助长了法律虚无主义和法律工具主义的盛行。而改革开放以来，我们又强调"以经济建设为中心"，强调"摸着石头过河"，强调特事特办，使全社会的规则意识一时难以真正树立起来。

从现在的情况来看，"人治"影响比较严重的方面，恐怕就是对党的政策与国家法律关系的认识。在治国理政中，运用好法律的稳定性与政策的灵活性，是个重大课题。中国有句话，"小道理要服从大道理"，一般而言，小道理是政策，大道理就是法律。虽然在政党政治中，国家的法律往往由执政党的政策演化而来，但政策一旦上升为国家法律，其效力必须高于政策。否则，国家治理就会陷入规则冲突的矛盾和混乱之中。所以，在法治国家中，法律比一般的政策权威度要高，这样可以使社会各主体产生稳定预期，使社会运行活而不乱。在人治社会或权力导向型社会中，则更看重政策的灵活性。毛泽东当年说过，政策和策略是党的生命，但却从来没说过法律是党或国家的生命。直到今天，还有相当多的领导干部，没有真正完成由革命党向执政党的角色转换，仍然奉领导讲话为尚方宝剑，视政策效力高于法律，或者认为政策是法律的灵魂，法律是实现政策的工具。以言代法，以权压法，以政策取代法律，法律泛"政策化"的现象比比皆是。在社会治理的话语体系中，政策的响亮度远高于法律；在官方和民间的行为选择中，追赶政策的速度远快于法律。

与此相关联的，就是由来已久且争议较大的"以党治国"问题。

早在俄国革命时期，列宁就创立了党政军高度统一、党权高于一切的"党化国家"体制。孙中山在领导中国革命屡受挫折后，改奉"以俄为师"，将苏俄"党化国家"的体制引入中国，提出和推行"以党治国"。在国民党"一大"改组期间，孙中山解释说：我从前见得中国太纷乱，民智太幼稚，国民没有正确的政治思想，所以便主张"以党治国"。他还把建国的步骤分为军政、训政、宪政三个时期，并提出训政时期"党在国上"。客观地说，"以党治国"具有两重性。一方面，它有积极作用，就是以执政党领导和管理国家的一切事务，防止领袖人物个人独裁；另一方面，它本身并不能防止因一党专政而最终导致个人独裁的发生。果然，孙中山逝世后，蒋介石利用孙中山的政治遗产，将孙中山的"以党治国"和"三阶段论"，发展成为一种极权主义的政治体制，走上了专制独裁之路。蒋介石奉行"一个主义、一个政党、一个领袖"，集党政军大权于一身，并要求国人对领袖绝对效忠。在推行独裁统治的过程中，国民党的"党文化"起了推波助澜的作用。

"以党治国"的思想，对于中国共产党也产生了深远影响。在革命根据地初创时期，毛泽东曾批评过"以党代替苏维埃"的错误倾向。抗日战争时期，邓小平也曾对把党的领导解释为"党权高于一切"的理论和做法，提出过尖锐批评。但是 1942 年 9 月，中共中央做出《关于统一抗日根据地党的领导及调整各组织间关系的决定》，明确规定"根据地领导的统一与一元化，应当表现在每个根据地有一个统一的领导一切的党的委员会，因此，确定中央代表机关（中央局、分局）及各级党委（区党委、地委）为各地区的最高领导机关，统一各地区的党政军民工作的领导。"这种发端于抗战时期的党权高于一切的一元化领导体制，在解放战争时期继续实行，对保证革命战争的胜利和夺取全国政权，起到了重要的保障作用。新中国成立后，革命党成了执政党，本应逐渐健全法制，走上依法治国的道路。然而，"以党治国"的观念却进一步强化。特别是1957年反右派斗争后，更使"党化国家"定型化。这种主张使党权膨胀，法制不张，国家治理体系中人治化倾向越来越严重，政治运动接二连三，人民群众深受其害，执政党自身的形象也严重受损。

"以党治国"在实践中有一整套的运行方式，其做法和影响至今仍然明显。

一是执政党不受法律的约束。当年一些国家领导人就明确表示，我们的法律不是为了约束自己，而是用来约束敌人，打击和消灭敌人的。如果哪条法律束缚了我们自己的手足，就要考虑废除这条法律。因为在当时不少人眼中，法律就是阶级斗争的工具，法律是由党领导制定的，党就应当在法律之上。这种观点与"执政党也必须在宪法和法律的范围内活动"的现代法治理念，相距甚远。

二是政法机关必须掌握在党的手里，做党的工具。当时的中央领导人几乎一致认为，作为国家机构重要组成部分的公检法机关，都是由党直接掌握的用以镇压阶级敌人的工具，各级政法机关和所有干警，都必须做党的工具，由此形成了由党委审批案件等一系列潜规则。正是在这种体制下，到了"文化大革命"中，最高领袖一声令下，当年主持政法工作的彭真、罗瑞卿以及高层领导人刘少奇、邓小平，一个接一个地被打倒也就不足为奇了。

三是执行法律就是"办一个手续"。在一些党的领导人看来，所谓"依法办事"，不过就是办一个法律手续而已。比如在逮捕某人的时候，未经检察院批准，事后补办一个手续就是合法的了。所谓"程序法定"之类的观念，在他们脑子里是不存在的，甚至认为"无完备的法律更便利"。比如，当年主管政法工作的中央领导人就说过，我们现在的法律还很不完备，大家都说无完备的法律很麻烦，但也有便利之处。我们办案时，只要站稳阶级立场，依据政策，按照阶级利益来办事就可以了。于是，各地撇开正常的办案程序，随便捕人和胡乱判刑的情况愈演愈烈，直到"文化大革命"中，连说这个话的领导者本人也被关进牢房。

四是公检法三机关合署办公。1960年中共中央书记处决定：公安部、最高人民法院、最高人民检察院合署办公。对外，三机关名称不变，保留三块牌子，三个大门出入；对内，由公安部党组统率，两院各出一人参加公安部党组，以加强工作联系。就党内的领导体制来看，明确规定三机关都"由公安部党组统率"，明白无误地把"两高"直接置于公安部的领导之下。这种体制的特点是敏捷高效，凡是公安部决定的事项，由"两高"负责去执行，等于取消了法院和检察院对公安机关的监督和制约。1954年宪法规定国务院和最高人民法院、最高人民检察院为平行机构，统称"一府两院"。最高人民法院院长和最高人民检察院检察长都由全国人民代表大会选举产生；而公安部只是国务院下属的一个部，它与"两高"不属于一个权力系统，不是一个层次。就公检法三机关在刑事诉讼中的职权分工来说，公安机关负责侦查，检察院负责批捕和起诉，法院负责审判。按理说，批捕、起诉和审判，都是对侦查工作的检验和把关，如果发现侦查中有违法行为，应予纠正；发现不应当追究刑事责任的，应该判决无罪；其制度设计就是为了防止和避免冤假错案。然而，1960年未经全国人民代表大会修改宪法，就对"一府两院"体制做了伤筋动骨的变动。中央公检法三机关合为一体后，上行下效，全国各地省市县各级一律取消了公检法三机关的建制，改为"政法部"或"政法公安部"，进而提出"一长代三长（公安局局长、检察院检察长、法院院长），一员顶三员（侦查员、检察员、审判员）"，"下去一把抓，回来再分家"，实际上是不分家，是"一锅煮"和"一勺烩"。于是便出现了这样的情景：各级党政领导率领政法部门的干警，带上空白逮捕证和空白判决书，下乡下厂为"打开局面"而随意捕人；对抓起来的人有的甚至不开庭审判，在空白判决书上填一个名字，加几个罪名就判了刑。

回顾这段历史，绝不是要给党的领导抹黑。客观地说，在革命战争年代，在由革命党刚刚转为执政党时，强调权力的集中和党的领导核心作用，有一定的必要性和合理性。进一步说，从社会治理所需权威的嬗变历史看，由传统人治社会向法治社会过渡时，出现"以党治国"有一定的必然性。因为人治的实质是个人之治，法治的实质是众人之治，党治的实质则是部分社会精英之治。由个人之治直接变为众人即民主之治，跨度太大，容易发生社会分裂。而经过一段时间的社会精英的"以党治国"，会有利于社会转型的平滑性。

虽然中国现阶段还需要"以党治国"，但"以党治国"的发展趋向有两个。一是向前走，进入真正的"法治"；一是向后退，回到传统的"人治"。需要警惕的是，我们缺乏民主法治传统，我们党又是靠枪杆子夺取政权的，执政后先是以阶级斗争为纲，后来以经济建设为中心，从来没有把制度建设作为中心。突破宪法和法律规定，实现以党集权，甚至个人集权，是比较容易的事情。正如有识之士指出的那样，只要还有一个人不受法律约束，这个国家就肯定不是法治国家，何况是一个组织或一个政党！

有人曾极而言之，中国的法治没有权威的总根子，就在于人治还有很大的权威。人治与法治是一个此消彼长的关系。如果我们继续整天在学习传达上级领导的讲话和指示，整天在开会讨论如何贯彻上级会议的精神，整天在研究制定照抄照搬或者重复打架的"红头文件"，整天在开展群众运动和社会活动，法律是不可能有什么地位和作用的。在传统的执政方式之下，人们对制定的法律规定或者"忘了"，或者有意回避，甚至公然漠视和蔑视。因为我不用你，所以你就没有用；反过来，因为你没有用，所以我就可以不用你。这与生物学上功能的"用进废退"原理，是相似的。

### （二）政府推进型法治建设的代价

与西方国家不同，中国的法治建设走的是政府推进型渐进道路。但这种做法本身固有的毛病在于其很可能导致法律的失效。这里面，既有传统文化抗拒现代法律的实施，也有政府的制度供给偏离社会需求，还有频繁的法律变革破坏法律的权威，以及政府能力不足导致无法有效推进法律实施等等因素。一方面，法治现代化的顺利推进需要强化政府权威和扩大政府权力；另一方面，却又要想方设法通过法律来约束政府权力，如何使政府既有权威又不滥用权威，是一个两难选择。

其实，在体制改革中，过多的渐进举措不一定都能减少代价，在有些场合可能反倒增加制度成本，比如中国现在流行的各种"潜规则"就是如此。当渐进改革始终回避对政治理念和法律意识形态的表白时，国家实际上是在默许某种非法化的状态，民间就会在非法化方面走得更远。结果是非正式的规则压倒了正式的规则，政治活动失去所谓"法律确信"，变成无原则的、无止境的利益博弈。就好比大家在剧场看戏，中间有少数人不守规矩，为了自己看得清楚，站了起来。如果这时没有人制止，后面的人就会因无法欣赏表演也站起来。你也站起来，我也站起来，最后大多数人都站起来。结果可能还是有一部分人被前面的高个子挡住视线，大家还都无法舒服地坐下来，从总体上看效益反倒更低了。这与"中国式过马路"，即众人不遵守交通规则，强行通过而引起交通阻塞的情形差不多。大家都没有规则意识和尊崇法律的习惯，是因为可以在其中获得一时一地的好处，因为法律缺乏应有的权威，最终大家都要因此而受害。

### （三）对实质正义的过度追求

有人指出，在极端强调民主正当性的观念下，具有最高权威的是所谓"人民意志"，"法律至上"的观念就难以确立。中国从来也没有出现过托克维尔所称的那种能够约束民主狂热性的法律人精神。相反，实行"大民主"，追求实质正义的社会心态，随时都有可能以极端的方式表现出来。实质法治观旨在寻求法律的实质正当性，反对把法律视作自我封闭的系统，认为法律始终与道德、政治、经济和社会条件相关联。不能说这种看法有什么不对，但实际上，一个包含了过多实质内容的、负担过重的法治概念，会使法治更加不可能。因为基于正义观念和社会实效性而产生的对法律的质疑，很容易转化为不尊重乃至轻视法律的态度，这使得法律权威和法律秩序的建立更加困难。如果一个不纠缠伦理争议的、内容有限的、最低程度的形式法治都无法实现，实质法治的各种宏大价值诉求，就更没有实现的机会。特别是在一些具体争议的解决层面，实质法治观使法律判断承担了过多的政治判断、社会判断和后果裁量的负担，不仅无法实现，还影响法律判断的可预期性、一致性和稳定性，最终损坏法治。

中国古代衙门的牌匾上，往往刻有"天理、人情、国法"六个大字。许多人据此认为中国古代社会不重视法律，所以把国法排在最后。其实，往深处探求，好像还不完全是这样。所谓天理，相当于西方社会中的"自然法则"，是客观规律，处于至高无上、不可违背的地位；所谓人情，相当于现实社会中各种复杂的社会关系；所谓国法，相当于西方社会的"实在法"，是对天理的发现，对人情的描述，是现实社会中人们需要遵循的规则和程序。从某种意义上讲，循天理，讲人情，是追求实质正义，守国法是形式正义。中国传统社会的价值观，是视实质正义高于形式正义的，只要符合实质正义，形式正义就是可有可无的了。正因为这样，在整个中国古代社会，法律一直不可能具有超越天理和人情的绝对权威，只能跟在其后，任人掂量和取舍。直到今天，尤其是在中国基层社会，绝大多数人还是信奉家长式或者"马锡五式"的裁断，只要合乎天理和人情就行，至于合不合法，是无所谓的事。

### （四）干部队伍的结构不够合理

发达国家政府官员的主体，是学法懂法的公职人员。在中国，现阶段干部队伍的主体是工程技术类人员。这与"以经济建设为中心"和"发展是第一要务"的路线导向有很大关系。一般而言，工程技术类官员思维比较敏捷细腻，但有时会精于具体事务而疏于社会规则。在长期自然经济和计划经济体制的熏陶下，相当多的领导干部习惯于凭个人经验和能力处理问题，缺乏必需的法治理念和法律知识；在由计划经济向市场经济转轨过程中，许多干部形成了特事特办的特区建设思维和行为方式，加上官员选任中民主程序和责任追究制度还不够健全和完善，几乎所有公职人员，都比较重视与上级的关系而不太考虑群众的利益，都十分注意按上级领导意图办事而不大在乎法律规定。加之长期以来"人治"文化传统的影响，"成王败寇"价值观念的熏陶，经济发展考核指标的压力，在干部队伍中已经形成了一种比较普遍的忽视、轻视甚至蔑视法律的倾向。对于打破常规包括现行法律法规来招商引资和发展经济，似乎都很在行；对于如何依法执政和依法行政，对于如何依法履行公共服务和社会管理职责，则大都心不在焉，有时甚至让人感到缺乏常识，不可理喻。而且因为你是这样上来的，我也是这样上来的，他要上来，还必须像你我一样，形成干部晋升中的"路径锁定"或恶性循环，这是非常危险的。

另外，从法律实施所需的社会背景来看，在一个天不怕、地不怕的国家中，法律是绝不可能得到遵守的。卢梭在《政治经济学》中说过："法律的全部力量实际上仅仅是对中间阶级行使的；对腰缠万贯的富翁和一贫如洗的穷人来说，法律都是无能为力的。前者嘲弄法律，后者逃避法律，一个是冲破罗网，另一个是钻过罗网。"中国目前的发展水平，还没有达到中产阶级占多数的程度，两极分化情况还比较严重，要在全社会树立起法律应有的权威，的确还需时日。

# 三、如何确立法律应有的权威

中国改革遵循的是先经济、再社会、后政治的思路。从改革开放之初到上世纪末，中国法治建设的中心任务是服务于经济发展，属于经济发展主导的法治建设阶段。进入本世纪以来，法治建设以构建和谐社会、推进社会发展优先战略为核心，属于社会发展主导的法治建设阶段。在目前这个阶段，法治建设的核心是要建立良好的法律运行机制和促进法律秩序的生长。这个阶段目标的实现，将会为进入政治改革主导的法治建设阶段创造良好的社会秩序，并减少风险。这是中国法治建设的现实路径，也是树立法律权威的社会背景。

## （一）确立法治思维

所谓法治思维，也可以叫法律思维，是指以合法性为出发点，以追求公平正义为目标，按照法律逻辑和法律价值观来思考问题的思维模式。法治思维与经济、政治、道德思维不同。经济思维关注投入产出，重在利益；政治思维关注利弊得失，重在平衡；道德思维关注是非善恶，重在良心；而法治思维关注规矩方圆，重在公正。法律维护公平正义，靠的是既定的规则制度，所以规则意识是法治思维的重要特征。只有全社会真正树立起法治思维，形成办事依法，遇事找法，解决问题用法，化解矛盾靠法的法治氛围，才会有法律至上的权威，依法治国才能实现。

要确立法治思维，必须在认识领域正本清源，转变观念。

其一，由"臣民"意识的群众观向"公民"意识的法治观转变。在古汉语中，"群"字是指禽兽成群，故有所谓"兽三为群，人三为众"的说法。在繁体字中，"群"字的写法是君在上、羊在下，意味着"群众"就是君主统治下的羊群，所以古代曾把地方官员称为"州牧"或"郡牧"，把管理社会称为"牧民"。而现代社会的群众，不再是臣民、子民、顺民，而是有宪法和法律保障的具有平等权利的公民。执政者的权力是公民赋予的，必须接受公民的监督，必须尊重和依法保障公民的权利。

其二，由国家至上的宪法观向社会和人民至上的宪政观转变。长期以来，党的领导人和法学界在界定宪法的性质和任务时，都认为宪法是"治国安邦的总章程"，这一说法把宪法主体只限于政府和执政党，宪法也就只是执政党治国的工具，而不是限制政府权力和保障公民权利的约法。其实宪法的主体是人民或全体公民，不是执政党和政府，后者应是受宪法制约的客体。宪法也不只是国家的根本大法，更是社会的根本大法，即社会约束国家和政府的契约。

其三，由"以党治国"的国家观向"权为民所赋"的权力观转变。现行宪法明确规定，国家的一切权力属于人民。而我们有些领导干部却一直认为国家就是革命成功的"战利品"，甚至是执政党的"党产"，可以任意支配。而在现代法治社会，国家是全体公民的，执政党是受公民委托管理国家、服务公民的，授权和用权的范围、程序，都必须由公民经法定途径决定，不能由政党或者个人随意授受和使用。

其四，由"非我即敌"的专政观向依宪执政的执政观转变。毛泽东当年提出"两类矛盾论"，本来是要把正确处理人民内部矛盾作为社会主义国家政治生活的主题，但在以阶级斗争为纲的时期，却把错综复杂的各种社会矛盾简单地归结为非此即彼的两类矛盾，形成"非我即敌"的专政观。甚至要求"凡是敌人反对的，我们就要拥护；凡是敌人拥护的，我们就要反对"。事实上，社会生活中有些矛盾既非敌对性质，也不好归入人民范畴，其间有很大的中间地带。比如一些民事纠纷、思想言论争议，乃至犯罪行为，就不能简单地归属于敌我两类。在和平发展时期，政治上敌我二元的对立，已不能完全覆盖社会利益多元化、矛盾多样化的局面。现在有些地方，遇到群体性对抗性事件时，一些干部就归咎于"国内外敌对势力的挑唆"，严加打压，结果引起更大的事端。现代法治理念要扬弃非我即敌的"两类矛盾"的简单化思维，依法保障公民各项法定权利，规范各种利益博弈，调整利益分配格局，才能科学应对人民群众日益增长的权利要求，有效化解各种社会矛盾。

需要注意的是，对一些带有方针性的重要提法，必须用法治思维去理解，才不会走偏。比如，"坚持党的领导、人民当家作主与依法治国的统一"的"三统一"提法，其主观用意是好的，对于化解矛盾，维护稳定是有积极意义的。问题在于，当三者之间发生矛盾冲突时，应该统一到哪里？不少人可能认为，当然要统一到党的事业上来，因为党代表了人民利益，党领导人民制定了宪法和法律。但冷静思考和观察一下就会发现，这实际上还是一种人治思维，就是人决定制度，权高于法。实践也早已证明，这种思维方式是有害的，比如，"文化大革命"中，党的领导与人民当家作主是统一的吗？如果严格按当时的法律办，"文化大革命"会发生吗？

近年来还有"三个至上"的提法。就是"党的事业至上，人民利益至上，宪法法律至上"。这种提法无论在理论上还是实践上都是不通的。从理论上讲，"三个至上"实际是"无至上"。从实践上看，党的事业在司法中的科学性是很难鉴定的，人民的利益更不好说。在司法领域，往往原告和被告都是人民，谁的利益至上？

理论和实践都证明，只有把党的事业和人民利益都统一到宪法与法律中来，才能化解实践中可能产生的矛盾与冲突，因为宪法和法律是实现党的事业和人民利益的载体、途径和方式。要全面推进依法治国，建设法治中国，就必须在理论和实践上都树立宪法和法律的最高权威。宪法与法律也可能滞后与不公，那就依法定权限和程序加以修正。邓小平当年就曾指出，党委领导的作用第一条就是应该保证法律生效、有效。没有立法之前，只能按政策搞，法立了以后，就要坚决按法律办事。只有做到这一点，法律应有的权威才会树立起来。

### （二）转变执政方式

把以传统"人治"为特色的执政方式，转到以现代"法治"为主的执政方式，是树立法律权威的关键。有识之士认为，这种转变应从三个方面进行。

一是从主要依靠政策执政，向主要依靠法律执政转变。在中国，执政党的政策与国家法律，在指导思想及其服务的经济基础等方面具有高度一致性，两者都是执政的重要依据。但从总体和根本上看，我们党治国理政的主要依据和方式应该是法律而非政策。因为政策与法律相比，在规范性、稳定性、公开性、民主性、程序性以及强制性等方面，存在明显不足。在共产党由革命党转变为执政党、依法治国成为基本治国方略之后，需要及时果断地实现从主要依靠政策执政，向主要依靠法律执政转变。在转变过程中，要正确处理不同效力等级的法律、法规、规章与不同层次的政策之间的关系。要逐步减少对上级领导一般性讲话进行传达学习的硬性要求，逐步改变主要靠会议文件指导和开展工作的习惯，逐步淡化试点起步、典型引路、特事特办等传统领导方式。在正常情况下，党政机关和领导的主要精力和时间，就是贯彻实施法律法规的要求，及时指导督促所辖区域和单位的法律实施工作，并对实施过程中存在的问题承担相应的法律责任。

二是从强调严格遵守法律，向既严格遵守法律又主动创制和运用法律执政转变。依法执政包含两层含义：一方面，执政党要严格遵守宪法和法律，不能超越宪法和法律行使执政权；另一方面，执政党要主动创制并运用法律执政。前者是党依法执政的前提和基础，后者是社会转型时期党依法执政的重点和方向。既要防止因过分强调党主动创制和运用法律而使其享有法外特权，削弱与损害宪法和法律的权威；又要防止由于片面强调党严格遵守宪法和法律，而不能及时对宪法和法律进行修改，不能及时把党的政策和主张转变为国家意志，影响党有效解决重大经济和社会问题。要在严格执行宪法和党章规定，保证执政行为合法性的前提下，高度重视党主动创制和运用法律执政。

三是从加强自身制度建设与领导国家法制建设分头实施，向二者同步推进转变。党章与法律，是治党与治国的"基准"。按照党章要求，加强党内制度建设，是巩固和提高党的执政能力的迫切需要。但党内规章和条例是用以规范党内生活和党员行为的。党执政的对象是国家和社会事务，依法执政的"法"，只能是宪法、法律和法规。因此，既要高度重视党内制度建设与国家法制建设之间的依存和衔接，又要准确把握二者之间的界限和区别，始终牢牢抓住依法执政这个核心和关键，围绕依法治国、建设社会主义法治国家这个宏伟目标，把加强党内制度建设与推动国家法制建设统一起来，做到党领导立法，带头守法，保证执法，不断推进国家经济、政治、文化、社会生活的法制化和规范化。

## （三）提升立法质量

法治的前提是要有良法。没有良法，法律的实施效果就会受到影响，法律的权威就很难树立起来。

在社会主义法律体系已经基本建立起来的情况下，国家立法的主旨应当从追求数量向提升质量转变。在立法的指导思想上，应当"循天理"、"察人情"、"合众意"，多立良法，少立笨法，不立恶法。

所谓"循天理"，就是立法要遵循自然规律和社会规律。要站得高，看得远，把握得准。在确定具体立法项目时，必须注意所要解决的问题一定是客观存在的，而不是主观想象的；是反复出现的，而不是偶然发生的；是普遍存在的，而不是个别需要的。既要立足现实，又要着眼未来，使立法进程与改革进程相一致，通过法律适时的立、改、废，促进社会的文明进步，保证社会转型发展过程的秩序和稳定。

所谓"察人情"，就是要洞悉人情世故。要懂得人性的本质和变化，制度设计的基础和原则，不能偏离人们趋利避害的本性。不能用"圣人"的品性，来规范"众人"的行为。要注意尊重长期形成的一些优良风俗习惯，不要用过分理想化的主张对抗民间一直起作用的礼仪规范。特别要注意社会转型和改革深化所产生的利益多元和利益博弈的实际情况，充分发挥法律在协调和整合利益关系中的作用。历史证明，所有不察人情、不合众意的法律规范，要么是短命的，要么是形成"王法不行而私情盛"的状况。

所谓"合众意"，就是要走民主立法的路子。要改进立法方式和程序，面向社会公众征集立法项目，制定立法计划，改变目前主要由立法机关、政府部门和领导意见确定立法项目的状况，使法律从一开始就体现"公众意志"。凡是关系人民群众切身利益的法律法规，必须采取听证会、论证会、座谈会和向社会公布等形式，广泛听取社会意见，充分反映公民意志，成为"全民合约"，而非个人或某个利益集团意志的宣示、某项不合理政策的翻版和某个部门和地方不当利益的保护伞。无论是国家权力机关立法还是政府行政立法，都必须严守法定权限，严格按法定程序进行，防止政出多门、政令不一的现象，维护法律的统一和尊严。

### （四）严格法律实施

法律的生命在于实施，法律的权威也只有在严格的实施中才能树立起来。

党的十八大报告重申了《宪法》第五条的规定："一切国家机关和武装力量、各政党和各社会团体、各企业事业组织都必须遵守宪法和法律。一切违反宪法和法律的行为，必须予以追究。"如果一个国家的违宪行为得不到追究，宪法和法律的权威就很难树立起来。因此，需要建立科学合理的宪法实施评价机制，对宪法实施的标准做出明确界定；建立有利于宪法实施的利益导向机制，使各方主体自愿自觉履行宪法职责；具有一定级别的党政主要领导在就任新职时，应当宣誓忠于宪法，以此强化领导干部的依宪执政意识；还可以考虑设立独立的宪法法院，或者在全国人民代表大会下面设立宪法委员会，专司宪法实施情况的监督。

中国现行法律法规的百分之八十左右，是由行政机关执行的。目前行政执法中的主要问题是执法体制和机制不够合理，执法行为不够严格、规范和文明，交叉、重复、虚假、空白执法的情况比较普遍。一些领域存在"看见的管不着，管着的看不见"的情况，许多地方反映"穷人犯法没办法，歪人犯法没办法，众人犯法没办法"，自由裁量权使用失当和"用违法手段对付违法行为"的现象时有发生，征地、拆迁、城管等领域行政执法中的矛盾冲突比较严重，法律权威和政府公信力受到损害。需要按照公开化、综合化、规范化和文明化的原则，改进行政执法体制机制，提升执法人员水平和能力，改进行政执法方式方法，在行政执法领域重塑法律权威和政府形象。

司法是实现社会正义的最后屏障和维护社会公平的调节器，司法活动在树立法律权威中具有决定性作用。目前司法机关存在的种种问题，比如门槛高、周期长、判决不公、执行不力以及司法腐败等，是形成群众"信访不信法"的重要原因之一。要按照中央已经确定的司法改革方针，以司法独立和公正为目标，创新司法体制机制，贯彻阳光司法原则，强化程序正义理念，改进司法监督和监督司法，确立司法终极裁决地位，用司法公正赢得全社会对司法的信任，树立起司法应有的权威。

公民自觉守法是树立法律权威的基础。在一个普遍不懂法、不信法、不畏法、不守法的社会中，法律的实施会寸步难行，法律的权威也无从树立。公民守法的动因可能很多，比如，有的是基于理性文化观念，有的是基于宗教信仰，有的是基于趋利避害的功利选择，有的是基于心理恐惧，等等。要内外兼修、标本兼治，广泛、深入、持续实施法制宣传教育等系统工程，努力提升公民自觉守法的"悟法"境界、不愿违法的"敬法"境界、不能违法的"信法"境界、不敢违法的"惧法"境界，形成全社会懂法、信法、畏法、守法的良好氛围。

### （五）选用懂法干部

从长远看，实行比较完善的干部民主选用和责任制度，才能从根本上解决干部结构与法治国家建设要求不相适应的问题。现阶段可以从三个方面着手，改善干部队伍结构。

通过有计划的培训、考试和考核，提高在职干部的法律素养。全国人大应该制定公职人员法律培训大纲，地方各级人大据此制定具体计划和实施办法，保证每个公职人员在一个岗位的任职期内，接受至少一次基本法律知识以及与履职相关的系统法律知识培训。在党政主要部门任职前，必须经过相应的法律资格考试。建立和完善依法执政和依法行政的指标体系，年度工作绩效考核时，依法办事情况要作为一项重要内容。

选配各级领导班子时，应规定懂法者的比例。从实际出发，可以先规定县级和县级以上党政领导班子中，至少要配备一至两名法律专业出身者；党政部门领导班子的配备，也要有相应规定。以后根据需要和可能，逐步提高这个比例。

在改善人大、政协组成人员的基础上，从中选派干部到党政机关任职。改变目前党政干部"不懂法时行政，懂法时不行政"的状况。为了慎重起见，可先在一些地方试行，取得成功经验后，再在较大范围推行。

# — 第八章 —
# 改革要"入法"

前些年，中国改革的推进力度不是很大，与多数群众的期盼不相适应。从领导层面来看，可能与两大因素有关。其一，世界上不少国家经常发生经济、社会甚至政治危机和动乱，而中国总体看尚属平安，特别是在应对重大突发事件和举办重要活动时，举国一致的体制动员能力，博得国内外一片赞誉之声，难免使人产生"风景这边独好"的感觉，淡漠了改革的必要性和紧迫性。其二，可能是缺乏把握，担心改革深入下去会出乱子，于是在一些本应实行的改革举措上犹豫不决、踌躇不前，或者零敲碎打，走哪算哪，使人感觉中国的改革缺乏所谓"顶层设计"。其实，改革是社会不断进步的"进行时"，永远没有"完成时"。对于正处在社会深刻转型时期的中国来说，改革又是无法回避的"现在进行时"。常态的改革实际上就是"变法"，非常态的改革必须"入法"。这是走上法治之路的必然选择，也是进入法治轨道的首要环节。

## 一、改革"入法"的当下意义

所谓改革入法，就是改革的"顶层设计"，要纳入法律立、改、废的总体规划；改革的具体内容，要通过公众广泛参与的立法程序来确定；改革方案的实施，要以国家强制力为保障。这样，使改革与"变法"（包括法律的立、改、废）合二为一，成为法治国家建设的有机组成部分。

有人会说，改革的本性是要打破现状和常规，是要"破"；法治的本性是维护社会既有秩序，是要"立"。二者在本质上是对立的，要改革就难免破法，要"入法"还改革什么？

其实不然。

从理论层面讲，破与立是相对的，或者说是相反相成的。毛泽东当年说过，"破字当头，立也就在其中了"，是有道理的；反过来也可以说，"立字当头，破也就在其中了"。因为不管破也罢，立也罢，都要有个东西去破去立才行。这个东西，就是理，或者法。因为广义的立法，包括立、改、废三个方面。立，就是创立或创制；改，就是改错或修正；废，就是废旧。所以广义的立法与改革在本质上是一回事。简言之，改革，是发现和运用客观规律；法治，是把客观规律变成行为规则。二者在本质上是一致的。从哲学上讲，改革"入法"，也是一种用"不变"求"变"的做法，就是用法律的相对稳定性、普适性来保护公民的基本权利，促进经济社会的发展变化。例如，当年人民公社体制下，许多地方就曾用"公购粮一定五年不变"，来调动农民的生产积极性。如果每年都从实际产量出发确定税负，谁还有多打粮食的劲头？往大了看，当年美国的宪法定下来后，二百多年基本不变，才使整个国家充满创新发展的不竭动力，如果年年折腾，美国能有今天的强盛？

从实践层面看，古今中外的大多数改革，走的都是变法或法治的路子。世界历史上，英国的"光荣革命"、日本的"明治维新"、美国的联邦建国，都是成功"变法"，或者说是改革甚至革命的法治化范例。我国历史上一些著名的改革者，也非常重视改革的正统性和合法性，都把改革称之为"变法"。凡要进行改革，都先通过皇权颁布法律，用法律取信于民，用法律与保守势力做斗争，从而确保改革的顺利进行。比如，商鞅通过"徙木立信"后，进行了两次大规模变法，实行以奖励耕战为主的一系列改革措施，促进了秦国社会发展，推动了宗法分封制向中央集权制转型，为秦始皇建立大一统帝国奠定了基础，对后世产生了深远影响。北宋中期，王安石在全国范围内推行的改革举措，均以"变法"的方式进行，如在财政方面有均输法、青苗法、市易法、免役法、方田均税法、农田水利法，在军事方面有置将法、保甲法、保马法等。明朝中叶，张居正为扭转国家的衰亡趋势，推行一系列变法措施，比如实行考成法，裁减冗员，解决官僚争权夺势、玩忽职守的腐败之风；颁布清丈条例，清查田地，增加赋税；推行"一条鞭法"，改革赋税，促进商品经济的繁荣。

把改革纳入法治轨道，在当今中国，具有特别重要的意义。

### （一）实现改革总体目标的必然要求

中国改革的总体目标，就是完善和发展中国特色的社会主义制度，推进国家治理体系和治理能力的现代化。现阶段的全面深化改革，在本质上仍然是一种常态化的社会制度自我更新，不是传统意义上的社会革命。革命是要摧毁现存制度，可以先破后立，甚至只破不立；改革是要修正现行制度，应该先立后破，或者边立边破。至于国家治理体系和治理能力现代化，前提是要建立一整套规则体系，实质是民主的制度化和法律化。所以要实现改革总体目标，就必须高度重视运用法治思维和法治方式，发挥法治的引领和推动作用，确保在法治轨道上推进改革。做到重大改革于法有据，具体改革符合法理，通过正常的法律立、改、废来推进和深化改革，使全面深化改革的过程，变成发展社会主义民主和健全社会主义法制的过程，变成"法治中国"的建设过程。

有人担心，中国目前正处于社会转型时期，市场经济还未定型，法律法规难以稳定，过分强调改革"入法"会影响改革的进程。其实，恰恰相反。正因为社会转型，市场经济尚未定型，才更应该强调法治，否则，市场经济体制可能永远建立不起来，社会转型可能遥遥无期。因为历史经验表明，改革需要合法性做保障，法律应当走在改革前面，为改革提供依据，用法律推进、保护、规范改革。决不能把有利于生产力发展的改革置于违法境地，更不能让不适应社会发展需求的法律影响改革的进程。现在许多改革没有"入法"，引发越来越多的法外行为和法外现象。人们普遍感到，很多事情，法律上说一套，实际上另做一套，许多人不在法律框架内而在法外世界里讨生活。在一个变化很快的社会，如果改革与法治化进程不相协调，使许多人处在违法境地，改革的前景就十分堪忧。

### （二）由"白纸涂鸦"向"推陈出新"转变

改革开放之初，法律法规不很健全和完善，许多领域的改革，是在"白纸涂鸦"。现在，随着社会主义法律体系基本形成，社会生活绝大多数领域，都有既定的法律原则或规范，几乎所有改革举措，实际上是要"改错"或"改法"，要"推陈出新"，进行法律的立、改、废。

由过去的"白纸涂鸦"向现在的"推陈出新"转变，实际上也是对"改革"方式进行改革的问题。传统的以"破"为主的改革方式，因为忽视正常社会所需的规则和秩序，虽然可以满足一时一地人们的利益诉求，但不可能持续深入进行。因为人们的集体理性终究会发现，一时的利益诉求和激情冲动，难免造成相互间的矛盾，影响全体和长远的利益。况且整天讲改革，会使人产生厌倦和疲劳，甚至不安。而立法（包括立、改、废），则是任何一个法治国家正常的治理活动，人们容易保持长久的认同和支持。现代法治国家，不会整天喊改革，但可以天天讨论立法问题，民众不会感到多么厌烦或不安。

再往深处说，每项改革可能都有目标设置和价值追求，但改革本身是纯工具性的，而法治对于国家治理来说，具有工具和目标的双重性，所以，世界上所有国家都不会把改革作为立国之本，而把法治作为立国之本。

### （三）使社会转型处在有序可控的状态之中

从中国的历史和现实情况来看，要进行一场平稳的社会转型，关键在于执政党在推进改革时如何平衡民主与法治的关系。特别是在利益分化严重，中产阶级尚未形成的情况下，选择法治先行，把改革纳入法治轨道，促进民主的法律化和制度化，就可以使社会转型总体处于可控状态之中，避免犯颠覆性错误，防止"文化大革命"中大民主而实际上是"无法无天"的悲剧重演。

还要看到，党的十一届三中全会以来的体制改革，基本上采取先易后难的渐进方式，并按"先变革，后变法"的思路进行，虽然在多数时候比较平稳，但也造成过一些思想混乱和无序状态，甚至引发较大的社会问题。现在，改革进入攻坚阶段，所遇到的难题和困境，几乎都与市场机制不能在资源配置中发挥决定性作用有关，与政府职能的越位、缺位、错位有关。继续采取先易后难方式推进改革的空间已经不大，采用自上而下的权力导向推动改革的效力正在递减，依靠政策指导进行重点突破会遭挤压变形。只有把改革纳入"变法"的轨道，坚持以制度建设特别是法制建设为中心，通过法律的立、改、废，实行改革的公众广泛有序参与，并用法律所具有的国家强制力，打破利益固化的藩篱，保障重大改革举措的实施，从整体上推动改革有序进行，才能最终确立政府创造环境、人民创造财富的完善的市场经济体制。

### （四）保障改革者自身的安全

从一般意义上讲，在真正的法治社会中，任何人只要遵法守法，就

有法定的自由和安全。从特殊意义上讲，对于领导干部来说，只有严格
按法定权限和程序行使权力，才能处于安全状态。对于领导尤其是身负
改革重任的领导干部来说，更需要通过正常的法律立、改、废来推动改
革。因为说到底，改革是一种利益博弈过程，需要一定的民意基础和明
确的法律保障。否则，难免陷入利益纠葛之中，各种明枪暗箭会随时而
来。古今中外的无数经验教训表明，没有法律的保障，没有法律的权威，
无论是强是弱，是富是贫，是官是民，随时都有可能成为弱者。有人做
过统计，中国历史上共有帝王 611 人，其中非正常死亡的 272 人，高达
44%，生卒年代可考的帝王平均年龄仅为 39 岁。在非正常死亡者中，有
相当一部分是在政治斗争包括宫廷政变中丧身。帝王是最强势者，但在
人治社会中，往往会变成最弱势者。

这里需要探讨一下中国历史上重要改革人物的情况。因为比较流行
的看法是，历史上的改革大都半途而废，改革者大都没有好结果。从商
鞅变法、王安石变法、张居正变法到戊戌变法，大抵如此。对中国历史
上的变法进行系统研究，不是本书的主要任务。但就笔者的粗浅学识，
感觉历史上的变法，背景与起因、内容与举措、进程与结果，可谓大同
小异。每次大的变法，都对当时和以后的经济、社会、政治产生重要影
响。变法的领军人物往往不能善终，也是事实。但所变之法，实际上大
都是善终的。商鞅虽遭车裂之刑，但秦法未败，百多年后的秦始皇能一
统天下，靠的就是变法打下的底子。王安石虽遭罢相，但所变之法的多
数，仍然实行了很长时间。张居正死后虽被抄家，但明朝的苟延残喘，
其实还是沾了变法的光。戊戌变法虽然失败，"六君子"喋血菜市口，
康、梁等被迫流亡海外，但之后成功的辛亥革命，应以戊戌变法为母。
至于历史上变法者命运多舛，除了所处的社会背景、本人的个性特点、
君臣际遇及主要社会关系等因素外，还有一个重要的原因，就是都缺乏
现代法治所要求的民主基础，或者说，是传统人治之下的变法。单靠帝

王的支持，没有宪政的保障，一旦皇位易人，最强者往往就会成为最弱者，这也正是我们今天强调改革要"入法"的重要原因。

### （五）树立法律权威的最佳路径

中外历史表明，一个国家法律权威的形成，会有不同的路径。在中国这样一个缺乏法治文化传统的国家，要实现传统社会向现代社会的转型，就必须使改革和法治成为一股道上跑的车。如果老是让改革游离于法治之外，二者是在两股道上跑的车，甚至背道而驰，法律的权威永远不可能树立起来，法治中国的建设只能是一句空话。

现在，改革已进入攻坚阶段，国家又进入有限权威时代。攻坚阶段，说明改革的难度越来越大，需要形成合力。有限权威，是没有也不应该再有所谓"一言九鼎"的政治强人。即使现在一些主张"新权威主义"的人，也清楚只能把它作为社会转型时期一个必要的历史过渡，现代国家治理最终还是要靠法律的权威，而不是政治强人的个人权威。比较现实和理性的选择，就是在有限权威的领导下，通过立法进行广泛的利益表达和整合，形成社会的相对共识，使以法律形式出台的改革举措，得到国家强制力的保证实施，从而使改革"入法"的过程，成为树立法律权威的过程，最终实现由个人权威向法律权威的平稳过渡。

有人可能会说，改革要不要进入变法或法治轨道，只是个形式问题。人治也罢，法治也罢，只要有权威，能解决问题就行。只要掌控最高权力的领导人有足够权威，一言九鼎，国家治理可能更有效和省事一些。这种想法和说法在当下的中国还比较普遍。因为中国传统社会的结构是家国一体，家是放大了的国，国是缩小了的家。自古就有"家有千口，主事一人"的说法。千百年来，人们习惯于按家长和帝王的旨意办事，不习惯于按既定的规则办事。家长般的帝王和帝王般的家长，就是"活着的法律"，有至高无上的权威，人们觉得按家长或帝王的旨意办事，省心省事效率高。其实不然，人类历史有太多的故事表明，在人治社会，不受法律制度约束的权力，难免自以为是、随心所欲，它所造成的麻烦、浪费和灾难更多更大。而法律权威则不同，它的形成基于人类集体理性，实施的条件是人们的内心认同。存在法律权威的时候，社会运行比权力权威更省事、更便利，总体上可以节约更多的生活成本。而且，选择什么样的国家和社会权威，不仅关系眼前的改革能否进行下去，更关系到国家和社会能否长治久安。当今社会，只有将改革纳入法治轨道，并使改革的成果形成法律制度，才能避免由于领导人及其注意力的变化，导致政局动荡不安的情况，摆脱"人亡政息"的局面，最终建成法治社会和法治国家。

因此，在常态的法治社会中，应坚持法律的稳定性，法律的立、改、废应当以法定程序进行，且不能过于频繁，否则社会所需的规则导向难以形成。而在某种特殊的历史阶段和某些特定历史条件下，旧的法律严重不适应改革和发展的需要，且社会又不具有法律立、改、废的正常条件，人们可以超越法律进行改革，如20世纪80年代初的农村改革，就是如此。但经过一段时间的实践后，应将改革的成果用立法的形式加以认可和巩固，或者说，要补办"法律手续"。而且这种做法，可以偶尔为之，不可接二连三。否则，社会就会失去基本秩序。

总之，在民主法治已经成为世界潮流的当今时代，我们完全有条件也有可能避免历史悲剧的重演。不能再用革命的方式搞改革，不能再用群众运动的方式搞改革，不能再单纯依靠某个强势人物搞改革，一句话，不能再用人治的方式搞改革。必须用法治的方式、民主的方式、程序正义的方式搞改革。只有这样，才能从根本上防止"腐败是腐败者的通行证，改革是改革者的墓志铭"的历史悲剧一再上演。

## 二、实用主义是改革"入法"的主要障碍

中国当代哲学家冯友兰老先生，在《三松堂自序》中对实用主义有过一段精辟的论述。他说实用主义的特点在于它的真理论实际是一种不可知论，认为认识来源于经验，人们所能认识的只限于经验。至于经验的背后还有什么东西，那是不可知的，也不必问这个问题。这个问题是没有意义的。因为无论怎么说，人们总是不能走出经验范围之外而有什么认识。要解决这个问题，还得靠经验。所谓真理，无非就是对于经验的一种解释，如果解释得通，它就是真理，对于我们有用。有用就是真理。所谓客观的真理是没有的。

实用主义在国际共运特别是中国共产党内的生发，并向社会生活诸多领域的弥漫，有一个较长的过程。

我们知道，马克思主义的哲学根基是唯物辩证法，强调存在决定意识，经济基础决定上层建筑，但同时承认意识对存在、上层建筑对经济基础有反作用，在特定情况下甚至有决定作用。到了列宁时期，出于革命斗争和对敌论战的需要，提出所谓马克思主义活的灵魂，就是对具体情况做具体分析。他对马克思主义"活的灵魂"的概括和运用，比如"社会主义可以首先在一国或数国取得胜利"，以及战后一度实行的"新经济政策"等，在特定时空范围内，是比较成功的。由于列宁早逝，人们看到的也只有成功。斯大林在运用这一"活的灵魂"时，则有极端的举措，尤其是在建立高度集权和个人专断的政治体制、指令性计划的经济体制、舆论一律的意识形态等方面，可谓前无古人。苏共的失国与苏联的解体，与斯大林当初的这些举措关系极大。有人认为苏共垮台和苏联解体，"播下的是龙种，收获的是跳蚤"。其实不然，当年播下的绝不是龙种，就是跳蚤！

在中国，毛泽东最初是在《矛盾论》中重申列宁这一思想的，认为
"马克思主义最本质的东西，马克思主义的活的灵魂，就在于具体地分析
具体的情况"。在运用这一"活的灵魂"方面，他又超过列宁和斯大林。
其中，"农村包围城市"、"枪杆子里面出政权"等，可谓最大的成功，而
发动"大跃进"和"文化大革命"，可谓最大的失败。当然有人会说，
"大跃进"和"文化大革命"，是没有"一切从实际出发"的结果，但至
少在他老人家看来，是从当时实际需要出发的。

到了邓小平时期，出于走出当时困境和推进改革开放的需要，更加
强调这一马克思主义的"活的灵魂"，并且用民间通俗语言来加以形容，
就是现在大家耳熟能详的两句话："白猫黑猫，逮住老鼠就是好猫"，"摸
着石头过河"。有人把它简称为"猫论"和"摸论"。其实，"猫论"是
民间流传已久的语言，在"大跃进"后的三年困难时期，被邓小平用来
突破体制障碍，实行"三自一包"；"摸论"最早出自陈云之口，强调一
切要从实际出发，经过试点积累经验，不能过急，力求稳当，以减少工
作失误。应该说，在冲破传统观念和体制的束缚，开创改革开放新局面，
探索中国特色社会主义道路方面，"猫论"和"摸论"功不可没。因为历
史经验反复证明，我们的理性能力对于理解极端复杂的社会是远远不够
的，也不可能掌握足够的信息与知识来进行判断，如同工程师设计工程
蓝图一样，设计出一种最符合我们愿望的制度。正因为社会的极端复杂
性与理性能力的有限性，使我们面临如同想走出迷宫的小白鼠一样的困
境，只有通过不断的碰撞反弹，即通过试错过程，才能找到走出迷宫的
路径。在这个意义上讲，"猫论"和"摸论"是有道理的，在实践中也是
有贡献的。

虽然我们不能否认人类社会的文明进步离不开探索和实验，但不同
主体和目的的探索实验是有区别的。比如，科学家的探索实验通常是在
可控的实验室里，思想家的探索通常反映在言论和文字中，发生失误，

责任自负，一般不会对他人造成直接伤害。但政治家的探索和实验就不一样了，一旦失误，就会对国家和百姓造成严重损害，甚至是成千上万人生命的代价。所以，政治家，对于其言行举止特别是重大决策，都要承担相应的责任；更重要的是，他们的言行必须受到严格的控制和约束，不能因为他们主观意图是好的而失去防范，这是现代政治文明的常识。

还要看到，"猫论"的法理基础是追求实质正义，"摸论"的哲学基础是强调经验积累。把它强调过了头，就难免滑向实用主义和经验主义，并导致诸多始料不及的社会问题。

## （一）"俗政"的产生

求"实"过头，难免变俗。追求个人利益最大化，可能是人的本性使然，无可厚非。作为执政党，要不断满足人民群众日益增长的物质文化需求，但把执政的合法性基础完全建立在经济利益和物质需求的提供上，既非执政党的全部职责所在，也是难以为继的。而且，对物质需求的供给，是要有章法的。治国理政，要讲大仁大义，不能只行小恩小惠。如果没有原则，不讲是非，一味地迎合一些不合理的需求，整个社会弥漫着一种浮躁心态和低俗风气，必然形成"会哭的孩子吃奶多"的状况，难免冲破人类理性所形成的道德和法律底线。人人唯利是图，无所顾忌，必然使全社会道德滑坡，法纪不立。在一时和表面"其乐融融"的和谐景象中，产生和积累起贫富悬殊、两极分化的社会矛盾，并使整个社会逐渐丧失最起码的诚信和安全。

## （二）"乱政"的出现

求"实"过头，必然生乱。在缺乏法治基本原则框架的情况下，一切从实际出发，往往是从领导者个人、小团体、眼前利益和需要出发，不讲法定权限，不管法定程序和原则，官场成了市场，也成了江湖。办事是怎么有利怎么干,怎么快怎么来,讲究刀下见菜,立竿见影;相处是哥们义气,公私不分,为达目的,不择手段,根本不管什么法律和规矩!甚至认为讲法无用,守法无能。权力不受约束,容易"喜怒无常",使"人治"色彩很浓的执政方式盛行不衰。会多、文多、讲话多,久治不愈,因为它比较灵活,可以随心所欲。大家不堪其累,却又乐此不疲。因为法律没有权威,特权阶层就会左右司法,黑恶势力就会横行无忌,弱肉强食的"丛林法则"就会大行其道,无论为官为民,是富是贫,人人处于惶惶不知所措的状态之中,社会弥漫着一种弃船心理和末世心态,社会各阶层都有强烈的移民倾向,被掠夺者不堪掠夺,掠夺者担心清算,二者殊途同归,常常在异国他乡碰头,至于能否做到"浊酒一杯家万里,相逢一笑泯恩仇",则不得而知了。

### (三)"懒政"的形成

求"实"过头,还会变懒。因为"有用即真理",经验之外不可知,永远停留在感性思维的阶段,逐利的实际行动高于理性目标。于是大家走哪儿算哪儿,哪儿黑哪儿歇。老是摸着石头过河,时间长了,就懒于进行方向和路径的探索,也不想打洞修桥。当然,在传统社会主义体制中开启改革,的确前无古人,没有经验可循,可以强调"中国特色",需要"摸着石头过河",在试验的基础上渐进。但到了一定时期,特别是进入中等收入国家行列之后,我们所面临的问题,大都是一个正常的民族国家所共同面临的问题,无论是在大国还是小国,世界上都有成功和失败的例子可供借鉴。这个时候,我们在立足于特殊国情和文化的同时,更应该具有全球视野和广博胸襟,顺应世界发展趋势和潮流,敢于和善于把人类历史上形成的共同价值理念与中国的优秀传统文化结合起来,大胆探索和开拓中国特色的民主法治坦途。也就是说,在改革开放初期的"浅水滩",应该也可以摸着石头过河,但到了深水区时,还要摸下

去，一是可能摸不着，二是可能有危险，必须进行整体规划和设计，或
搭桥梁，或打隧道，否则，只能半途而废。要么，就像有人形容的那样，
中国社会永远处在一种"长不大"或"不想长大"的状态。

### （四）"国情特殊论"的极致化

实用主义在当代中国流行的最大结果，是"国情特殊论"被推向极
致，并使改革陷入目标和路径选择上的两难困境。

在不少人看来，中国不仅有独特的历史文化传统，而且近当代的每
一步路，都是独特的。学习模仿外国，只能是死路一条。比如，民国初
年学西方搞民主宪政，后来贿选成风，军阀混战，乱纷纷你方唱罢我登
场，弄得天下大乱，官不安宁，民不聊生。再如"六四"风波，一些无
知的青年学生把美国的"自由女神"弄到天安门广场，想用美国的那一
套价值观念来改造中国，结果使社会一度陷入失控状态，也打乱了正常
的改革进程，幸亏有邓小平掌舵，坚持走中国特色的改革发展之路，才
避免了苏联"8·19"事件在中国上演。总之，中国国情特殊，这块土地
只能种玉米，不能种西瓜，对西方的民主制度或者人类普世价值"水土
不服"。要么不改革，要么就从中国自身的特殊情况出发，"摸着石头过
河"，走一步再看下一步。

对于民国乱象、"六四"风波以及苏联解体、东欧剧变的原因，需要
专门分析。特别是这些事件发生的历史背景、当今中国和世界的现实情
况，以及用什么样的价值标准去衡量是非得失，等等，是非常值得研究
的。这恐怕不是本书能够完成的任务。但必须承认，只要是人类，就有
共性，就有基本共同的价值观念，因此不能简单否认基本共同的价值观
念，以及由这些价值观念所形成的社会制度。其实说到底，相对于人类
福祉而言，制度也是工具。人类文明发展到今天，形成了一些共同的制
度结晶，对它要敬畏，要珍重。制度结晶或者说文明规则，就好像一条

大道，是无以计数的人走了几千年，碰了无数次的壁，付出了无数的鲜血和生命才踏出来的。走大路最安全、最便捷，这已经是人类共识。

当然，人类的共同价值观念在什么情况下得以实现，以及通过什么具体方式实现，并形成什么样的社会制度，在不同的国度是会有差异的。在制度层面上尽可能与国际惯例接轨，不等于不要民族特点和民族文化。只要在制度上保障公民基本权利，个人有充分的选择空间，民族特点、民族文化就一定能在人民中间生根发芽，传承下去。中国自古就有"一方水土养一方人"的说法，还有"南橘北枳"的成语，说明不同的土壤和气候，只能生长不同的植物。但同时，有些地方的土壤原来只能种玉米，经过试验或改良后也可以种西瓜，当然味道有可能与其他地方的不完全相同，其实玉米也是当年从国外引进的，味道也带有中国地方的特色。这里的关键，就是要经过实践检验，进行科学合理的选择。有的可能还要经过长期反复的试验和改进，不能种了一两次没有成功，就说是"水土不服"，拒绝引进。不经过检验，不进行选择，盲目引进，难免出问题。闭关锁国，拒绝交流，或者自以为是，浅尝辄止，肯定要蜕化落后，失去与世界主流文明融合并进的资格。因为任何一种新的社会制度的形成，都不会一蹴而就、一帆风顺。民主法治在中国的命运，同样如此。不能因为一两次试验的失败，就认为不适合中国国情而偃旗息鼓、退回老路。

现在流行的看法，是认为"中国奇迹"得益于中国走了一条与其他国家和地区不一样的道路，在于"不照搬"。这个说法并非全无道理，从特殊性的角度来讲，每个国家的现代化都是不一样的，这就注定中国现代化建设必然带有中国特色。况且有些中国特色的东西，在一定历史条件下，确实是中国复兴的前提和保障，比如坚持中国共产党的领导，在重大应急事情上实行举国体制，等等。但是，光有这些"特色"，这些"不一样"、"不照搬"是不够的。因为新中国成立以来，我们一直坚持党的领导，一直是举国体制。如果只靠这些"中国特色"，这些与其他国家的"不同"，就能创造"中国奇迹"，那么，中国经济就不至于在改革开放前到了崩溃的边缘，就不会出现"大跃进"后上千万人非正常死亡的悲剧。

因此，我们寻找"中国奇迹"的秘密，恐怕不仅要从中国与世界的"不同"中去找，还要从中国现在与过去的"不同"中去找。由此不难发现，真正创造"中国奇迹"的，恰恰是改革开放，是引进了市场经济、民主、法治这些具有普世价值的东西。中国30多年来的社会进步，与改革开放密不可分。当然，你也可以说，"改革开放"也是"中国特色"，那这种特色是什么呢？这种特色的本质就是学习借鉴发达国家创造的人类文明。因为在一定意义上可以说，开放的向度是差异，改革的向度是求同。相互之间都一样，没有差异，开放有什么意义？相互之间有差异，向先进学习，"见贤思齐"，改变现状，才需要改革。正如罗素在《中国问题》一书中说的那样：历史上，不同文化之间的联系曾被证明是人类进步的里程碑。希腊曾向埃及学习，罗马曾向希腊学习，阿拉伯人曾向罗马帝国学习，中世纪的欧洲曾向阿拉伯人学习，文艺复兴时期的欧洲曾向拜占庭学习。

可以说，改革开放的30多年，既是中国特色社会主义的成功，也是世界人类文明在中国开花结果的过程。改革开放成功的关键，在于引进了发达国家的市场经济体制。虽然改革开放之初，绝大多数国人还不懂什么是市场经济，但放松管制，逐步扩大农民和企业生产的自由，成了人们自觉的选择。改革开放初期经常出现的词就是"放权"，"让利"，"松绑"，"搞活"。这些不正是"自由"和"市场"的内容吗？再说深一点，"社会主义"是中国的还是外国的？"马克思主义"是中国的还是外国的？实践早已证明，改革开放的本质，就是学习借鉴那些具有普世价值的人类共同文明；否定普世价值，实际上是在否定改革开放的合理性、正当性和合法性，也是否定中国共产党人和中华民族对普世价值的贡献。我们并不否认，市场经济、自由、民主、人权的概念诞生在资本主义国家，确实不是中国的特产，但都是人类创造的文明，都具有共性、普适性和工具性。邓小平说过，要走自己的路，建设有中国特色的社会主义；同时他也说过，社会主义要赢得与资本主义相比较的优势，就必须大胆吸收和借鉴人类社会创造的一切文明成果。20世纪90年代改革举棋不定时，老人家说，市场经济是手段，资本主义可以用，社会主义也可以用。可谓明白透彻，一锤定音。否则，哪来今天的社会主义市场经济！

"国情特殊论"的极致化，也与中国近代以来的"体用关系"之争有关。在体用之争中，"中学为体，西学为用"是主调。其实，体与用的关系是相对的，而且以何为体、以何为用，也要随着时空变化而变化。在通常情况下，"体"不变，"用"也变不到哪里去；反过来，"用"变到一定程度，"体"也不得不变，要么是和平地变，要么是动荡地变。取舍的原则和标准，只能是人民的需要与福祉。如果政治人物不通晓这一点，改革的路径选择与目标设置南辕北辙，就难免使国家和人民处于进退两难的困境。目前中国存在的诸多问题，从根本上说，不是经济改革市场化取向的错误，而是与市场经济体制相配套的政治体制改革的不到位、不彻底、不全面有关，与法治建设没有跟上有关。中外历史证明，所有偏废政治改革的经济改革，迟早会陷入权力合法性危机和普遍的腐败困境。如果不适时跳出已经极致化的"国情特殊论"误区，无论主观意图如何，无论费多大的劲，最终可能是缘木求鱼，事与愿违。

## 三、改革如何"入法"

如果说改革"入法"主要是个理论和认识问题，那么，改革如何"入法"就主要是个实践和操作问题。需要勇气，需要智慧，需要具体的举措。

## （一）改革"入法"，首先是要"入宪"

我国的现行宪法，即"八二宪法"，是在"文化大革命"之后形成的。也可以说是社会动乱之后，深受其害者反思与醒悟的结果。当时大批老干部从囚禁地或者监狱回到北京，他们劫后余生，痛定思痛，迫切要求解答的问题就是"这场浩劫是怎么发生的？今后如何防止？"。邓小平曾深有感触地说："为了保障人民民主，必须加强法制，使民主制度化、法律化，不因领导人的改变而改变，不因领导人的看法和注意力的改变而改变。"宪法修改委员会广泛征求了各地方、各部门、各界人士意见，召开了数百次的专家、学者座谈会和研讨会，还组织了四个月的"全民讨论"，征集到成千上万条修改意见。1982 年 12 月 4 日，五届全国人大五次会议采取无记名投票方式，以 3703 票赞成、3 票弃权通过了这部宪法。"八二宪法"是新中国成立以来最好的一部宪法，它既借鉴了世界上许多国家的宪政文明成果，又科学总结了具有中国特色的革命与建设经验，贯穿了主权在民的思想，体现了权力制衡的原则，保证公民享有广泛的自由民主平等权利。可以说，与当代世界上发达国家的宪法相比，"八二宪法"也并不逊色。

"八二宪法"诞生之后，我们党的主要领导人，对依法治国、依宪治国和落实宪法是有过明确论述的。早在 1999 年，江泽民就指出，我们讲依法治国、建设社会主义法制国家，首先是依据宪法治理国家、建设法制国家。胡锦涛 2004 年 9 月 15 日在首都各界纪念全国人大成立 50 周年大会上明确提出，依法治国首先要依宪治国，依法执政首先要依宪执政。习近平总书记 2012 年 12 月 4 日在首都各界纪念现行宪法公布施行 30 周年大会上进一步指出，依法治国首先是依宪治国，依法执政关键是依宪执政，并强调宪法的生命在于实施，宪法的权威也在于实施。

现在一谈到改革，人们就担心难以达成共识。其实，改革的共识已经存在，这个共识就是中华人民共和国宪法。有人做过认真分析，从国家权力的规范与行使，到公民权利的保障与实现，现行宪法还有许多需要落实之处。任何一个法治国家，在政治体制的设计上都必须以宪法为依据。我们讲"重大改革要于法有据"，这个"据"首先就应当是宪法。宪法是国家和社会的根本大法，宪法的权威至高无上，依照宪法推进政治体制改革，不会也不应当有争议。

现行宪法既是我们形成改革共识的方向目标，也是我们推进改革的路径选择。如果说，改革仍然需要"摸着石头过河"的话，那么，这个最大的"石头"就是宪法。何况除了宪法外，30多年来，我们还依宪制定了240多部法律、700多部行政法规以及上万部的地方性法规与规章，过河所需要的"石头"的确不少了。如果我们严格遵循宪法和法律规定的"路线图"，完全可以通过法律和制度权威推动改革的进程，而且这种模式更加稳固并具有效率。

人们现在比较普遍的感觉，是法治有时无法控制"改革"本身，人治思维模式有时借"改革"之名重新抬头，有些领域甚至出现"法治正在倒退"的现象。而对"摸着石头过河"的滥用，也使这一提法本身受到越来越多的质疑。比如，有些人主张，中国应当告别"摸着石头过河"的改革方式，加强顶层设计，通过"架桥"或者"划船"过河；有些人则认为，我们已经"过了河"，没有必要继续"摸石头"了；有些人可能是摸到一块对自己十分有利的"石头"，便"王顾左右而言他"，不想再过河了；还有些人则怀疑当年的"过河"决定是否正确，甚至认为中国根本没有"过河"的必要，主张返回老路。面对这种状况，我们的选择应该也只能是，把现行宪法作为"过河"的最大"石头"，以法治思维和方式思考"过河"的路径，实现从"摸着石头过河"向"摸着宪法过河"的飞跃，以宪法的有效实施来完善和发展中国特色的社会主义制度。

现在人们担心的是当年深受"文化大革命"之害的老同志大都过世，他们痛定思痛之后的作品——"八二宪法"，已经被不少人淡忘了。中国有句古训，叫"好了伤疤忘了疼"，何况现在的人们，有许多就没有过伤疤，自然感觉不到疼了。中国的有识之士在百年前，就已认识到宪政"利国，利民，但不利于官"。现在出现的"宪政"之争，与此不无关系。简单地说，所谓"宪政"，就是依宪行政，就是宪法的实施。宪政本质上是政体而非国体，不同国家有不同的宪法，它的实施就会有不同的宪政；既然能有中国特色的社会主义，就可以有中国特色的宪政。宪政最基本的功能有两条，一条是限制权力，防止公权力对于个人权利的危害；一条是限制民主，准确地说是"民粹"，防止多数人对少数人的侵害，或者说多数人的暴政。不排除有人想在中国搞西方的宪政，但我们不必害怕，只要我们坚持立党为公，执政为民，对西方那一套经过选择后，能用则用，不能用就不用，又有何妨？如果觉得现行宪法中有些规定一时还难以实现，就从实际出发，逐步落实，或者按法定程序"修宪"，这也是宪法允许的。如果是对有关宪政的一套话语听不惯，则把"猫"叫个"咪"也未尝不可。否则，既不让人家说，自己又不做，就很被动，时间长了，会失去人心，甚至发生意想不到的社会事件，到那时再说再做，恐怕为时已晚。

## （二）重大改革事项应该纳入国家立法的统一规划之中

我们过去的路子，就发展而言，是"先发展，后规范"，就改革而言，则是"先变革，后变法"，即允许一些地方和部门先改先试，待经验成熟后，再走立法程序。从发轫于安徽小岗村的农村改革，到深圳特区的改革试点，一直到今天的医改、教改、房改等，都是如此。应该说，这样做，符合人类认识事物的规律，在改革初期也是必要和可行的。但到了今天，农村改革的不能深化，特区思维和行为方式对国家法制统一和权威的损害，医改、教改、房改等的"按下葫芦浮起瓢"的状况，都已表明传统路径遇到了瓶颈。

当然，中国这么大，各地情况千差万别，还应该允许改革试点。但应明确，改革试点必须在国家法治尤其是宪政的框架内进行。也就是说，要由过去把法律作为事后追认改革成果的工具，变为事前对改革内容和程度进行规范的准则。如果需要突破现行法律法规，也应遵守现代法治的合法性原则。一是寻求法律解释。即从法律的目的、原则，乃至具体条文的解释中，找到需要的法律依据。二是选择适用法律。如适用下位法不合适时可选择适用上位法，适用非基本法不合适时可选择适用基本法，还可以选择适用宪法。三是提出修法和立法建议。当通过法律解释和选择适用不能解决问题时，可以建议立法机关修法或立法，以适应改革创新的需要。四是请求改革授权。有些事项尚不具备启动修法或立法的条件，又必须尽快进行，可以请求相应立法机关授权"先行先试"，一旦获得授权，改革就是践行法治而不是践踏法治了。否则，沿袭特区建设的思维和行为方式，固守实用主义的做法，对现行有效的法律原则和规定视而不见，允许违法的"改革"大行其道，可能获得一时一地的成效，却难免出现政令不一、法律打架的情况，造成全社会无所适从和过度投机。

## （三）改革立项、法案起草和审议通过，要有充分的公众参与

改革不"入法"不行，"入法"而没有广泛的群众参与也不行。中国历史上改革失败的重要原因，往往不是未入法，而是未入群众之心。特别是涉及群众切身利益的改革，更是如此。要看到，现阶段的改革，整体上已由过去的观念更新，进入利益博弈。虽然我们党力图代表最广大人民群众的最大利益，但在现行政治体制和干部体制下，这种代表的愿望在实践中难免被扭曲和消解。这就要求改革不仅要有系统的顶层设计，

更要有广泛的公众参与，否则就会成为一些强势阶层和利益集团的"自说自话"。这些年来，不少改革事项，有的虎头蛇尾，有的有头无尾、不知所终，其中很重要的一个因素，就是这些改革方案，基本上是相关部门"闭门造车"的产物，缺乏充分的公众参与。相关部门在既无内在动力又无外部压力的情况下搞"改革"，结果是可想而知的。因此，所有改革事项，都要面向社会征集意见，并更加注重基层群众的呼声，不能简单地以部门或领导的意见为主。法案起草，应尽量由中立部门和中介组织主持，或者面向社会公开征集，这样可能多费点事，多花点钱，但从长远和全局看，会更理性、更科学、更有利一些。审议通过，程序应更严格和规范，一些重大立法项目，可以试行全民公决，尽量减少和避免随意性，增强社会认可度和实施的有效性。

## （四）实行"三制合一"的改革策划机构

改革"入法"，既需要一个可以统筹协调各方的高层决策组织，也需要一个相对中立的出谋划策机构。

目前在我国中央和国家机构中，有体制、编制和法制三个部门。体改部门在机构改革中被撤销，其主要职能归入发展改革部门中。

现在的问题是，我国目前所处的经济社会发展阶段，对制度建设的需求越来越大。发改委承担的经济建设方面的职能任务已很重，几乎无暇顾及制度建设特别是体制改革方面的需求，而有些改革又需要从发改部门下手，实在是勉为其难。此其一。正因为如此，近些年出台的一些改革方案，大都由职能部门拟定，难免有较多的部门利益作祟，与公众需求距离较远，缺乏应有的公平性、规范性和系统性，呈现"按下葫芦浮起瓢"的状况。此其二。将体改职能归入发展部门，不管主观意图如何，在客观上给人一种中国已将改革限定在经济领域的感觉。同时，由于编制部门实行"三定"没有相应的法定刚性，使政府机构改革带有较多的随意性，实权部门及其分管领导之间的博弈比公民和社会的实际需求更有力量，潜在的游戏规则比显形的客观规律更起作用，往往是一轮机构改革还未到底，上面已经"复辟"，于是每次机构改革各级都在看、等、磨，谁也不愿做"出头鸟"，使体改方案出台不久便已"式微"。此其三。

因此，在成立中央全面深化改革领导小组的同时，可以考虑将体制改革、机构编制、政府法制三项职能，归由一个部门统一行使，并作为领导小组下设的具体办事机构，与政策研究部门一起，承担调查研究、出谋划策、方案起草、信息处理、督促检查等工作。比较合适的选择，是将三项职能统一由法制机构行使。这是因为，将改革纳入"变法"轨道，是现代法治国家的成功做法；而政府职能、机构、人员编制法定化，也是现代国家治理方向。还有，在国家机关中，法制部门更具规则导向的职能和意识，而且比较超脱和中立，可以从全局、系统和长远的角度考虑问题。当然，考虑到我国政治体制的特殊情况，"三制合一"可以分步进行，先将体改职能纳入法制部门，视情况再将编制职能归一。"三制合一"后的部门，可以设在党委系统，也可以继续留在政府系统，或者归属人民代表大会。

# — 第九章 —
## 公平正义应成为制度建设的灵魂

什么是好的制度？好的制度，就是体现了公平正义理念和原则的制度。它的基本特征，应该是各阶层的人大都觉得比较公平，如不公平，还有通过自身努力改变的正常通道。通道可以设门槛，但阶层不能因此而固化。一旦形成阶层固化，社会就会凝固并积累负能量，最后难免发生爆炸。因为历史反复证明，当一个阶层有了实力却没有相应的晋升路径时，革命就会接踵而至。从中国的改革历程来看，从解决大多数人的温饱问题起步，到确立市场经济体制的改革目标，在经济突飞猛进的同时，各种社会矛盾日渐扩大和尖锐。造成这种状况的主要原因，是制度短缺，或制度本身的公平度不够。可以说，我们现在面临的主要矛盾，既不是30多年前的社会生产落后于人民日益增长的物质文化需求，也不是有的学者所认为的一般公共产品供给落后于旺盛的公共产品需求，而是社会所需的公平正义的制度建设滞后于人民群众日益增长的自由、民主、平等的权利意识和需求。因此，应当把公平正义作为新一轮改革的基本目标，使之成为国家制度建设的灵魂。

# 一、当今社会不公的情况相当严重

中国改革的直接动因，是解决在计划经济体制下造成的普遍贫困。改革起步的政策导向，是让一部分地区和一部分人先富起来，然后由先富帮后富，最终实现共同富裕。应该说，这符合事物发展的客观规律，也带来了今天的国家强盛。但问题在于，在初始改革的政策主张中，有鼓励先富的诸多措施，缺少实现共富的制度安排——当然不是指计划经济体制下以平均主义为特征的"大锅饭"制度。当走到一定路途中发现有些不对劲时，纠错的动作已很难突破几十年形成的路径依赖，导致整个社会公平正义的普遍缺失。

## （一）社会不公首先反映在收入分配领域

一是收入差距偏大。各国现代化的经验表明，经济高速增长通常伴随着收入差距扩大。在中国，这个问题尤其严重。除了少数例外年份，改革开放 30 多年来，城乡、地区、贫富群体之间的收入差距，总体呈扩大态势。根据学界通常认可的数据，农村和城市人均收入之比，1978 年是 1:2.6，2008 年扩大到 1:3.3，2013 年为 1:3.03。地区间差距，1980 年，东、中、西部地区人均 GDP 之比是 1.8:1.18:1，2008 年为 2:1:0.86，2012 年为 1.84:1.03:1。贫富群体之间，1981 年中国基尼系数仅为 0.29，20 世纪 90 年代末超过 0.40，最近十多年持续上升，大约是 0.43 乃至更高。2013 年初，国家统计局在多年不公布基尼系数的情况下，发布了最近几年的数据，尽管最高年份已达到 4.74，很多人仍感觉到实际情况比这更高。

收入差距扩大还呈现出一个新特点，就是贫困人口向城镇集中。随着大量农民工进入城镇，再加上城镇原有贫困人口，城镇常住人口中形成了一个规模相当庞大的贫困人口群体。同时，富裕群体也大多聚居于城镇。于是，越是发达的大城市，就越显著地呈现出严重的贫富分化。在贫富分化的社会结构中，富人和穷人的心理和行为都会扭曲，并造成人际关系的广泛紧张和对立。在现实中主要表现为官与民对立、精英与大众对立，在东南沿海地区，还表现为外来人口与本地人口的对立。贫富分化还形成畸形的经济结构和消费结构，因为消费不足，被迫严重依赖投资与出口，大量投资形成的产能只能用于出口，引发诸多贸易争端，不合理的汇率制度积累了巨额外汇储备，又反过来制造通货膨胀。

二是劳动者报酬在初次分配中占比偏低。有人分析后认为，今天的"蛋糕"在做大的过程中，有两个群体贡献最大。一个是企业家群体。他们从卖茶叶蛋、炒瓜子开始，做到生产高级轿车、重型机械、成套水电设备，从乡镇企业做到敢闯世界的跨国公司。还有一个是农民工群体。改革开放初期，他们以承包责任田为先导，以乡镇企业为基础，创造了大量财富。随着城镇化的推进，大约有2亿多农民背井离乡，涌入中国现代化建设的热潮。无论是成千上万的装配流水线作业，城市的物品供应，还是摩天大厦的建筑工地，农民工都是主体。两代人的青春，上溯一代的空巢老人，下追一代的留守儿童，为此付出了巨大的牺牲。今天做大的蛋糕，每一块里都有他们的血汗，分享蛋糕也应是他们的权利。而据有关方面的数据，劳动报酬占GDP的比重，从1997年的53.%下降到2007年的39.74%。

三是在二次分配中，不公的情况不仅没有多少缓解，甚至还在加剧。国家在分蛋糕时切走了越来越大的一块，而本应由国家提供的公共服务支出，包括社会保障、医疗、教育和公共住房等，在政府总支出中占比过低。据说，经济实力远不如我国但人口接近我国的印度，花在公共医疗卫生上面的钱，在整个国家财政支出中所占比例，竟然是我国的2倍到3倍。德国和俄罗斯的福利和社会保障支出，占到了国家财政总支出的 55% ~ 60%，而我们前些年只有 15%。更为严峻的问题在于公共服务领域中特权阶层的特殊待遇，使得政府部门缺乏改革动机，并使"大社会"补贴"小社会"，或者穷人补贴富人的局面，难以得到根本改观。

### （二）国有资产流失和国企垄断问题突出

1989 年之后，东欧先是实行民主化，然后实行市场化，对庞大的国有资产实行民主制下的市场化改革。中国曾派代表团到德国参观访问，了解德国统一后，如何处置东德巨大的国有资产。当时德国成立一个信托局，对东德的国有资产实行市场化竞价拍卖。中国在国企改制中也搞拍卖，也化整为零，表面看与德国一样，实际上大相径庭。德国是提供上下两块夹板：下面一块是社会保障，东德的居民都享受西德居民此前已经积累起的社会保障，保证工厂拍卖后工人不会流离失所；上面一块是给每一个东德公民像西德公民一样的政治权利，包括罢工的权利。当然他们也遇到过很多的问题，但有这两块夹板，就不会出现过度的两极分化和社会动荡。中国只学了竞拍和化整为零的做法，下缺社会保障，上缺政治权利，结果出现国有资产的大量流失，一方面造成一批一夜暴富者，另一方面造成大量临近赤贫的下岗失业者，引起普遍的社会不满。

如果说国有资产流失是改革过程中难免的问题，或者，是不是流失也还可以两说的话，那么，因为以后改革没有继续深入下去而导致的国有企业的垄断，以及由国企垄断造成的行业分配不公，更令人难以容忍。这些年来，石油、煤炭、电力、电信、烟草、航空、金融、保险等国企，比其他企业更容易获得社会优势资源的垄断权。据权威人士透露，我国社会总投资 2007 年 13 万亿元，2008 年超过 17 万亿元，2009 年超过 20 万亿元，其中大部分是国家和地方政府投资，绝大部分投向国企。在应对金融危机中，国家 4 万亿元投资，大都注入国有企业，据说民营企业直接所得不足 5%。银行贷款的 80% 由国企获得，国企拿到银行贷款后大力扩张，重新进行公私合营。目前出现的"地王"大都为国企，据说国企在房地产中已占据 60% 份额。另外，国企具有股票上市的优先权，到 21 世纪初，国企在股市上融资已超过 7000 亿元。现在，国有资产的核心部分几乎都已上市，融资数字会大大超过 10 年前。近年来国企利润直线上升，资产迅速膨胀，可能与加强和改进管理有关，但最主要的恐怕还是行政权力的支撑和对优势资源的垄断在起作用。

中国现阶段的国有企业垄断，实质上就是政府垄断。原来国有企业无自主分配权，利润全归国家，工资全国统一，差距很小。现在的国企是独立法人，利润基本不上缴国家，可以自主支配，高工资、高补贴、高福利的情况非常突出。据统计，全国 7 个垄断行业约有 3000 万人，不到全国职工人数的 8%，但工资和工资外收入占全国职工工资总额 50% 以上。这些企业的 CEO，有的年薪几百万，甚至上千万。他们以企业家身份获取高收入，又以公务员身份获取官员级别和待遇，已成为名副其实的官僚权贵阶层。

### （三）政府在财富分配中占比过大

据权威部门统计，从 2000 年到 2010 年，我国生产总值大约年均增长 10% 左右，国家税收和财政收入，却一直在以 25% 以上的速度增长。改革开放以来，不受预算费用约束的党政机关和事业单位，成了人数增长最快的领域。目前由国家财政供养的各类人口，大约有 7000 万，约占总人口的 5.07%。这还没有计算需要乡村居民供养的村级干部和乡镇中的非编制人员等，如果计算入内，供养比例会更高。有人经过统计和分析后，得出中国历代民、官比例：西汉 7945:1，东汉 7464:1，唐朝 2927:1，元朝 2613:1，明朝 2299:1，清朝 911:1，现代 20:1。各国财政收入中政府费用所占比例：德国 2.7%，埃及 3.1%，印度 6.3%，加拿大 7.1%，俄罗斯 7.6%，而中国是 30%！行政费用占生产总值的比例：印度 6.3%，美国 3.4% ，日本 2.8% ，而中国是 25.6% 。这还是 2000 年的陈旧数字。

### （四）最严重的是出现了阶层固化的情况

一是结构定型。20 世纪 80 年代，贫富分化问题开始出现，但那时的贫富阶层还没有定型化。而现在，富二代、穷二代、官二代，都出现了，形成了社会阶层的再生产过程，也就是结构固化的过程。一部分阶层产生了绝望感，他们觉得无论怎么努力，也无法改变自身的处境，比如相当多的农民工、城乡的贫困底层。当然，"官"和"富"的延续并非完全不正常，其他社会领域不同程度上也存在这一现象。但如果"官"与"富"这两个领域都被各自的阶层所垄断，实际上不再向其他社会阶层开放，那么就会出现"世袭"性质，体制就会出现封闭性。当这种状况并不因经济发展而得到改善，甚至相反，经济发展还会为强势集团提供更多的社会资源来加强其排斥能力，使穷人失去向上流动的希望，一旦出现这种排斥性情况的话，社会就具有极大的政治风险。

二是精英联盟。"六四"政治风波之后，在稳定的话语权基础上形成了政治精英、经济精英和知识精英的联盟。现在许多人认为，中国改革进入了深水区，容易改革的东西基本都改过了，剩下的都是啃不动的硬骨头。但也有人认为，其实真正难改的东西在上世纪都已改过或碰过了，比如变计划体制为市场体制，比如公有制为主到多种经济成分共存，比如按劳分配与按资分配的结合，等等，都是带有根本性的体制改革。现在需要做的事情，有许多就是捅破一层窗户纸，比如车改，比如户籍制度改革，甚至干部制度改革，都是如此。但就是改不动，为什么？就是因为已经形成的精英联盟，在利益固化和理念滞化中，不想再有什么动作了。在许多具有社会话语权的知识精英看来，只要经济是继续发展的，改不改都无所谓，已经实现的精英联盟，加上强大的国家权力机器，是足以防止一切社会动乱的。

三是赢家通吃，或者权家通吃。这些年来改革政策乃至改革战略不是没有调整，有时调整是很频繁的，以至民间有"初一、十五不一样"之讽。然而似乎怎么调整都不对劲，形成所谓的"尺蠖效应"，用老百姓的话说，就是"一个萝卜两头切，左右都是人家的"。中国的很多调整都表现出这种客观上的"尺蠖效应"：今天强调加快城市化，便剥夺农民土地"圈地造城"，但农民进城后却得不到平等待遇；明天强调控制城市化和"新农村建设"，便限制、取消农民迁徙权，但政府依然可以圈他们的地。今天说土地紧缺要"保护耕地"，于是就打击"小产权"，严禁农民卖地，但政府依然想征就征；明天又说土地宽松可以放手开发，于是政府掀起圈地大潮，但农民土地仍然不许入市。这种怪圈形成的原因，就在于"权既不受限，责亦不可问"的体制。在这种体制下即使政策设计者出于好心，实行起来却往往扭曲，跳不出权家通吃的圈子。

1993 年，经历过大半个世纪风风雨雨的邓小平就说过：过去我们讲先发展起来。现在看，发展起来以后的问题不比不发展时少。解决 12 亿人口怎样实现富裕、富裕起来以后财富怎样分配的问题，比解决发展起来的问题还困难。今天回头看，小平同志的预言多么正确！

## 二、造成贫富两极分化的主要原因

对于收入和财富差距拉大的原因，可以从多个方面去寻找。从技术角度看，交通运输技术、信息技术、互联网技术等的出现，为全球化提供了基础。而全球化在一定程度上使"赢家通吃"的地理范围不断延伸扩大，使有能力的群体成为世界佼佼者，享受前所未有的收入，集中大量财富，比如微软公司的比尔·盖茨；而日渐规模化的商业模式，一方面造就一批新的亿万富翁，另一方面将许多传统小经营者挤出，让众多原来的有产阶层加入工薪大军，比如沃尔玛连锁经营等。这些因素都会使收入和财富分配向两个极端分化。在世界发达国家中，这种情况是显而易见的。

在中国，这种技术因素对收入和财富分配的影响也有，而且以后可能会越来越大，但就现阶段的情况看，更多的还是制度层面的因素在起主导作用。中国的改革路径，是用行政力量制造市场，行政权力左右着财富的重新分配和流动，而行政权力又缺乏民主法治的制衡，在实际运行中就难免把市场经济的缺陷和计划经济的残余结合起来，这是产生不公正的主要原因。因为市场经济的唯利是图和"审批权力"没有制衡，很自然地造成金钱和权力的交换。既得利益者利用手中的权力资源，扼守新生阶层上升的通道，收取种种形式的"买路钱"。他们以改革的名义攫取足够的利益后，又用其强势地位，阻挠改革或使改革向有利于他们的方向发展，使制度始终保持对他们有利的状态。这样，就造成了制度性社会不公。许多学者的研究和众多百姓的感受一样，就是政府权力越大的社会，往往也是收入、机会越不平等的社会。可以说，在中国决定"赢家通吃"的第一要素还不是技术，而是权力关系。公有制中的各种贪腐，国有资产的垄断，行政审批的繁杂，实际上不受制约的征税权，等等，造成权力关系对收入和财富乃至政治权利分配的决定性作用。这在各项经济、社会和政治制度中都有体现。

## （一）城乡二元户籍制度造成基本自由平等权利的缺失

1958 年 1 月颁布的《中华人民共和国户口登记条例》，是新中国户籍制度形成的标志。《条例》以法律形式规定了控制人口迁徙的两项基本制度——户口迁移的事先审批制度和凭证落户制度，目的是"既不能让城市劳动力盲目增加，也不能让农村劳动力盲目外流"。这个制度的建立，是"一五"时期实施重工业优先的国家工业化战略，以及全面移植苏联体制的必然结果。当时国家为有效地给工业化提供内部积累，推出了统购统销政策，加快农业集体化的步伐，形成城乡分治格局，由此造成日趋严重的城乡差异和矛盾。在处理日趋紧张的城乡冲突和矛盾中，特别是在三年困难时期及以后，一个比一个严厉的限制人口自由流动的政策出台，最后形成并确立了城乡二元分割的户籍制度体系。

这个制度的基本原则和内容，充分体现了国家治理中倾向"可控"与"效率"的理念，但与"五四宪法"规定的自由迁徙和自由居住的公民权利相悖。基于对限制人口流动的这一基本事实的认可，"七五宪法"干脆取消了"五四宪法"中的迁徙自由权条款。城乡二元分割的户籍管理制度和集体化下的低效农业，在造成城市化落后于工业化的同时，也在农村造就了数量巨大的隐性失业群体。同时，城乡户口的差别化待遇，对迁徙自由的严格限制，形成古今中外罕见的城乡不平等，除了严重的城乡收入和财富分配不公外，在教育、医疗、住房、就业以及其他社会福利方面，也都有明显的制度化不公，并造成大量的人间悲喜剧。

改革开放重启中国现代化进程后，二元户籍制度的继续存在，使得中国城乡户口迁移模式，多以临时性、单身、钟摆式迁移为主。大量流动人口在城乡间的往返，不仅带来每年春运期间巨大的交通压力和社会成本，也给流动人口家庭和整个社会造成多维度的负面影响。比如，农村人口不得不忍受家庭分居、子女教育无法有效监护、老人得不到照顾等痛苦。特别是留守儿童教育问题，负面影响不止在当下。此外，就业、失地、乡村治理等一系列的新问题，也已经引起至今不能平息的社会不满情绪，尽管这些年来党和政府为解决城乡差别问题已经做了巨大努力。

## （二）公有制下的公私不分和化公为私

公与私是相对的，也是辩证的。就人类社会而言，是先有私，后有公。就产权制度而言，是只有私权确立，才能保证公权不滥。就政治制度而言，是只有个人私权法定，才能使国家公权规范。就哲学角度而言，全社会普遍的私有，才能形成真正的公有；集权制度下高度的公有，实际上是极端的私有。就中国目前的社会现实而言，所谓的公有与私有，实质上已演变为"官有"与"民有"。从新中国成立以来的公有化过程来看，几乎所有与"公"字沾边的领域，无不贪腐丛生，祸患多发。长期以来，我们已习惯不假思索地说，"私有制是万恶之源"，而且据说是马克思主义的基本原理。殊不知，公有制同样可能酿成"公地悲剧"，除经济领域的贪腐事件外，社会和政治领域也充斥着类似情况。其中的关键是无论公私，都要有清楚的边界、法定的权限。否则，都会酿出人间的不平与悲剧。

农村土地制度的变迁，最能说明这个问题。中国历史上的土地制度几经演变，从"井田制"到"私田制"，从"均田制"到"不立田制，不抑兼并"等等，实际上是一个"官有"与"民有"的不断博弈过程。国家"以农为本"，百姓"安土重迁"，则是贯穿始终的基本特征。新中国成立后，在短暂的"分田到户"后，即实行了全国范围的土地集体化和国有化。改革开放后，则采取所有权与经营权相分离的"承包经营"形式。集体土地的最终所有权也即处分权和收益权，实际上掌握在国家手中。农村集体土地必须由国家征收后，才可挂牌交易，转为建设用地。交易成功后，开发商须向政府一次性缴纳50—70年的出让金。据统计，这些年土地出让金达到地方财政收入的40%以上。政府拿走了本应属于农民的土地收益，或者叫土地级差地租，客观上也抬高了房价，使得许多想进城的农民，因缺乏入城所需的资本，进不去也住不久，因此出现这些年数以亿计的"农民工"在城乡之间往返涌动的世界奇观。

近年来，各界对改革现行土地制度，包括实行土地私有的呼声很高，国家未做实质性回应。其主要原因可能有两个：一是对中国几千年所谓因土地私有和兼并引发的社会动乱，心有余悸；二是担心由此突破18亿亩耕地红线。其实，中国历史上因土地私有和兼并引发农民起义只是一种表象。引发社会动乱的原因很多，最主要的是统治阶级的腐败、赋役繁重、贫富分化、司法不公和自然灾害等。还有，就是缺乏足够发达的二、三产业和城市载体，使贫困农民无所皈依，只能铤而走险。至于18亿亩耕地红线的保证，则更有赖于城市化进程的加快。只有漫山遍野的农民大都进了城，耕地才会不被更多地占用和滥用。有人测算，改革开放30多年来，农村减少了上亿人口，村庄建设和住宅用地却增加了2亿亩；城市转移和增加了4.2亿人口，建设用地只增加了5000多万亩。住在城镇比住在农村省地，应是不争的事实。

可以说，没有30多年前所有权与经营权相分离的农村土地制度变迁，我们至今也解决不了十多亿人口的吃饭问题。同样，如果今天不对土地制度做进一步的变革，使大多数农民能够拥有属于自己的土地产权并自主自愿切断与土地之间的千年脐带，我们恐怕难以实现向现代工业社会的转型，也无法从根本上解决城乡差距和社会不公问题。

至于工商业领域中的国有企业与民营企业之间的关系，更能说明公有与私有的利弊得失。在权力不受制约的情况下，越是"公有"的企业，实际上越易成为官员个人的私产，或者官员群体的"自留地"。大量公有或者说国有企业的老板，与党政官员何止是"勾肩搭背"，在本质上就是一家人。官商一体，瓜分全民或国有财产，已经是司空见惯的事情。在国企改制时期，浑水摸鱼，化公为私，易如反掌。尤其是在国有资产处置问题上，前已述及，苏东尤其是东欧，是通过全民辩论，然后用立法来推动国有资产的全民分配，相对来说比较公平。而中国是坚持国有制为主体不动摇，同时鼓励大胆地搞，这边还没有说清楚，那边灵醒人就把国有资产弄得差不多了，一夜暴富与一贫如洗同时产生。现在有人说要追溯原罪，殊不知当时在许多方面还没有明确的法律规定，哪来的"原罪"？反倒是产权清晰的私有企业，虽然有时也不得不与官员交结，但花自己的钱毕竟还是心疼，就是权钱交易也总要争取些许"平等"，实在无法抗衡，只好不计较一时一事的得失了。

在某种程度上可以说，中国现阶段的贫富分化和对立，实质上是官民之间的分层与对立。与限制资本相比，限制权力更为重要和紧迫。有识之士指出，自 19 世纪以来，社会学家、经济学家、政治学家，都对资本带来的罪恶有过深刻批判，写出的文字汗牛充栋，而马克思主义是其中最为深刻的一家。这些揭露和批判大都符合实际。但是，马克思主义不是寻求驾驭资本的制度，而是寻求消灭资本的制度。其实资本是不应当也不可能消灭的，要驾驭它，让它为人类服务。现代民主制度就是驾驭资本和制衡权力比较有效的制度。这是劳动和资本在千百次博弈中产生的制度，是社会实践在千百次试错中产生的制度。

### （三）缺乏健全有效和自由平等的市场交换机制

财富是怎么创造出来的？可以说，劳动创造使用价值，交换创造价值和财富。有的经济学家举例说，我有 100 根香蕉，你有 100 个苹果，但我也喜欢吃苹果，你也想吃香蕉。我就用我的香蕉换你的苹果，一根香蕉换一个苹果，我就变成 99 根香蕉加 1 个苹果，我们两个人加起来还是 100 根香蕉、100 个苹果，但我的财富增加了，你的财富也增加了。因为我用 1 根香蕉换来的 1 个苹果，对我来说，它的价值不止值 1 根香蕉，要不然我干吗要换呢？或者说有一个人再拿 1 根香蕉想把我这唯一的苹果换回去，我不会干，你拿 2 根香蕉我也不干，因为我的香蕉很多嘛。也许你拿了 5 根香蕉，我勉勉强强给你这个苹果。这证明我这个苹果值 5 根香蕉，交换以前是 100 根香蕉，交换以后变成了 104 根香蕉，同理你也赚了。这个例子说明，如果两人都同意交换，就证明这个交换对双方都有好处，就有财富的创造。所以要鼓励交换，消灭一切对交换的障碍，实现自由与平等的商品交换。从某种意义上可以说，中国改革开放 30 多年的成功，就在这里。

　　当然，市场经济制度不是一个简单的交换，它有很多制度性的保障，没有这些保障，交换是很不可靠的。其中最重要的就是产权的保障和自由平等的权利保障。产权的保障，就是产权要清晰，是谁的就是谁的；谁的财产谁做主，不会随便被转移和剥夺。自由平等的权利保障，就是大家有一样多的权利，没有社会特权，都在法定的范围内主张权利。而中国现在的问题，恰恰是既缺乏清晰的产权，又充斥着各种特权，形成并加剧腐败和不公。比如与社会财富再分配直接相关的财税体制，就有严重不公。一是卖地财政，剥夺了农民，富了财政和地产商；二是财政资源的歧视性分配，即向城市户口和体制内的人倾斜，加剧了财产和收入的不平等；三是财政资源的特权分配，"三公"经费过高就是明证。至于税收体制的结构，问题也很大。我们现在是以间接税为主，基本上没有直接税。间接税的主要对象实际上是劳动者和消费大众，所以劳动一辈子未必买得起一套房，但囤两套房就可以移民了。勤劳不能致富，财产可以致富。对财产和资本基本不征税，比如没有遗产税，没有赠与税，也没有固定资产保有税。结果只能是富的越富，穷的越穷。更重要的是，目前有话语权的人，大都在既得利益集团当中，要实现由间接税为主向直接税为主的转变，是非常困难的。

　　有的学者曾说过，人类历史上，对于财富的获得，通常有两种方式。一种是"强盗方式"，即通过武力、权力和其他不正当的方式获取；一种是"市场方式"，即通过自由、平等交换的方式获取。前者必然造成社会不公和动荡，后者却能激发社会创造财富的动力和活力，并能促进社会的民主与公正。中国现阶段的社会不公，在一定意义上与强盗方式或各种变相的强盗方式的存在，有很大关系。人们常常说，"市场如战场"。但细想一下，二者是有本质区别的。虽然二者竞争的激烈程度非常相似，但战场上是不讲理和不讲法的，所以自古有"兵不厌诈"、"力大为王"的说法，而市场是要讲理讲法的，要平等协商、自由竞争。如果市场充斥着特权，既不平等也不自由，只能靠欺诈和特权取胜，那就真成"战场"了。所以，进一步消除计划经济体制下存在的特权现象，进一步推行市场经济体制下的平等交换原则，才能从根本上消除社会不公。

### （四）渐进式改革加剧社会不平等的发展

"使改革的力度与社会可承受程度统一起来"，是中国 30 多年改革的经验之一。在采取这种渐进式改革的过程中，我们已经习惯于在处理"利益不一致"问题上，能够绕开就绕开，实在绕不开，就通过各种过渡性方案，最大限度降低利益冲突的程度。然而，也正因为在处理"利益不一致"问题时采取上述策略，不可避免地导致"利益不一致"问题的积累。以存量不动先对增量进行改革而言，改革之初，由于增量一块很小，存量较大，所以分配上的差异并不明显。但随着改革的推进，增量不断变大，存量一块相对变小，增量改革的参与者，无论合法与否，从改革中得到的收益越来越大；而增量改革的成本，有相当一部分仍由存量一块承担，依附在存量上的那些为国家在计划经济下进行原始资本积累，现在又在为改革支付成本的国企职工以及农民，与增量一块之间的利益差别也越来越大。由于增量改革的市场化进程缺乏必要的制度规范，即"游戏先于规则进行"，导致较为普遍的权力资本化现象，民间称之为"掌勺者多吃多占"，使本来相对利益已经受损的存量与增量之间的利益矛盾更加突出。

梁启超在《戊戌政变记》中曾说："中国之言改革，三十年于兹矣。然而不见改革之效，而徒增其弊，何也？凡改革之事，必除旧与布新两者之用力相等，然后可有效也。苟不务除旧而言布新，其势必将旧政之积弊，悉移而纳入新政之中，而新政反增其害矣。如病者然，其积痞方横塞于胸腹之间，必一面进以泻利之剂，以去其积块；一面进以温补之剂，以培其元气，庶能奏功也。若不攻其病，而日饵之以参苓，则参苓即可为增病之媒，而其人之死当益速矣。"梁公百年前的这段话，今天读来，使人仍有切中时弊之感。

正因为渐进式改革导致的利益不一致性由小往大积累，加之补偿不及时和不到位，随着社会转型的深入，公平状况不断恶化。有人将中国的渐进式改革与俄罗斯的爆炸式改革做过对比，认为俄罗斯的爆炸式改革，是从存量开始，相当于先用推土机将所有的旧房子推倒，在空地上盖新房子。在新房子盖起来之前，全体俄罗斯人都有一个无房子住的艰难时期，但新房子不断盖起来后，转移进新房子的人越来越多，社会矛盾就越来越小。而中国渐进式改革是不动旧房子，在旧房子旁边先盖新房子，盖新房子的成本大都是由居住在旧房子里的人承担的。但在新房子不断盖起来的同时，旧房子却失去了维修的经费来源。更有甚者，有人为了盖自己的新房子，干起了偷拆旧房子砖瓦的勾当。如果新房子足以使所有在旧房子里的人住进去倒也可以，但问题在于，承担了大量建房成本的旧房子里的人，能够适时住进新房子的不多，他们中的许多人仍住在已经不堪风雨的旧房子里。正是由于自觉处于利益相对受损者的位置，所以，附着在存量上的社会阶层成员支持改革的积极性不高，甚至对改革有一种抵触的情绪。尽管党和政府常常说"改革符合广大人民群众的长远利益"，而且的确可以预计，正确的改革继续推进将有利于这些阶层成员，但收入相对较低阶层贴现率太高，使得他们更看重眼前的利益，并以此确定自己对改革的态度。所以，以一种比较遥远的预期净收益来说服收入本来就低的阶层成员支持改革，效果肯定不明显。

### （五）贫富差距也是能力的差距

社会不公是多种因素形成的。假使国家制度提供了起点公平，也还会出现结果不公，因为每个人的可行能力是有差异的。可行能力有先天禀赋，也有后天差异。而教育不公，是造成后天能力差距的一个重要因素。中国的教育资源在社会各个群体之间的分配，是高度不均的，尤其是在城乡之间，发达地区和欠发达地区之间，差异更大。在当今中国，从幼儿园到大学，从义务教育到高等教育，每一个阶段，每一个环节，都有若干或明或暗的"门槛"，起跑线上的激烈竞争，使社会本应提供的机会均等的初始公平，充满严重的不公平。义务教育本应免费、免试，实际上尽管国家花了不少钱，但有的地方还是没有做到真正的免费，至于免试则基本上都没有做到。被称为唯一一块"净土"的高考，实际上也不净了，比如，分省录取、自主命题、志愿填报、110% 的投档以及若隐若现的"点招"等等，可能制度设计者的主观意图是好的，但客观上造成了越来越多的不公平。近年来因分省录取导致的"高考移民"，就是对教育公平的一种博弈。还有人计算过，中国大学四年学费，相当于一个农民家庭多年不吃不喝的劳动所得，是世界学费第二高的日本的 3 倍，名列全球第一。另据权威部门统计，中国名校中具有农村背景的学生越来越少。即使他们的学业优秀，也往往因缺少经济资源而不能进入名校。社会流动性在教育领域的封闭，是造成当下和今后社会不公最重要的方面。

中国社会贫困面比较大。这些年来，可以说没有哪个国家在减少贫困方面比中国做得更多。但目前中国贫困人口比重仍然很大。其中一个原因，就是过分重视"授人以鱼"，而在"授人以渔"方面，还做得不够。在分摊联合国经费时，我们不得不说实话：如果按照世界银行人均每天消费低于 1.5 美元的标准计算，中国的贫困人口总数可能超过 2 亿，高居世界第二位。如果继续实行传统的"输血"式扶贫，而不重视培养致富能力的"造血"式扶贫，恐怕只会出现穷人越扶越多的情况。因为后者所费功夫肯定要比前者大得多，对于急功近利的官员来说，谁真的愿意下这种"笨"功夫？

### （六）程序正义观的缺乏与人民的腐化堕落

印度的诺贝尔经济学奖得主阿马蒂亚在《正义的理念》中指出：让我们难以接受的，并不是意识到这世界上缺乏"绝对的公正"——几乎没有人会这样指望，而是意识到在我们的周围存在着一些明显可以纠正的不公正。我们完全可以做如下假设：如果不是认识到这世界上存在明显的但可以纠正的不公正，巴黎市民或许不会起义攻占巴士底狱，甘地或许不会质疑大英帝国的殖民统治，马丁·路德·金或许也不会在号称"自由和勇敢者家园"的土地上奋起反抗白人种族至上主义。这些人并不是在追求实现一个绝对公正的社会（即使他们对那样的社会有普遍的共识），但他们的确更希望尽其所能地消除那些显而易见的不公正。阿马蒂亚还举例说明绝对公正的难以实现。他说，有三个小孩争一支长笛。其中一个认为他家最穷，长笛是他唯一可能得到的玩具；另一个认为是他花费了好长时间制作了长笛，理应归他；还有一个认为，他是三人中唯一会吹奏长笛的，给他才是物有所用。对此，不同学派的理论家，如实用主义者、经济平等主义者、劳动成果权理论者和务实的自由主义者，各自都可能认为有一种显而易见的公正解决方案，但他们会为彼此不同的解决方案而争执不下。

美国的桑德尔在《公正》一书中，经过充分论证后也指出，对于社会公正，至少有三个方面的衡量标准。一个是功利主义的标准，要看能不能使福利或社会幸福最大化；一个是自由主义的标准，要看收入和财富的分配，是不是在不受约束的市场中自由交换商品和服务而产生的；一个是道德标准，要看能不能奖励和促进德性。要想使三者兼顾并达到平衡，几乎是不可能做到的事情。而桑德尔本人，是倾向于道德标准的，即认为只有能奖励和促进德性才是公正的。

其实，比较理想的选择，就是形成一个大家认可的能达到公正的法定程序，只要是经过这样一个程序，就应当承认是公正的。如果随着情况的变化，大家觉得这样不够公正，那么，可以按既定的立法程序，来修正达致公正的法定程序。只有这样，才能保证社会发展与社会公正不发生大的撕裂。

中国现在的问题是既有实质上的社会不公，也有观念上的误解。由于缺乏对程序正义的社会认同，人人都热衷于追求所谓的实质正义，结果是离得越近，感觉越远。因为程序正义是"看得见"的正义，如果离开了一定的程序正义，对实体的判断就有可能出现"仁者见仁，智者见智"的现象。有些事情的处理，本来是差不多的，但因为主持者没有严格按照法定程序办理，或者公众对相关程序的不认可，总觉得自己吃了亏。在经济、社会和政治领域，都有类似现象。有人指出，在某种意义上可以说，公正是人类所有理想中最不知足的一个理想。其他努力都有可能达到一个饱和点，但是追求公正的里程几乎没有终点。这是因为，在某个方面实现的公正，会在其他方面产生明显的不公正。如果说存在着一个使人踏上无尽历程的理想，那就是公正。

另外，有什么样的人民，就有什么样的制度和官员。中国现在的社会不公，有官员腐化堕落的原因，也有人民自甘堕落并追逐腐败的原因。有许多人嘴上在骂腐败，心里却在想腐败，不是真的痛恨腐败，而是嫌自己无法腐败。不说手握实权的大官如何如何，就是一个饭店门前停车场的收费员，也是能宰你就宰你，绝不心慈手软。所以，当社会出现严重不公，特别是官场和权力的整体性腐败，人民实际上也难辞其咎。当人民迷失了自己的职责，没有办法或不去阻止政治体的溃烂，任由握有权柄的人专横恣意地以权谋私，甚至自己也随波逐流，蝇营狗苟，甘为权力的附庸时，那就是人民的腐化堕落了。对此，卢梭曾经有过精辟的分析。他认为人民的共意难以抵御人民的私欲，所以，要不断革命，要提倡公民宗教。在他看来，只有革命和宗教，以及公民美德，才能克服人民的腐化堕落，从而防止政治的腐化堕落。世界多数国家文明进步的经验表明，如果人民的意志能够自我伸张，如果宪法的精神由人民来守护，如果一个民族的共同意志及其力量能够发扬出来，那么政治和权力腐败就不可能如此猖獗。因为人民能够行使罢免权、选举权、反抗权、革命权或重新制宪权，是能够保障一个社会对普遍的腐化堕落的抵制和防范的。

# 三、执政理念的更新至关重要

中外历史表明，在极端贫困和高度富裕的社会，公平正义的主观追求都不会突出。而处在这两者之间的任何社会，公平正义都必然是社会治理的主题。对于执政党来说，必须正确把握社会发展所处的阶段，适时更新执政理念。中国现阶段的状况，已经到了把公平正义作为社会治理主题的时候，必须反思以往的执政理念，尽快把公平正义作为制度建设的灵魂。

## （一）先富与共富

从人本观念讲，先富是手段，共富是目的。当然，共富是一个动态的平衡过程，没有凝固的绝对的共富。因为社会财富分配的不均等，是调动社会成员积极性、推动社会进步的杠杆。操纵这个杠杆，有一个合理的"度"，也就是现代经济学称之为的"基尼系数"，超过了这个"度"，社会就要爆炸；消灭了这个"度"，社会就失去了活力和前进的动力。执政者的全部艺术就是掌握好、调控好这个"度"。我们党为理想社会奋斗了几十年，改革开放前政策上最大的失误就是企图消灭这个"度"，用"大锅饭"的办法"均贫富"，结果造成全社会的普遍贫困；而改革开放后的国家导向中，缺乏在保持活力的前提下科学合理调控这个"度"的制度安排，结果造成严重的社会不公。

因此，在实现共同富裕的过程中，不能重回"大锅饭"，重搞乌托邦。19世纪初英国的空想社会主义者欧文，曾充满理想和自信，搞了一个共产村试验，虽几经努力，结果还是以失败而告终。为什么呢？在《乌托邦》中，一名水手对欧文说："在公有制下，人们不可能过着很富足的生活。当人们感觉工作不是为了自己，却可以享用他人的劳动成果，这样谁还愿意努力工作？"欧文之后，特别是近一百年来，更大规模的"共产村"试验，曾在世界另外一些国家进行，结果大都以失败告终。实践反复证明，用公有和平均主义的方式，实施"从摇篮到坟墓"的社会福利保障，是行不通的。

在解决贫富悬殊问题时，还要防止历史上反复出现的因社会普遍仇富引发的带有暴力性质的劫富济贫。这其中，有一个流传已久的社会认识误区，就是"为富不仁"——如果人一旦富了，就必然不仁。这实在让人难以理解。如果为富一定不仁，那我们还干吗要发展，要富裕？其实，富裕与不仁之间，并没有必然的联系。之所以出现"为富不仁"的看法和情况，恐怕一个是因为富人太少，人类的天性之一就是嫉妒佼佼者；一个是因为富裕的路子可能不正，人们对来路不正的财富有天然的质疑和蔑视；还有一个是因为有的人富了以后把持不住做人的基本准则，做出不仁不义的事情，这更容易引起人们的憎恶。在中国当下，可能还有一个原因，就是政企不分、官商一体，财富与权力难解难分，使相当多的人把对官员的不满甚至仇恨，转移到富人身上，同样也会把对富人的不满和仇恨，转移到官员头上。

所以，在解决先富与共富问题时，首先还是要用发展解决基本需求，使更多的人能够富起来；同时，在执政理念上，要由过分的"强国"向"富民"为主转变。还有，就是要在制度上使当官与发财分开，当官和发财的路子都要正。这其中最重要的，就是坚持宪法赋予公民的自由平等权利。社会发展进步的唯一可靠而永久的源泉，就是自由与平等。因为有了制度保障的自由与平等，有多少个人就可能有多少个独立的进步中心，而且追求自由平等的精神，会在创新与进步的同时，促进公平正义的制度形成，有效遏制财富分配中的两极分化和精神领域的极端思维。

### （二）公平与效率

在中国主流意识中，公平正义似乎一直是作为财富增长的对立面而出现的。在许多人眼中，好像公平正义多一点，财富创造就会少一点。事实上，公平正义作为一种社会的基础设施（虽然它可能无形），不仅为任何一种财富增长所必需，其外化的后果——更加公正的分配，也是深受内需不足、产能过剩困扰的中国经济本身所急需。从哲学层面讲，公平与效率既有表层的矛盾对立，更有深层的统一和谐。进一步可以说，公平本身就是效率。因为公平不是平均，而是公正的平等。真正的公平，更能调动人们创业的积极性，更能发展社会生产力，更能形成社会财富的合理分配。因为中国缺乏一个关于公平正义问题的大讨论，使得公平与效率的关系遭到普遍误解。在中国改革经历了市场化、凯恩斯主义推动和全球化等阶段之后，经济增长的前几个动力已经日渐式微。在这个时候，公平正义应成为今后中国经济增长更加强劲的动力来源，成为中国改革的新的助推器。

处理好公平与效率的关系，也是有效防止社会暴力革命发生的关键。许多人都知道，1848 年欧洲革命以后，马克思曾不断预言革命，在每一次资本主义经济危机来临之际，他都宣布更大规模的革命就要到来，资本主义必然灭亡。但是，资本主义并没有像马克思预期的那样在危机中灭亡，反而一直存在下来，至今仍看不到马上灭亡的迹象。这是因为，资本主义制度在演进过程中，通过不断改革不合理的资源分配方式，达到消解革命的作用。比如，实行股份制，对少数人垄断经济资源的私有制加以改造；推动民主化进程，对少数人垄断政治资源的专制化加以改造；主张司法独立、言论自由和保障人权，用宪政原则实现公民权利的基本平等，遏制经济、政治和社会方面的特权，使得革命发生的基础条件难以形成。

中国当前的社会状况，与早期资本主义社会有一定的相似之处。由于权力不受约束，资本难以节制，社会特权现象突出，导致公平正义严重缺失，社会矛盾和冲突的概率攀升。令人担忧的是，由于集权体制下一时的效率与成功，使得相当多的官员至今沉醉其中，无论在感情还是理性方面，都还难以接受以公平正义为导向的制度变革。因为许多人还认识不到，以公平正义为导向的制度变革，虽然有可能在一定时间内影响效率，但从根本和长远来看，肯定会提升发展效率。有人说"改变成功者是最困难的，因为每一个成功者都有一大堆理由"。尽管如此，还是必须改变。否则，最后就一定会没有了成功。

## （三）选择与责任

历史经验表明，面对制度转型期的社会动荡和政治变革要求，政府的选择其实十分有限，不外乎这样几种：一是强力镇压，其后果是加速革命的到来和政权的更替，如20世纪初的俄国和20世纪三四十年代的中国；二是消极迁就、全面让步，结果是导致彻底但和平的改朝换代，如20世纪末的苏联和东欧；三是由政府主导，强化民族主义情绪，走上法西斯主义的道路，对外扩张以达到转移国内危机的目的，结果是走向自我毁灭，如20世纪三四十年代的德、意、日；四是政府内的改革力量与民间进步力量相结合，自上而下地推动和平变革，这样既可避免社会危机，又能推动社会进步，如美国罗斯福的新政和约翰逊的民权改革等。很显然，从社会成本和效益而言，第四种选择最佳。

而这一选择的核心，就是以实现社会公正为目标的制度变革。制度公正应当包括公平、分享和关怀三大原则，这也体现在初始、结果和道义领域。所谓公平原则，主要是指竞争起点和竞争机会的公平。它要求既建立公平竞争的经济游戏规则，如打击经济特权、官僚腐败和行业垄断，又建立公平竞争的政治参与规则，削弱政治特权和政党垄断，增强对政治权力的监督和制衡。而与此直接相关的，就是法律的公平公正，这是国民安全感的来源。所谓分享原则，主要强调结果公正和补偿原则，要求建立财富分享和财产二次分配的法律制度，对在竞争过程中的弱者和失败者进行制度性补偿，保证社会的连续性公平。例如，在所得税、遗产税、社会福利、医疗保险和房屋政策上，就不能实行贫富"一视同仁"、"平等对待"的政策，而应当使穷人能合法、合理而又和平地分享富人的一部分财产和收入。所谓关怀原则，主要是指道义的公正，因为"正义本身即是一种社会关怀"。例如，包括法律援助在内的一些社会救济措施的有效实施，能使大众在自由获取利益与享受社会福利之间达到平衡。

对执政党和政府来说，维持社会公正也是不可推卸的责任。特别是当社会中明显存在着两极化的利益要求时，更须保持中立的立场。社会公正理念所代表的，恰恰是介于激进和保守之间的中立力量，因为公正的"公"就是公而不偏，公正的"正"就是正而不倚。社会公正的旗帜既能促进各方力量的"合"，也能推动长治久安的"和"。执政党和政府只有牢牢把握住社会变革时机，高举起公平正义的旗帜，并且适时适度推进以公正为核心的社会变革，就能处于不败之地。在当下和今后的中国，这一点尤为紧迫和重要。

## 四、推进以公平正义为基准的社会改革

美国的政治学家罗尔斯在《正义论》中，提出作为公平的正义的两

个原则。第一个是平等自由的原则，就是每一个人对于最广泛的基本自由、与其他人相一致的自由，都有着相同的权利。第二个是社会的和经济的不平等应当满足两个条件：一是公职和职位向所有人开放，即机会均等的公平原则；二是有利于最小受惠者的最大利益，即差别原则。他还强调，第一原则即平等的自由优先，自由只有为了自由的缘故而被限制；第二原则即正义对效率和福利优先，其中机会均等原则优先于差别原则。也就是第一原则优先于第二原则，第二原则中的机会均等原则优先于差别原则。罗尔斯的理论比较深奥，简单说来，就是公民的基本权利特别是自由权利必须平等，现实社会难免有不平等的情况，但这种不平等必须在机会均等和有底线的社会保障前提下才能允许。罗尔斯的《正义论》问世以来，已多次再版，影响广泛，对于中国现阶段的制度建设也有借鉴意义。

### （一）建立市场经济条件下利益均衡机制

中国现阶段制度建设中公平正义原则的体现，还须先在经济层面做起。在这个层面，有三方面的内容需要把握。一是在先天资源收益方面应实行平均分享原则，二是在后天劳动收益方面要体现按劳分配原则，三是对弱势群体要实行人道保障原则。这中间，先天资源收益平均分享原则主要体现起点公平，后天劳动收益按劳分配原则主要体现过程公平，对弱势群体的人道保障原则主要体现结果公平。这就要求我们建立一种市场经济条件下的利益均衡机制。

由于中国实行的是经济资源公有制，所以在先天资源收益平均分享方面，至少在理论上是解决了的问题。党的十八大报告在阐述"深化收入分配制度改革"的问题时，强调"实现发展成果由人民共享，必须深化收入分配制度改革，努力实现居民收入增长和经济发展同步、劳动报酬增长和劳动生产率提高同步，提高居民收入在国民收入分配中的比重，提高劳动报酬在初次分配中的比重。初次分配和再分配都要兼顾效率和公平，再分配更加注重公平。"这其中的"两个同步"、"两个提高"和"一个兼顾"、"一个注重"，主旨是在后天劳动和人道保障上。坚持这样做下去，从长远看，有利于形成市场经济条件下收入分配的均衡机制。

不少学者认为，在近期的具体操作中，应按照"提低"、"扩中"、"控高"的原则，逐步实现收入分配的基本公平。提低，就是要增加低收入职工的收入，建立工资集体协商制度，对低收入行业的企业，要加大减税的力度，做到政府对企业减税，企业对职工让利。扩中，就是通过增加职工收入，使中等收入家庭的比重有一个较大提高。控高，就是适当控制高收入家庭收入的增长，对垄断行业，通过税收调节和鼓励民间资本参与，降低垄断行业的高收入，使利润平均化。

但无论是提低、扩中还是控高，都不能简单地以行政行为来实现，必须建立与市场经济原则相适应的利益均衡机制，这才是治本之策。建立这样一个机制，需要有一些具体举措。比如，首先要有信息获得机制。在市场经济条件下，相关的利益主体要有能获得与自己利益相关信息的机制。现在一些事关百姓切身利益的问题，信息透明度不高，获得渠道不畅，引发各种社会矛盾。其次要有利益表达以及利益要求凝聚和提炼机制。利益主体的诉求不仅应有合法的表达渠道，而且能够通过政府的政策得到解决，这就必须有一个凝聚和提炼的机制。特别是在国企改制过程中，失业下岗人员遭受损失的情况各不相同，具体要求五花八门，如果一对一解决，是很困难的。在西方发达国家，这些人可能会成立自己的组织，这些组织对他们的要求进行提炼和凝聚，成为议会的提案，在社会保障尤其是养老保障上，对这部分人进行适当的补偿。而我们在这方面缺乏相应的组织，缺乏提炼和凝聚的能力与制度性保障，应该向人家学习借鉴。再次，要有施加压力的机制。弱势群体要有为自己争取利益的能力，必须有特殊的施加压力的机制，有许多问题，如果缺乏施压机制，是很难通过正常渠道解决的。另外，还必须有利益协商、矛盾调解和仲裁机制，特别是要有问题终结机制。社会这么大，矛盾这么多，总得有一个程序，到什么地方为止。司法上有终审，不论什么案子，通常到此为止，不能再翻来覆去，没完没了。谁也不能保证终审就是百分之百的公平，但总要有一个到此为止的东西，哪怕不公平也只能这样了，这就是矛盾终结机制。

## （二）建立个人所有、公共占有的所有制

人类社会发展史表明，社会分工随着生产力发展而出现和存在时，就必然伴随着私有制的出现和存在。恩格斯在论述商品生产时说："这是一个或多或少互相分离的私人生产者的社会中所生产的产品，就是说，首先是私人产品。但是，只有这些私人产品不是为自己消费，而是通过交换为他人的消费，即为社会的消费而生产时，它们才成为商品；这样，私人生产者就相互处于社会联系之中，组成一个社会。因此，他们的产品虽然是每个个别人的私人产品，同时（但并非有意地和好像是违反意志地）也是社会的产品。"（《马克思恩格斯选集》第 3 卷，第 345 页）这就是说，所谓商品生产也就意味着商品生产者之间要结成一定的社会分工关系，这种关系的存在同时具备这样两个条件：一是社会分工体系；二是生产资料或产品的或多或少的私人占有或私人所有。这两个条件是互相联系在一起、不可分割的。因为通过交换进入社会消费的产品，必须是具有不同使用价值的产品（同种同值的产品是无需交换的），而不同使用价值的产品就是由不同的社会分工所生产的。这种社会分工体系，体现着个人在劳动上所具有的特殊性，即个人所具有的特殊劳动能力。这种特殊的劳动能力，又体现为劳动者为了生存、发展所需要的个人利益即私人利益。对个人而言，这种私人利益或特殊劳动能力越多，就越有利于他的生存与发展。正是在这个意义上，马克思和恩格斯得出结论

说："分工和私有制是两个同义词，讲的是同一件事情，一个是就活动而言，一个是就活动的产品而言。"（《马克思恩格斯选集》第 1 卷，第 37 页）简而言之，只要存在社会分工，就必然会有个人利益和私有制的存在。社会分工隐含着私有制，私有制隐含着社会分工。这就像一枚硬币的一体两面，说到底也还是一枚硬币。因此，企图消灭私有制和个人利益是绝对不可能的。分工不会消亡，私有制也不会消灭。

长期以来，人们把公有制理解为公共所有。公共所有，可以是国家所有，也可以是集体所有，并认为这是马克思主义的基本原理。其实，马克思说未来社会的公有制，应该是在生产资料公共占有的基础上重新建立个人所有制。在这一句话里面，包含了两个概念。一个是个人所有，一个是公共占有。简而言之，就是公有制等于个人所有加公共占有。在所有制中，占有权比使用权高，所有权比占有权更高。所有权是你可以凭借它获得利益的权利，如果所有权明确，而所有权主体跟占有权主体不是一个人的话，所有权主体是有能力去监督占有权主体的。这样一种公有制，是有利于确保劳动者经济权利的一种所有制。为什么要制约政府？因为政府只是公共生产资料的占有者，而不是所有者；所有者是公民，所以公民有权监督政府。公民权包括经济上的所有权和政治上的民主权，所有权包括劳动者对劳动力拥有所有权和对生产资料拥有所有权，是两个所有权；民主权包括选举权、被选举权、监督权、言论权、集会权、示威权等等。

20 世纪 70 年代末 80 年代初开始的国有企业改革中，最大的教训就是对公有制的理解有问题，把全民所有变成国有，把国有变成实际上的官僚所有，加之缺乏民主政治体制改革，使国有企业向官僚资本化的方面不断倒退，出现严重的垄断、不公和腐败。因此，如何按照马克思主义经典作家的原意，在普遍的个人所有制基础上，重建社会主义公有制，使国有资产真的姓"公"，而不是实际上姓"私"，对抑制制度性腐败与社会不公，是治本之策。应该说，这些年在这方面有过一些有益的探索，比如"抓大放小"、股份制改造、国有股的减持，以及后来"混合所有制"的提出，等等。但从整体上看，囿于观念束缚，改革的方式不多，步子不大，在不少领域和时候，出现"国进民退"的情况。如果在这方面没有实质性的突破，国有资产和国有企业像现在这样继续发展下去，越来越像"二政府"、"二财政"，甚至成为某些领导的私人"小金库"，中国经济的畸形结构和利益分配的严重不公，是不可能从根本上遏制的。

更为重要的是，国有经济为主导的国家，不可能是真正的市场经济国家。一个国家的经济如果是国有经济唱主角，即使起初是法治，也会慢慢腐蚀蜕变。因为国有企业的股东是国家，或者说广义上的政府。国家具有普通人或民营企业不具备的优势，就是它有立法权，还有法律解释权，如果它觉得某个规则对国企不利，就可以修改规则，或者重新解释规则。有这样靠山的企业，其他企业怎么可能与它平等竞争？所以，在国有制为主的情况下不会有真正的平等竞争，也不会有真正的法治。从世界范围看，国有经济比例越重，法治指数就越低，是一个普遍现象。与此相关联的是，"富政府"之下，权力会有更多压制权利的力量和机会，而"穷政府"之下，国家权力有求于公民的地方较多，权力也就有可能更多地尊重权利。

农村土地所有制的改革同样如此。这些年来，很多官员和学者为解决"三农问题"开出不少药方，如实行村民自治、推进乡村民主政治建设、实行税费改革、加强农村基础设施建设、推进农村社会保障体制改革、实行村务公开、实行普选制，包括"建设社会主义新农村"等等。这些政策和措施都在一定程度上推进了"三农问题"的解决，有些政策甚至还在很长一段时间内发挥了巨大作用，大大改善了农村面貌。但是，所有这些，都仅仅属于局部性的或技术性的政策与措施，或者仅仅是属于微观层面的解决之策，在"三农问题"上，还缺乏一个大手笔，就是要解决土地的所有制问题，果敢地实行土地的个人或农户所有。而伴随着土地的个人或农户所有，就应该是土地的市场化。土地的个人或农户所有，确保农民拥有真正的土地所有权；土地市场化，确保农民在拥有土地所有权之后，能够自由地在市场上支配土地，进行合法土地交易和买卖，即土地能够按照市场价格而非国家定价，进行自由交易、买卖和转让，从而避免那种政府垄断状态下的土地定价机制。只有确保了这两个层面的改革，才可能使农民问题得到根本性解决，才可能使农民能够摆脱千百年来土地对他们的身份束缚。如果继续保持目前的集体所有制，在现实社会中，要么是"公共财产的私人化侵吞"，要么是"私有财产的公共化掠夺"。无论哪一种，都是对农民财产的不合理掠夺。

有相当多的政府官员和学者认为，土地不能归农民家庭或个人所有，因为土地是农民的最后保障，农民有了终极所有权后，会发生随意买卖或被迫买卖的情况，因为单个农民在土地交易的谈判中势单力薄，可能比在集体所有制下处于更加不利的地位。农民一旦失去土地，就会失业、失控，引发诸多社会问题。这种担忧不无道理，但从长远和根本上说，如果永远把土地作为农民的最后保障，那我们也就永远不能实现农业的现代化。如果本意只是提醒执政者在改革发展中，要考虑社会特别是农民的承受程度，系统而又稳妥推进改革发展进程的话，倒是值得考虑的。因为现在的问题是，农民的土地是可以出售的，但这个出售不是由农民自身主导的，而且土地出售也不是市场交易的价格，而是政府垄断，官商分利，农民吃亏。如果真的是为农民谋利，那么，农民自主，市场交易，公平自由，加上统一的社会保障制度，是不会发生什么大问题的。这样做，政府和房地产商的利益会受损，而这正是问题难以解决的症结所在。

当然也需要看到，通过把地权交给农民而遏制"圈地运动"，实际上是很难做得到的。从法理上讲，没有哪个国家在涉及重大公共利益的情况下，允许对土地采取完全自由交易的做法。即使在西方民主法治国家，如果由于重大公共利益需要用地，国家会跟你协商，但最终协商不成功的话，也不会允许你漫天要价。如果你漫天要价，基于公共利益，国家可以有最终定价权，讲得简单一点就是可以"征"。这中间难免发生矛盾，民主法治国家的化解之法，一般是四步。第一步，确定用地是不是公共利益。比如我们要征地盖一所公立医院，就要举行广泛听证，在会议中讨论，这个过程可能花很长时间，所以民主有时的确不太有效率。第二步，就是自由交易尝试。即使是公共利益，也没有理由一定要强制个人做出牺牲。可先跟你谈谈，看能否达成购地意愿。如果价格双方都认为合理，那当然就解决了问题。如果谈不拢，比如出现"钉子户"，漫天要价怎么办？第三步，请个中介机构出来评估这块土地到底值多少钱。这个价格双方都接受，就成交。如果双方仍不能接受，或者是"钉子户"不能接受，怎么办？第四步，还要讨论所谓的替代方案选择，就是考虑不用他这块地怎样，可不可以换个地方？替代方案选择也要经过讨论。如果替代方案不可行，或者代价太大有损公益，原来方案还是要执行。到了这一步，公权力就可以行使最终定价权了。这是最后一步。这种情况下"钉子户"还要漫天要价，那么，公众舆论也不会同情了。

### （三）加快城乡一元户籍制度改革进程

前已述及，目前城乡分割的二元户籍制度的形成，与新中国成立后我们选择的发展战略和当时的国内外环境有关，其要害在于国家对城市居民"包下来"后，附着在城市户口上面的各种利益，严重限制了城乡之间的迁徙自由。

改革开放以来，城乡壁垒的二元户籍制度开始松动，各地陆续出台了一些户籍改革的新政，先是放开小城镇，再是放开中小城市，后来有的地方干脆取消城乡二元户籍。但从总体上看，户籍制度仍是横亘在城乡之间的一道藩篱。在地区和城乡差别较大的时候，即使取消城乡二元户籍，还会有其他办法来维持身份和权利差别。有的地方实行一元化户籍制度后，又产生新的二元边界，比如投资额度、学历文凭、居住年限等。用这些通常只在国际移民中采用的做法来对付本国公民，实属无奈之举。

因此，户籍制度改革的基本原则，一是要淡化其利益分配功能，二是要保留其人口登记功能。即随着经济社会的均衡发展，逐渐剥离附着在城市户籍上的各种利益，允许在城镇稳定居住和就业的外来人口，逐步享有与当地户籍人口同样的权利，进而在全国实行城乡一元化的户籍制度；同时保留其人口登记的基本功能，这也是提供公共服务和社会管理的基础。现在不少人说"外国没有户口制度"，"中国应取消户口制度"，这是误解。古今中外的任何国家，都有不同形式的户口登记管理制度，但不一定有城乡分割的二元户籍制度。

以平等权利为主旨的户籍制度改革，关键是要推进城镇化，转移农业剩余人口，壮大中产阶层。国际经验表明，一个国家非农产值比重占到85%以上，城镇人口占总人口的50%～60%以上，非农从业人员上升到70%以上，年收入在6万—18万元的中等收入水平的人数，提高到占总人口的40%～60%，这个国家就形成了一个"橄榄形"的社会结构，这样的社会结构才是政治稳定的基础。在中等收入基础上形成的中产阶层，既是推动内需、促进消费的主体，也是承载现代文明的主体，壮大中产阶层，可以大大缓解贫富悬殊问题。

## （四）健全和完善覆盖城乡全体居民的社保体系

目前，中国社会保障制度的基本框架有四个方面。一是社会保险，主要包括养老、失业、医疗、工伤、生育保险。二是社会救助，主要包括最低生活保障和特困户、灾民、流动乞讨人员救助。三是社会福利，主要包括孤寡老人、孤儿弃婴、残疾人福利。四是慈善事业，主要分为宗教慈善和世俗慈善事业两大类。

在上述社保体系中，养老保险是最重要、最核心的。因为社保的其他部分，如失业、工伤、生育、医疗等保险对象，都是不确定发生的，但每个人都会老去，都需要养老，则是确定的。而且，中国现在的人口结构，已经进入老龄化阶段。由于几十年计划生育政策的实施，原来的"人口红利"已经失去，养老保险的负担之重是从来没有过的。因此，建立健全覆盖全社会的养老保险是整个社保体系建设的重中之重。其中最主要的是要建立公平、统一的制度，逐步改变现在双轨甚至多轨运行的局面。

目前社保资金不足的问题还比较严重，解决的途径有多种。其中有一条就是可以划拨国有资产充实全国社保基金。有人曾提出建议，可以完善已经实施的国有企业上市后将其股份或募集资金的15%划拨给全国社保基金的制度；还可将国务院国资委监管的国有企业上缴的利润，按不低于15%的比例，划拨给全国社保基金；如有需要可将国家控股比例过高的中央企业的一部分股份划拨给全国社保基金。这样做不仅可以实现社保资金的收支平衡，更重要的是有利于实现国民收入二次分配中的公平正义。

在社保体系建设和推进社会公平正义的改革中，教育、医疗和住房制度的改革非常重要。

中国现在教育制度存在的问题之一，就是教育资源配置不公平不合理现象比较严重，还有就是把谋生前途寄托于大学学历与文凭，将谋生与做学问混淆起来，结果毕业生往往缺乏做人的根基和做事的本领，压抑甚至扼杀个人的创造力和社会更新的生机。必须更新教育观念，从教育这个起点上实现机会公平和社会公平。要公平配置教育资源，改变教育内容方式，在搞好幼教、小学、中学、大学教育的同时，还要搞好职业培训、社会教育、终身教育等等。信息时代，完全可以利用网络、电视、手机、广播等现代传媒，广开门路，制作各种课程，从生存技能到生活艺术，从广博的知识到专业的学问，都可以任人选择学习。职业门槛应以职业技术资格为基本，重点在于实际贡献。应在全社会提倡人格平等、职业地位平等，形成靠合法劳动谋生光荣的风气。

目前医疗卫生方面的主要问题是看病难和看病贵。几乎所有患者都诉诸大医院和专科医院，千军万马挤独木桥，结果是病人和医生都不满意，并且形成诸多的医患矛盾。如果以社区医疗为基本，大量培养社区全科医生，在社区做保健诊断与保健指导，有了小病就地解决，就会大比例降低患病率和医疗成本。社区医疗解决不了的问题，再由社区医生介绍到专科医院、大型医院，这是比较科学合理的医疗布局体制。至于以医养药、红包回扣和药价太贵等问题，随着供需状况的改变和相应体制的改革，是可以逐步得到解决的。

住房问题，在国家加大各类保障房建设力度，以及房地产业的快速甚至畸形发展的情况下，宏观方面的供需矛盾实际上已不很突出。现在和今后的关键，是如何比较公平合理地分配和消费的问题。其中提高中低收入者特别是低收入者的收入水平，适当遏制房价涨幅，用市场化的手段促进房地产业的正常发展是重要环节。否则，一方面房屋闲置、另一方面穷人买不起房的矛盾，就会摆在我们的面前。

### （五）推进"民权平等化"过程

一个社会中人人财富均等，既不可能，也不可取。但人人权利平等，既可以实现，也值得追求。这是市场经济的发展基础，更是社会主义的本质所在。它要求人们一方面和特权阶层的特权行为做斗争，一方面要清除自己头脑中的等级观念。在一个社会中，若只能通过协商妥协来解决利益冲突和思想分歧成为大家共识的话，就可以从根本上避免社会陷入暴力循环局面，从根本上保证社会处于和谐有序的状态。

从世界文明进步的历史来看，其中有许多值得当今中国学习借鉴的东西。比如，美国的民主制度史，就是民权不断平等化的历史。这个过程有两个层面。第一个是政治权利的平等化、平民化过程，这在美国的修宪史中，反映得最为明显。美国建国 200 多年来，国会曾经有过 1 万多个修宪提议，但只有 25 个修正案通过并生效。其中前 10 个是著名的"权利法案"，全部内容都是限制政府权力，保证公民基本权利。比如著名的第一修正案，旨在保护公民的言论、出版、集会、宗教自由；比如颇有争议的第二修正案，旨在保护公民的武器拥有权。其他 15 个修正案里，有 5 个直接涉及选举权的扩大，另外有 5 个修正案涉及对政府权力的限制，剩下的几个修正案则涉及选举制度。可以说，美国宪法 200 多年来极少改动，而所有的改动，除了少数技术性的外，几乎全是旨在限制政府权力、促进公民政治权利的扩大或者平等化。在所有的修正案中，只有一条，即 1913 年通过的第 16 修正案涉及政府权力的扩大：赋予联邦国会征收收入税的权力。而这一条，主旨还是扩大平等——正是从这一修正案开始，美国政府开始了收入再分配进程，从此走上了福利国家的道路。而这正是托克维尔所预见的平等化进程的第二个层面：社会经济权利的平等化进程。

古今中外无数历史证明，只有民主才能保证民生，只有良好的法治才能保证民主。如果人民缺乏基本的民主权利，官吏在根本上不受人民控制，那么人民迟早会成为他们搜刮而非"服务"的对象。中国几千年自上而下的统治史，其最根本的缺失就在于此。从皇帝到"七品芝麻官"，形成层层相依、环环相扣的"食物链"，最终当然都"落实"到生活在底层的百姓头上，用各种或明或暗的方式渔利百姓，成为整个官场不言自明的"潜规则"。当这种潜规则实际上左右了整个社会的运行后，"不平则鸣"的周期性社会革命就成为必然。只有实行真正的民主法治改革，才能从根本上破除潜规则的藩篱，实现社会的公平正义与和谐发展。

# — 第十章 —
# 把权力关进制度的笼子里

　　这些年来，人们热衷于传诵这样一段话："人类千万年的历史，最为珍贵的不是令人炫目的科技，不是浩瀚的大师们的经典著作，而是实现了对统治者的驯服，实现了把他们关在笼子里的梦想。我现在就是站在笼子里向你们讲话。这个铁笼子四面插着五根铁栏杆：选票、多党制、司法独立、新闻自由和军队国家化。"这段话，据说是当年布什当选美国总统后演讲词的一部分，其核心是要把国家权力关进制度的笼子里。

　　中国目前在权力配置与运行方面存在的主要问题，是权力过分集中，缺乏相互之间的制衡。比如，党与政府，权力过分集中在党；领导个人与领导集体，权力过分集中在个人；中央与地方，权力过分集中在中央；国家与社会，权力过分集中在国家。另外，就是缺乏职权法定的意识，各种权力边界不是很清，运行有时无序，缺乏有效监督，侵害公民权利的事情经常发生。因此，需要深刻认识权力的本质，按照现代政党制度的原则规范共产党的领导权和执政权，适应市场经济发展的要求进一步转变政府职能，根据权力制衡的原理强化人大、政协的决策、监督职能，使各种国家权力相互制约，运行有序有效，这既是全面深化改革也是建设法治国家的重要任务。

## 一、权力的本质

西方社会有个传说，上帝在造人之后，人请求上帝："上帝啊，我们太弱小了，请你再创造一个英雄吧，让他保护我们。"上帝说："英雄在保护你们的同时，也会欺压你们，吃你们。"后来人们为了抵御各种外来的风险，自己创造了一个"利维坦"（即巨兽）——政府，但政府这个"利维坦"有双重性格。它由人组成，也由人来运作，因此也就具有人性的那种半神半兽的品质，在保护人的同时，又在吃人。而同样在西方，关于政府产生的缘由，还有一个以研究集体行动闻名的政治经济学家曼瑟尔·奥尔森的说法：很久以前，在政府还不存在的年代，一帮社团四处打家劫舍，掠夺百姓的收获。不过他们渐渐发现这么搞下去效益很低，因为民不聊生，他们也所得不丰。于是他们由流寇变成坐寇，每年在固定时间收取一定比例的收成。如此，老百姓勉强安居乐业，而社团的收入也有保证。社团还明确了地盘观念，晓得保护百姓，不让来自其他地方的匪徒侵入，不使肥水外流。久而久之，坐寇成了政府，保护费成了税收，地盘变成国土，防止对手分羹就叫作国防。这也可能是一种比较贴近历史实际的说法。由此可见，权力的确是一种"必要的恶"。如何使权力去"恶"存"善"，就成为人类的理想追求。

从人类社会的历史来看，当权者对权力必要性的宣传，是不遗余力的。对权力的危害性，往往讳莫如深。欧洲文艺复兴时期，一些启蒙思想家开始剖析权力的本质。英国历史学家阿克顿勋爵研究历史得出的结论是："权力，不管它是宗教的还是世俗的，都是一种堕落的、无耻的和腐败的力量。"他对这一思想的另一种简洁明快的表述是："权力趋向腐败，绝对权力绝对腐败。"这就是为当今世界民主国家所普遍接受的"权力腐败论"。对阿克顿的"权力腐败论"，欧洲启蒙运动时期思想家们论述得更清楚。如孟德斯鸠在《论法的精神》中说："任何拥有权力的人，都易滥用权力，这是万古不易的一条经验。有权力的人们使用权力，一直到遇有界限的地方才休止。"现任美国总统奥巴马，在他的自传《无畏的希望》中，回忆当年他接受布什总统邀请，与其他新当选的参议员在白宫与总统会面的情形。会见中，布什对奥巴马极力表现出和蔼可亲的姿态，但当他向新当选的议员们介绍执政日程时，其行为举止变得有点吓人。奥巴马写道："突然，好像密室里的人按了一个按钮。总统的眼睛开始凝视，他的声音变得激动，语速加快，变得既不习惯也不欢迎其他人打断他的话，他的亲和被一种近乎以救世主自居的固执所取代。……我意识到了权力带来的那种危险的孤立。我明白了开国者设计制衡制度的智慧。"奥巴马所谓的美国开国者的智慧，本质上是欧洲启蒙思想家的政治智慧。比如孟德斯鸠认为只有"权力制衡"才是解决"权力腐败"之道，用他的话说，就是"从事物的性质来说，要防止滥用权力，就必须以权力约束权力"。美国开国者的贡献，是将启蒙运动思想家的理论落实到具体的制度建设中去。

从中国政治历史看，两千余年皇权制度下的周期性吏治溃烂，并没有促使中国社会创造出"权力腐败论"，更没有催生出有效制约权力的制度，相反，在"你方唱罢我登场"的权力更迭之后，大行其道的仍是"君权神授"、"天命所归"观念下的"权力神圣"。就是改革开放已走过30多年历程的当今中国社会，人们对权力的本质依然缺乏科学的认识，"权力腐败论"不仅不为正统意识形态所接受，而且也不为民众所深刻理解。

中国社会自古及今只有"权力神圣观"而无"权力腐败论"的原因，恐怕要从中国传统文化中寻找答案。在中国传统文化中，儒家"性善论"对中国政治伦理产生过巨大影响。儒家的政治伦理信条，是"惟有德者宜高位"，认为执掌国家权力的人都应是"奉天承运"、"天命所归"的有德之人，这样的人秉承上天意志，为民立极，化育苍生。汉代董仲舒归纳为"天人合一"、"天人感应"说，为"君权神圣"思想提供了理论依据，并借助皇权制度的强力灌输，使之成为一种人人接受的信条。儒家政治伦理中这种以"应然"为立论基础的"君主向善论"，造成国人政治伦理思维上的逻辑倒置：不管夺取权位者道德如何，也不管掌权者如何由原来的自我克制必然走向腐败，只要夺取权位，只要继续控制大位，就天然证明其具有"善行"与"美德"，执掌政权天然合理。在"天道"观念支配下的政治伦理中，不仅"奉天承运"的"真命天子"具有神圣性，就是代表皇帝意志行事的官吏，即所谓"朝廷命官"，也具有神圣性。两千多年来，儒家"权力神圣观"与皇权专制制度构成相辅相成的关系。皇权不仅在权力集团看来是神圣的，而且在被统治者眼里也是神圣的。即使农民被逼上梁山，也往往是"反贪官不反皇帝"，或者是"反皇帝不反皇权"。一旦造反成功，皇位轮到自己坐，也同样是神圣不可侵犯的了。朱元璋与李自成、洪秀全的功业，在结局上迥然不同，但这种理想是完全相同的。

在中国传统文化中，主张"无为而治"的道家有一个说法，叫作"抱残守缺"。在儒家和民众话语中，这好像是一个贬义词。但在道家话语中，它是一个褒义词。老子对宇宙秩序有一个看法，叫作"大成若缺"。就是宇宙秩序的整体是和谐的，但其中有少量残缺留下。比如一年四季春夏秋冬的循环，是一个大成的秩序，生命因此得以繁荣和演化。但是，没有两个春天是完全一样的，循环的规律中留有缺口，这就出现不确定性，带来不稳定。何况，还有不可预测的旱涝地震和火山等灾害。在道家看来，政治权力就源于宇宙秩序的这种残缺。治理天下，就要抱住守住政治权力的残缺，不让其膨胀和扩张。老子说："我无事而民自富，我无为而民自为，我好静而民自正，我无欲而民自朴。"只要政治权力不来干预侵扰，百姓就会自富、自为、自正、自朴。老子还描述了政治权力大小不同的几种情况：一流的治国者，百姓知道有个政府存在而已；二流的治国者，兴利除弊，大兴仁政，百姓讴歌赞美；三流的治国者，百姓畏惧；四流的治国者，百姓嘲弄侮辱。政府诚信不足，百姓就不信它。政府政令简易宽容，百姓易事业有成。在老子眼中，政治权力干预范围加大，程度加深，是一个政治混乱和社会衰败的过程。

权力生成、运用和演变的历史反复证明，遵循规律，遵守规则，才是人类社会和谐有序的根本保障。崇尚权力，滥用权力，人类社会永远不得安宁。权力的多变和脆弱，使权力具有侵犯性和随意性。在一个极度崇尚权力的社会里，人人都可能是弱者，大家都是权力的人质，随时都会被权力撕票。在权力困境中，从"作法自毙"的改革家商鞅到"请君入瓮"的酷吏周兴，最终结局都是"木匠做枷枷木匠"。中国一个社团机构曾经做了一个关于弱势心理的小型社会调查。该调查主要针对有知识有文化和收入较高的社会精英群体，调查结果证明我们并没有跳出权力社会的"弱势陷阱"。强势阶层的这种"弱势"不仅反映在调查中，同样也真实地体现在现实生活中：名声不佳的城管为了讨薪举行街头抗议，警察和法官身穿国家制服进行古老的上访，警察住宅区被暴力强拆，还有不绝于耳的官员自杀……曾以"人民网"的"万言书"轰动一时的福建连江县"防弹衣书记"黄某某，因为治理官员腐败，曾经接到26封死亡威胁信，后来据说他因涉嫌受贿500余万元而被捕。

认识权力腐败的必然性不是目的，目的是在此基础上，建立科学合理的分权制衡机制。在传统的专制社会中，往往只有权力监督的意识和做法，缺乏权力分立制衡即相互制约的制度安排。因此传统社会的权力结构，基本上都是"金字塔"式的，处在最顶层者拥有最大的权力，可以掌控一切，实际上不受任何制约，其他各种权力，不管立法权还是司法权，行政权还是监督权，虽然也可能有分立，但最终都要听命于顶层者。所以有人把它称为"同权分割"，即从形式上看有多种权力的分立，实际上是同一种权力即帝王的权力，或者说都要统一到帝王手中，如果彼此之间有矛盾或冲突，只能由帝王来做最后的裁决。而现代社会的权力结构，应当是"环形"的，各种权力既是相互独立的，又是相互制约的，不能有"一权独大"的情况，因此被称为"异权分割"，如果权力之间发生矛盾或冲突，只能由宪法和法律来裁决。前者与传统社会的经济基础相适应，具有权力统一、思想同一、社会动员能力强等特点，但同时必然会阻滞社会进步所要求的自由、平等、民主，最终引发大面积的社会腐败，导致周期性的"改朝换代"。后者与现代社会的经济基础相适应，具有个人自由、权利平等、社会民主等特点，社会充满创新的活力和前进的动力，虽然有时也可能发生权力之间的冲突，但定期的民主选举会适时化解社会矛盾，或者说定期的和平"政变"使可能发生的暴力革命和宫廷政变成为没有意思的事情。因此，防止权力腐败的关键，是要改变传统的权力结构。权力的相互制约比单纯的权力监督，更具根本性。

这方面有一个认识误区，就是过去我们一直认为，马克思主义是反对权力分立的。有人经过研究后，得出相反的结论。马克思与恩格斯早期、中期与晚期的思想是有区别的，我们应当完整系统地学习和领会。马克思主义的创始人早就公开告诫人们："我们的理论是发展的理论，而不是必须背得烂熟并机械地加以重复的教条。"比如，三权分立学说是启蒙时期法国思想家孟德斯鸠最早提出的，从马克思和恩格斯的整个思想体系看，他们不仅不反对权力分立的制度，而且认为无产阶级政党取得政权后，也应对权力实行有效制约，因为这是防范国家领导人滥用权力的最有力手段。马克思主义的权力观概括起来就是三句话：权为民所赋，权为民所用，权为民所控。至于马克思在总结巴黎公社失败原因时说的"公社不应当是议会式的，而应当是同时兼管行政和立法的工作机关"，是出于当时的历史条件和国内外严峻形势的一种应急考量，假如法国工人阶级彻底战胜了国内外敌人，在政权很巩固的情况下，对于巴黎公社，马克思就一定会说，公社不应当是同时兼管行政和立法的工作机关，而应当是议会式的或权力分立的国家机关。在《法兰西内战》中，马克思曾经讲过："在议会中，国民将自己的普遍意志提升成为法律，即将统治阶级的法律提升成为国民的普遍意志。在行政权力的面前，国民完全放弃了自己的意志，而服从于他人意志的指挥，服从于权威。"恩格斯在后来为该书写的导言中也曾指出："在那些确实实现了各种权力分立的国家，司法权和行政权彼此是完全独立的。……这两种权力的混合势必导致无法解决的混乱，这种混乱的必然结果就是让人一身兼任警察局局长、侦查员和审判官。"

作为皇权制度下的政治伦理，"权力神圣观"对中华民族而言，是一份极为沉重的负面遗产。可以断言，若"权力神圣观"一日不消，则"权力腐败论"无由深入人心；若"权力腐败论"不能深入人心，则权力制衡制度就缺乏法理依据和群众心理基础；若"权力制衡"制度不能确立，那么，权力的腐败就不可能得到根本遏制。中国民主政治建设的完成，固然需要众多条件，而"权力腐败论"的确立和深入人心，是具有启蒙性质的最重要前提条件之一。

## 二、规范党的领导

在中国，共产党以党建国，以党治国，一党长期执政，是一个基本的政治事实。它的形成，有悠久的传统文化、当时的客观环境、党的自身努力以及群众认可等多种因素。今天，中国共产党有 8000 多万党员，至少 3 亿多的亲属关系，在全球范围独一无二。应该承认，在特定的社会历史情况下，一党长期执政的政治格局是有优势的。比如，可以深谋远虑，不必顾忌社会短期行为的压力。尤其是在社会深度转型时期，要对既有的社会结构进行改造，政府的合理化举措往往伴随着新制度出生的阵痛，未必总是能得到多数人的理解和支持。这时，如果是两党制或者多党制，竞争对手很容易提出讨好选民的口号，把眼前的利益变成政治对立的焦点，进行不负责任的攻击。为了避免落选，执政党不得不迎合世俗倾向，牺牲长期合理性。这是目前世界上许多发达和欠发达国家都遇到的问题。而同样处在发展和转型期的中国，由于坚持共产党的领导，应当而且也可以避免这种情况出现。

同时也要认识到，尽管一党制在社会转型的过渡时期可能有它的合理性，但如果权力过分集中，不受制约，根本感觉不到正当性竞争的压力，那么执政党就难以反映社会不同诉求，举措就会僵硬，腐败现象就会蔓延，深谋远虑的决策在执行阶段也很容易被扭曲。在面临长期执政考验、改革开放考验、市场经济考验、外部环境考验时，容易出现精神懈怠的危险、能力不足的危险、脱离群众的危险和消极腐败的危险。因此，必须按照党要依法执政的基本原则，对党自身以及党与其他权力机构的关系进行规范，逐步完成由传统的革命党向现代执政党的转变。

## （一）厘清"领导"与"执政"的关系

党的领导，特别是党的"一元化"领导，是在战争年代形成，在执政之后强化的。在战争年代，党只有领导权，没有执政权，至少没有在全国范围的执政权，不存在或基本不存在领导权与执政权的关系问题。党在全国范围执政以后，这个问题开始显露出来。党的八大和十三大，都曾试图规范领导与执政的关系，但都没有真正实施多久。长期形成的主调，仍然是"党是领导一切的"。尤其是"文化大革命"时期和"六四"政治风波以后，党的"一元化"领导与"党管一切"的思维和行为模式，几乎强化到无以复加的程度。尽管这样想和这样做，有当时的一些特定情况，也起到了一定的积极作用，但总的来看，负面作用更大一些。因为古今中外权力演变史反复证明，"集权一身"，往往难免"积怨一身"。毛泽东曾把相信群众与相信党，作为两条基本原理。现在不少情况是，群众不相信党，党也不相信群众。许多党的干部总觉得群众不理性、不自觉，什么事情都需党去管，否则就要出乱子；而群众总觉得党的干部很自私、很无能，对社会中出现和存在的各种问题，群众往往会不假思索地归咎于党的身上。

把党改革成现代化的政党，首先要厘清领导权与执政权的关系。执政，是反映国家政权归属关系的概念。一个政党的执政，是指经过宪法程序或其他政治途径，执掌国家公共权力。它所要处理的基本关系，是执政党和国家以及其他政党的关系。执政所体现的是一种"法理正义"。领导是反映群体中控制与服从关系的概念。它是为确定和实现目标而影响群体活动的过程，是一种动员、组织、引领行为，所要处理的基本关系是与社会组织和民众的关系。领导所体现的是一种"伦理正义"。从社会正义的角度看，"执政"主要取决于是否合乎"形式正义"，即宪法和法律上的正当性。"领导"则涉及民意、社会意识形态和社会认同等，它的实现主要取决于是否合乎"实质正义"，即人民体认的合法性。虽然"执政"和"领导"两者都以权力为基础，但是执政偏属制度层面，领导则偏属行为层面。

世界上各个国家和地区政党的执政方式各异，主要职能和途径大致有这样几种。一是通过党政一体化来控制政府，行使政权。政党大选获胜的回报就是政府的职位和权力，执政党组织政府，行使政权，该政党的领袖就自然而然地出任最高行政长官，即总统、总理或首相等，并由政党领袖任命政府内阁成员。二是通过议会党团来控制议会。谁控制了议会的多数议席，谁就有可能在议会中通过本党的政策，使之成为国家法律得到推行。但由于政党内部的复杂性，通过一些有争议的法案只有统一本党全体议员意志才有保证，因而各党在议会中形成议会党团。议会党团由党团领导人、督导员、本党议员组成。议会党团领导人一般又是该党的领袖；督导员则负责督促本党议员，在表决时无条件地与党保持一致。执政党对议会的控制，是通过议会党团来保证的，而其他非执政党也同样通过自己的议会党团来影响议会表决，与执政党抗衡。三是通过行政来推行政策。政党在筹备选举活动中，就将自己的政纲、政策向选民反复宣传，一旦在选举中获胜，成为执政党，便可运用整个行政系统推行党的政纲政策，除了靠议会党团力量使政策成为国家法律法令外，还可以通过宪法和法律赋予的行政权力直接贯彻落实本党的政策。执政党在推行自己的政策时，基本准则是遵循宪法和法律，倘若相违，就会受到来自议会中的反对党，甚至是大众舆论的制裁和谴责。

在我国，中国共产党既是执政党，又是领导党，党是国家公共行政的实际中轴。作为"领导党"的一个基本特征，是具有完整、系统、独立的政治组织，领导包括政府在内的所有组织以至于社会的全部事务。中国共产党从中央到地方的各级组织与各级政府系统具有同构性，这一点明显区别于世界各国的其他政党。在这种情形下，"执政"是高于"领导"的政权归属层面，"领导"则是"执政"的实现形式和具体表现。整体的"执政"通过具体的"领导"体现。

厘清"领导"与"执政"关系，关键是要落实党必须在宪法和法律范围内活动的宪法基本原则。现代政党的执政，只能是依法执政。它的内涵就是权力法定，严格依法定权限和程序行使职权，并承担与权力对等的法律责任。现阶段党的依法执政，主要有四个环节：领导立法，监督执法，支持司法，带头守法。这四个环节中最关键的是带头守法。不能以言代法，以权压法，以党的政策代替国家法律。党的各级组织和领导人，不能凌驾于法律之上，活动于法律之外。

## （二）按照"一棵树"原理重塑党政关系

党的十一届三中全会以后，邓小平多次提出把实现党政分开，作为政治体制改革的关键、突破口或首要步骤。根据邓小平的指示精神，党的十三大政治报告提出了实行党政分开的若干具体设想。十三大以后，在改变企业党组织的"一元化"领导，贯彻厂长、经理负责制方面取得了长足进步，党政分开的其他制度性改革也开始起步。但由于80年代正处于两代政治领导人的交替时期，存在着党的顾问委员会这种特殊形式的权力组织，使得党政分开在总体上仍然没有达到50年代初的状态。"六四"政治风波以后，邓小平讲过，"十三大政治报告是经过党的代表大会通过的，一个字都不能动。"但终其一生，党政分开的问题也再没有动过。

之所以出现这种情况，除了当时的特定因素外，恐怕还有两个重要原因。一是从世界范围看，现代政治在某种意义上讲就是"政党政治"。在政党政治的情况下，执政党和政府是无法分开的。而且从政治学角度看，狭义的"执政"与"行政"本来就是一回事。二是从我们党的组织结构看，与政府具有同构性。在西方的两党或多党轮流执政情况下，执政党与政府是完全重叠的，即执政党只能通过议会和政府施政，不存在执政党组织与政府机构双轨运行情况。而在中国，由于中国共产党长期一党执政，从中央到地方各级党组织与同级政府系统具有相似形结构，如党的政法委员会与司法机关之间，党的纪检委与政府的监察部门之间，党委的组织部与政府的劳动人事部门之间，党委的宣传部与政府的文化部门之间，党委的教育、科技、文化、卫生、体育工作委员会与政府的教育、科技、文化、卫生、体育等部门之间，都存在机构并列、重叠与职能交错的问题，由此产生权责不清、效率低下、官僚主义等流弊是显而易见的。要避免这种情况，就必须改变现行党组织的科层结构，而这不仅要对传统的政治体制提出挑战，而且将使大批党的领导干部放弃现有的许多权力，产生不可避免的利益冲突和改革阻力。这也恐怕是党政职能分开提出多年，却始终未能落实的原因之一。

然而，当今国际国内形势已发生了很大变化，特别是社会主义市场经济体制已初步建立，由经济改革的深入所引发的政治改革的呼声日渐高涨，而政治改革是无法绕开党政关系的。考量中国目前的实际情况和需要，比较可行的做法，是把党政关系看成一棵树。在高层，像树冠，可以分得开一些，分得多一些；在中层，像树干和树枝，可以适当分开一些，但不能像高层分得那么多；到基层，像主干和树根，只能合而为一。可以考虑把中央做树冠，省级到县级做树干和树枝，乡村做主干和树根，以此来进行具体的制度设计和安排。这种构想，基本符合事物进化的规律，也与各级权力配置的实际需求相吻合。

按照"一棵树"的构想，理顺党政关系的具体做法，可以参照十三大的思路，在明确执政权限和重点的基础上，把党的执政权的重心放在三个方面。

一是立法的建议和领导权。立法是最大的决策权，也是现代国家最高的权力。现代国家的执政党主要通过控制议会的多数来实现自己的主张。中国共产党则可以通过人民代表大会制度来实现。应该说，现行体制也是这么规定的，问题在于具体立法制度中，有许多可以改进的地方。把实际决策权的重心，由党委转移到人大，是传统革命党向现代执政党转变的首要一环，党要有这个基本的认识，要有相应的具体办法，从权限范围、决策程序、违宪审查、责任追究等方面加以规范。

二是重要干部的推荐权。作为执政党，应当通过人民代表大会制度，向重要机关推荐输送重要干部。并要完善一整套重要干部推荐制度，包括提名、选举、任用、责任等方面的具体办法和程序。特别是提名和责任，在现阶段尤为重要。

三是重大事项的监督权。所谓重大事项，应当包括重要干部的任免、重大建设工程的立项与实施、重大社会事务的决策和重大事件的处理等。其中有的是党内事务，有的可能是党外事务，还可能分布在立法、行政、司法等各个领域。因此，监督的途径应有所不同，需要根据不同类型，进行不同的制度设计。除此之外的所有行政事务，应当由政府全权负责去做，不应过多干预。

这三个方面的执政权，在不同层级的党组织应有不同的侧重点。而且越到中下层，党的执政权与政府的行政权重合度越高，还会有超出上述方面的政务，需要具体设置和调适。

与此相应，需要调整党的组织机构。各级党委特别是基层党委，不拟再设立不在政府任职但又分管政府工作的专职书记、常委。党的机构要少而精，与政府机构重叠对口的部门可以撤销，所管理的行政事务应转由政府有关部门管理。党的纪律检查委员会应当集中力量管好党纪，协助党委管好党风。落实属地原则，现在由上级党组织垂直领导的企事业单位的党组织，可以改由所在地方党委领导。

还要改革干部人事制度。改变集中统一的管理模式。因为由一个人或一个组织把所有干部和人才都管起来，古今中外没有成功的先例。或者说，在特定时期可以"管得住"，但从长远看，绝对"管不好"。应当在科学分类的基础上，形成各具特色的管理制度。可以在完善国家公务员制度的同时，按照党政分开、政企分开和管事与管人既紧密结合又合理制约的原则，对其他各类公务人员实行分类管理。无论实行哪种管理制度，都要贯彻注重实绩、平等竞争、民主监督的原则。党内党外，都要创造人员能合理流动、职业有选择余地的社会条件。

### （三）党内民主应有实质性进展

党内民主是所有现代政党的立党原则。对于长期执政的中国共产党来说，实行党内民主具有更加重要的意义。如果说在战争年代，强调党内的集中和服从，是生存发展与对敌斗争需要的话，那么，在和平年代的执政时期，实行党内民主则是保持先进性和提升执政能力的需要。虽然这方面我们党已经做了不少改进，但仍需继续努力。

一要健全和改进党内选举制度。改革和完善候选人提名制度，适当规定自下而上提名的比例，实行有特定比例的自下而上和自上而下相结合的提名制度。逐步扩大差额选举，并把差额选举运用到正式选举之中，在条件成熟时，把差额选举的方式扩大到对中央政治局委员乃至政治局常委的选举之中。制定竞选规则、办法和程序，建立党内竞选制度，这样才能使党本身保持活力、朝气和自我更新的机制。

需要注意的是，民主竞选实质是不同政策之间的竞争，而非单纯的候选人之间的竞争。因为人的竞争，说到底主要关乎特定的候选人有没有能力来实施其主张和政策。如果仅仅侧重于选人，民主竞选会导致无穷的负面问题。比如，民主竞选最后可能会演变成庸人政治，那些能够讨好政治同仁、官僚同仁的候选人必然受到欢迎，而那些真正能够做些事情，但要得罪很多人利益的人，则会处于非常不利的地位。从各国实践来看，民主选举经常显现出极端保守性，也就是说，往往会成为各种利益集团维持现状的工具。各种利益集团宁可推选出最保守的候选人，来维持现存利益格局，也不愿选择那些真正具有改革意识和开拓精神的人，而这是目前中国所必须避免的。

在民主竞选中减少和控制庸人政治和民粹政治，党内和社会民主选举中的政策辩论，就变得非常重要。庸人政治和民粹政治往往是一体的，庸俗政治人物不能用有效的政策来获得政治支持和合法性，就诉诸讨好其他官员和社会短期利益的方法。实行公开的政策辩论，就必须注意政策的创新性与可持续性。从近期民主化的进程来看，党内民主是要选拔出一个好的候选人群体，然后再交给社会进行选举。如果党内民主不能结合社会民主，选举就会成为精英之间互相投票的封闭政治游戏。很显然，从党内民主的发展、巩固和完善，再到党内民主与社会民主的结合，中国还有很长的路要走。而把包括公开辩论在内的制度平台先搭起来，这种结合的成功是可期的。在一党执政体制的情况下，对此进行制度化的规范，有可能成为真正具有中国特色的民主竞选制度。

二要提升党代会和中央委员会的作用。党的最高权力机关只能有一个，就是党的全国代表大会。由于我们党长期处在革命战争环境中，全国党代会不能按期召开，党中央实际上代行党代表大会的职权，所以在1938年党的六届六中全会上，毛泽东强调"全党服从中央"。这个提法的本意应是"全党服从党中央委员会"，但是在实践中却逐步演变成全党服从中央政治局，全党服从政治局常委，全党服从党中央领袖个人。这方面的历史教训是很多的。在和平时期，可以实行全国党代会年会制和代表常任制。适当减少中央委员人数，增加中央委员会开会的次数。同时，改进党代会和中央委员会的开法，允许代表在大会上发言，允许代表提案，甚至可以有主报告和副报告，提出两种意见观点供大家讨论选择，这样才能真正发扬民主。还可以考虑设置党代会的专门委员会，在党章上明确规定领导人任期和年龄限制等。

三要正确理解和实行民主集中制原则。在国际共产主义运动史上首次提出"民主集中制"概念的是列宁。作为共产国际一个支部的中国共产党，自然以"民主集中制"作为自己的组织原则。将这一原则正式写入党章的是中共六大，在中共七大的党章中对民主集中制做出概括："民主集中制，即是在民主基础上的集中和在集中指导下的民主。""集中指（领）导下的民主"，是我们党的创造。在残酷的对敌斗争时期，有不得不然的合理性，但在和平时期，就弊大于利了。因为民主作为一种制度，在运作过程中已经包含了集中。除了无政府状态的大民主，凡是制度化、程序化的民主最后都必然产生集中。既然民主制本身已经包含着集中，因而就没有必要再加进一个"集中"的概念。概念中的这一逻辑矛盾，使这一制度带有先天性的缺陷。例如，党章规定：党员个人服从组织，少数服从多数，下级组织服从上级组织，全党各个组织和全体党员服从

党的全国代表大会和中央委员会。这"四个服从"中，既有民主的内容
（少数服从多数），也有集中的内容（其余三个服从）。那么，民主集中制
到底是"少数服从多数"还是"多数服从少数"？有人认为，民主集中制
的本质是"少数服从多数"。理由是：第一，党的"组织"、"上级"和
"中央"，是在相应的范围内和层次上按少数服从多数的原则选举产生的；
第二，"个人"、"下级"和全党各个部分所服从的决策、决定，是被选举
产生的"组织"、"上级"和"中央"在各自的范围内和层次上，按照少
数服从多数的原则做出的。因此这几个服从，归根到底都是建立在"少
数服从多数"的基础上的，受"少数服从多数"决定和制约的。但这一
分析是对"四个服从"内在关系的一种逻辑分析，而不是对历史和现状
的概括。再说，"少数服从多数"充其量只是一个准民主的原则。现代民
主观认为，少数与多数同样重要，在某种情况下甚至比多数重要得多；
在有关公共生活的重大问题上，只能按"多数决定"行事，但对少数人
的意愿同样给予尊重与保护，否则便是"多数人的暴政"了。

四要强化党内监督。列宁在晚年集中思考和探索了俄国共产党如何
防止权力过分集中的问题。他以口授的方式写下了《给代表大会的信》、
《我们怎样改组工农检察院》等文章。显然，列宁是想将党的最高领导人
一律置于中央监察委员会的监督之下，这是一种比较典型的分权制衡的
思路，如果能够贯彻始终，对于保证苏共长寿和苏联长治久安具有重要
的意义。然而，由于复杂的原因，列宁的这一探索随着他的逝世而中断。
尔后，已经担任俄共中央总书记的斯大林，逐步将党和国家的最高决策
权、执行权和监督权集于一身。这种高度集权的体制为日后苏共和苏联
的垮台留下了隐患，同时也贻害了其他共产党执政的社会主义国家。历
史的经验和教训，值得我们深刻反思和汲取。

我国现在的情况是，各级纪委归同级党委领导，造成一级党委只能
由上一级纪委监督的实际问题。而且，中央委员会和党的最高领导人没

有机构监督，党章中也没有规定谁能监督中央。因此，应当明确规定，由各级党代表大会选举产生的各级纪委，只向同级党代表大会负责并报告工作，与同级党委处于平等地位，其成员不宜相互兼任，以形成纪检机构与同级党委的权力制衡。同时，在纪委系统实行垂直领导，即地方各级纪委的人事任免、人员编制、经费均由中央或上级纪检机关垂直管理，从而在体制内最大限度地发挥纪检系统作为党内监督机构的权力制约作用。

### （四）改善党际关系

著名的马克思主义者罗莎·卢森堡曾强调，反对派的存在是民主的标志。孙中山先生在流亡国外期间，在认真研究欧美各国实行宪政和政党制度运作的经验后指出：文明各国不能仅有一政党。若仅有一政党，仍是专制政体，政治不能有进步。我国皇帝亦有圣明之君，而吾国政治无进步者，独裁之弊也。故欲免此弊，政党之必有两党或数党相互监督，互相扶持，而后政治才有进步。他又说，各政党在竞争中虽有"在位党"与"在野党"的区分，但都对推动政治进步不可缺少。政党为代议机关或政府之脑海，凡一党秉政，不能事事皆臻完善，必有在野党从旁观察，以监督其举动，可以随时指明，错误才能得到纠正。

中国的现状，从理论上讲不是多党制，也不是一党制，而是共产党领导下的多党合作制，共产党为执政党，其他各党派为参政党。依照现行宪法，共产党在国家中居于领导地位，因此多党合作以共产党为主导是理所当然的。但各党应是独立的，否则就无所谓"政治协商，民主监督"。

就其他党派与中共互相监督而言，尽管我们党的几代领导人都十分重视，但要起到应有的实效，还需在制度层面不断改进和完善。一位参政党派的领导人曾说，多年来中共官员中的腐败问题比较严重，我们很想在监督方面做点事情，却无能为力。首先，我们不知情，我们名为参政党，但没有成员在政府中任职，政府官员中产生的腐败我们无从知道，纪检部门掌握的情况也不愿让我们知道。其次，我们缺乏监督手段，监督干部和打击腐败都要运用舆论工具，中共各级组织办的报纸很多，而我们八个民主党派却没有公开出版的报纸，无法行使监督权。另外，我们民主党派是在共产党同级组织的领导下进行工作的，有时我们虽然从本组织成员中听说中共某领导有这样或那样的问题，但我们没有第一手证据，又没有能替我们绝对保密的渠道，让我们将这个情况报告上级有关职能部门，因此我们不敢随便揭发。被领导者揭发领导者问题的风险太大，若被领导本人知道了，揭发者就要遭受打击报复，多一事不如少一事，谁都不敢揭发。他还说，由于这些方面的原因，全国各地民主党派都未能充分发挥监督作用。

为了改善党际关系，作为发展民主的重要一环，当务之急是将政治协商和民主监督法制化、规范化、程序化。有关国家人事安排，则可考虑开国初期的合作模式，各民主党派的领导成员及专业人士，经选举或协商担任政府领导实职。中共的统战部，要强化服务职能，注重联系各民主党派，听取意见，协商共事，不能完全定位成民主党派的组织部。在民主党派的干部选拔任用中，对于拟进入国家权力机构的干部，统战部应充分尊重民主党派的意见；对于民主党派内部的干部，应由民主党派自己用民主方式产生。

## 三、转变政府职能

目前政府职能定位和运行中最突出的问题，就是政企不分，包办社会。而政府职能转变，是国家各项权力配置与运行的一个关键环节。因为它一头牵着经济体制，一头牵着政治体制。通过转变政府职能，推进行政管理体制改革，可以巩固经济体制改革成果，也可以比较稳妥地促进政治体制改革，具有渐进改革需要的平滑性。

### （一）"进不去"与"出不来"

客观地说，新中国成立后，确切地说是"反右"之后，毛泽东和邓小平的不同之处，是在"做什么"的问题上，毛泽东选择了"以阶级斗争为纲"，邓小平选择了"以经济建设为中心"；但在"怎么做"的问题上，两人的选择是一样的，就是都选择集权体制下惯用的社会动员和群众运动方式。从领袖人物的个性特征来看，两人都是强人，都看重执政党对社会秩序的控制能力，都主张效率优先，只不过毛泽东更理想化一些，邓小平更务实一些。这在"党管一切"的做法中得到印证，在实际上的政府职能定位与权力行使中体现得更为突出。

总体上看，改革开放前特别是"以阶级斗争为纲"时期，党政机关和领导干部，对于经济建设领域是"进不去"，主要是不敢进去，怕扣上"不突出政治"和"唯生产力论"等帽子；现在则是"出不来"，主要是不想出来。因为除了有高层的号召、政绩的冲动，还有已经形成的既得利益驱使。由于政府的"出不来"，导致目前中国社会普遍存在着"三大三小"情况和基层政府的"三化"现象，使政府职能转变更为艰巨和复杂，也更为必要和迫切。

何谓"三大三小"？

其一，大政府小社会。长期以来，在党政职能问题上，人们已经形成一种惯识，即只要是为民谋利，就什么事都可以做，只要目的是好的，就什么手段都可以用。导致党政职能实际上有无限扩大的趋向。现在，政府在有些方面尤其是对微观经济仍然管得太多，对市场的介入太深，把许多本该由公民、企业、社会中介组织管的事情，都包揽下来了，成了无限责任公司。这在计划经济时期，在改革开放初期，可能有些不得已，但到今天就有点说不过去了。打个不那么恰当的比方，就像一个家庭，孩子已经大了，可以自立了，但政府就像个家长，仍然不放心不放手，把什么事情都揽在手里。有些想独立自主的孩子，难免产生逆反心理和行为；还有不少孩子，则慢慢失去了独立自主的意愿和能力，产生了一种依赖，学者们把它叫"行政依赖症"。

从历史角度看，政府的职能与作用，不是一成不变的。在不同的经济社会发展阶段，政府的职能和作用会有不同的伸缩。从现代社会的需要来看，政府应该是一个有限的政府，一个权力边界清晰的政府。现代政府的主要职责，从中央到基层略有差异，但最基本的是对经济的宏观调控、市场监管、社会管理、公共服务和保护环境等。而在中国现阶段，更应该强调社会管理、公共服务和环境保护。比如说我们的环境糟糕到现在这个程度、空气污染到现在这个程度、交通拥堵到现在这个程度，这是政府应该管的事。从公民的角度讲，你考不上好学校、你找不着好工作、你投资失败，首先怪你自己，不能什么都赖在政府身上。一旦形成惯性，政府管得越多越觉得有许多事还需要管，百姓被管得越多越觉得还有许多事应该由政府来管。这就是恶性循环，长期如此，惯坏了孩子，累坏了家长，社会功能就要萎缩，国家治理就要陷入困境。

其二，大公安小公民。我们现在的公民从生到死的每个阶段和方面，几乎都离不开公安机关，很多基本权利在不知不觉中被剥夺了。公安机关虽然权力很大，但责任也很大，不堪重负，还背了许多恶名。现代法治国家把这个机关叫警察署或警察局，职责是有明确限定的，不能全方位全天候行使职权。这样，就局部或个案而言，可能有该管而未管的情况发生，但就整体而言，更有利于对公民权益的保护。因为罪犯的不法行为和政府的违法行政相比，后者比前者对公民权益造成的损害，可能不知道要大多少倍。

其三，大信访小司法。信访的本意是老百姓向政府提批评和建议，用中国传统语言来讲，是"谏言"而非"诉讼"，用现代话语来讲，是政治参与而不是权利救济。而我们现在的情况是老百姓诉讼打官司的事都涌到信访渠道中来，形成大信访格局。其原因在本书第五章中做过专门分析。形成恶性循环后，党政机关"门庭若市"，司法机关"门可罗雀"。前者越来越"大"，后者越来越"小"。

何谓"三化"现象？

其一，公司化的运行逻辑。就是政府一切活动都围绕经济增长这个中心来运转。党政机关像个公司车间，以 GDP 为营业额，以财政收入为利润，以招商引资和加大投入为主要手段。这个运行模式的好处是动力大，发展快，但会引发和掩盖其他社会问题。之所以会这样，是因为有个以经济增长快慢来论英雄的压力型考核指标体系。另外，公司化的运行对党政机关自身的利益追求也有好处。

公司化的运行机制所带来的后果越来越明显。第一，大量资源被用于满足地方经济发展的目的，挤占了公共服务和社会管理的可用资源。在现行考核体系中，经济发展是最为重要的指标，这使得地方政府有强烈的意愿将各种资源用来发展经济；而在动员型的政治体制下，国家与社会之间的关系不平衡，社会的要求对地方政府没有制度性的约束力，地方政府没有提供公共物品的动机。第二，无法有效化解地方社会内部的紧张和冲突。一方面，地方政府对于社会冲突的处理缺少动力；另一方面，地方政府本身也被卷入社会冲突中，成为冲突过程中的利益相关者，甚至是冲突发生的根源，尤其体现在矛盾最为集中的征地和拆迁活动中。第三，政府无力满足地方社会对公共服务和公共物品的需要，相应地也就无法获取政治支持。这也使得地方政府与当地社会之间的疏离感增强，政府渗透和动员社会的实际能力下降。

其二，运动化的工作方式。许多经济、社会、政治方面的日常工作，仍然习惯用搞运动或搞活动的方式来进行。每当一个运动或活动来了，从上到下，层层动员部署，不时检查评比，轰轰烈烈，有声有色，但实际上大都属于党政机关系统内部的自说自话，和老百姓的实际需要没有太多直接关系，或者没有产生应有的预期效应，成本大，浪费多，效益低，甚至造成一些后遗症。比如一些乡镇的巨额债务，有不少就是这一个接一个运动或活动的"丰硕成果"！

其三，碎片化的权威体系。就是表面上，下级对上级非常尊重和服从，你去调研或者检查，他安排和接待得非常精心周到，你说的话，他都称为"指示"，并表示要"认真学习，深刻领会，坚决贯彻执行"。实际上，他有自己的"小九九"，只要涉及地方和部门利益，你说你的，他做他的。之所以这样，是因为在社会体制转型过程中，传统的权威体系受到严重冲击，社会需要的法律权威又没有树立起来，干部既要对上负责，因为官帽在很大程度上还是上面给的；又要对下负责，因为地方之间竞争很激烈，还要时不时地进行民意测评和民主推荐。于是，价值体系发生裂变，选择性服从和执行就成了较为普遍的现象。另外，官场有许多潜规则。在体制转型过程中，真正起作用的，往往不是那些写在纸上、说在嘴上的东西，而是或明或暗的游戏规则。要会打"擦边球"，甚至敢"闯红灯"才行。

## （二）"法治政府"与"服务型政府"

政府职能转变的基本目标，是一个好像解决但又没有解决的问题。好像解决，是因为每次机构改革，都提出过相应的目标；没有解决，是每次提的具体目标不尽一致，从大的方面看，有法治政府、服务型政府以及有限政府、廉洁政府、阳光政府、诚信政府、效能政府、责任政府等目标。其中最主要的，是"法治政府"与"服务型政府"之间的关系。

所谓法治政府，简单地说就是按照现代法治原则运行的政府。也可以说就是依法行政的政府。而依法行政有三个基本要素。其一，行政主体必须依法设立，行政权的取得必须有法律依据。其二，行政权的行使必须符合法律规定，既要符合实体法规定，也要符合程序法规定。其三，行政权的行使要承担相应的责任。坚持依法行政，必须实现三个转变。一是从过去的政府权力本位向公民权利本位转变，也就是人们常说的，对于政府而言"法无授权不可为"，对于公民而言"法无禁止即可行"；二是从过去重在"以法治民"向重在"依法治官"转变；三是从过去片面强调管理相对人的责任向强化政府责任转变。

国务院在 2004 年颁行的《全面推进依法行政实施纲要》中，在确定建设法治政府目标的同时，对推进依法行政、建设法治政府有六项原则要求。一是合法行政，强调依法取得和行使行政权力，也就是要把计划经济条件下的"全能政府"，变为市场经济条件下的"有限政府"。二是合理行政，强调行政应当公平公正，自由裁量时要合乎比例原则，政府必须廉洁行政。三是程序正当，强调行政公开透明，严守法定程序，保障相对人的知情权、参与权和救济权，这也正是建设"阳光政府"的目标指向。四是高效便民，要求遵守法定时限和职责，提高办事效率，提供优质服务，方便公民、法人和其他组织，这是"效能政府"的基本要求。五是诚实守信，要求政府信息公布应当及时、全面、准确，不得随意撤销、变更已经生效的行政决定，确需撤销或变更时，要按法定权限和程序进行，要给相对人损失补偿，"诚信政府"的形象就是如此。六是权责一致，强调行政机关违法或不当行使职权，必须承担相应的法律责任，这也是"责任政府"的题中应有之义。

所谓"服务型政府"，人们的认识还不完全一致。目前比较权威的说法是，服务型政府的本质属性，是以公民权利为本位，以提供服务为宗旨。主张建设"服务型政府"的学者和官员大都认为，"服务型政府"应该具有这样一些特征：一是政府的行政理念是"服务"而非"管制"；二是政府的组织结构体现自治、合作、精简、便民的弹性原则；三是政府行为方式必须公开透明；四是政府决策必须通过公众和社会组织的广泛参与、对话、协商形成；五是公民有主人意识和积极态度，而不是被动接受服务的消极顾客；六是政府公务员角色定位必须是服务者，并具体扮演好组织者、引导者、倾听者、阐释者、仲裁者和行动者的角色。因此，不少学者认为，服务型政府同时也应是法治政府、阳光政府、廉洁政府、责任政府等。

需要注意的是，许多人把"服务型政府"与"公共服务"混为一谈。其实，这是两个虽有一定联系，但又有重要区别的概念。在西方国家行政改革的主流话语中，几乎见不到"服务型政府"的提法，而有"公共管理"、"公共行政"、"公共服务"等表述。前些年我国确定的政府基本职能（除国防、外交等外）有四项，即经济调节、市场监管、社会管理、公共服务。"公共服务"是政府四项基本职能之一。因此，严格说来，强调"公共服务"，重在改变过去只重视经济调节、市场监管而忽视社会管理特别是公共服务的问题。强调建设"服务型政府"，是说政府各项基本职能之中，"服务"是宗旨，是灵魂，是贯穿于各项职能始终的主线和目标。

按照近代西方思想家的解释，政府的产生源自公民权利的让渡。而权利让渡是要通过"全民合约"即法定形式进行的，是为了让政府更好地保障公民的各项权利，更好地为公民提供必要的服务。保障权利和提供服务是行为，法律是行为规范。因此，法治政府和服务型政府，在本质上是相通的。

同时，我们也应该注意到，至少在以下几个方面，或者说在实践层面上，二者是同中有异的。

其一，在政府存立的目的上，二者都强调民意基础，都主张公民本位。但服务型政府的侧重点在公民的福利供给方面，法治政府的侧重点在公民的权利保障方面。福利是权利的重要内容，主要体现人的物质需求；权利在许多方面要以福利形式表现出来，但又不限于此，还有更广和更高层次的内容，与人的全面发展所产生的物质的、政治的、精神的等各种需求的实现相适应。

其二，在政府职能的配置上，二者都强调要建设"有限政府"。但"服务型政府"的职能侧重点在"为民"，强调以能否"为民"来取舍职能；"法治政府"的侧重点在"治官"，强调职权法定，依法行政。当然，在一定程度上可以说，"为民"的前提是"治官"，"治官"的目的是更好地"为民"。但在政府职能具体配置上，在"为民"与"治官"之间，难免有轻重区别。

其三，在政府履行职责的程序和方式上，二者都要求程序正当，公开透明，高效便民，诚实守信，也都要求权责一致。但在实际运行过程中，"服务型政府"因强调政府的服务宗旨而带有更多的主动性，只要政府认为有公民需求，就可以采取一定的行政行为；"法治政府"则因强调职权法定而带有更多的被动性，因为没有法律依据就不能采取行动。相应地，在需要追究责任时，"服务型政府"因注重行为的动机而可能忽略或减免责任，"法治政府"因注重法律依据而会严格问责。

其四，在与社会其他组织的关系上，二者都不排斥其他非政府组织在社会治理中的地位和作用，也都具有现代"协同政府"的理念和色彩。但"服务型政府"注重让这些组织为自己既定的目标和任务服务，在与这些组织的合作与联系时，强调与自己的行动保持一致，或者说，强调为自己"拾遗补阙"；"法治政府"注重确立这些组织在社会治理中的主体地位，为其提供发展的良好环境，使其成为现代社会治理中的重要组成部分。

应该说，我们需要法治政府，也需要服务型政府。但从总体上看，我们更需要建设法治政府。这不仅因为"法治政府"之中，可以包容"服务型政府"以及其他各种"政府"，而且因为这是历史发展的必然、解决现实问题的需要和符合人民群众根本利益的正确选择。

首先，这是社会发展的必经阶段。

近代西方国家政府类型的演变，大致经历了三个阶段。在自由资本主义时代，亚当·斯密的自由竞争理论占据上风，政府只充当"守夜人"角色；到垄断资本主义时代，凯恩斯的国家干预主义占据上风，政府开始充当居委会"老太太"角色，以此矫正"市场失灵"；到20世纪后半期，福利国家兴起，政府开始充当"家庭保姆"角色，但这样一来社会上的"懒人"增多，一些国家实行"私有化"，开始"公共行政"改革，以此矫正"政府失灵"。可以说，西方国家近代政府类型，始终围绕弥补"市场失灵"和"政府失灵"而演变，但有一个重要前提，那就是市场充分发育，法治原则普遍确立，社会成熟度比较高，无论政府充当什么角色，都必须遵循市场经济基本规律，符合现代法治原则和规范。

目前，我国政府正处在由计划经济时期的"全能型"，向市场经济时期的"有限型"转变的过程之中。在传统的计划经济时期，政府担负着公民"从摇篮到坟墓"的全过程全方位的管理和服务工作。在以市场经济为取向的改革进程中，政府开始卸载一些传统的管理和服务职能，但由于既缺乏市场经济的实践，又缺乏现代法治理念，社会成熟度尤其是各种中介组织的成熟度还比较低，同时面临"市场失灵"与"政府失灵"的双重困境。因此，与西方国家推行公共改革的背景不同，我国目前更需要在现代法治理念指导下的市场经济体制建设，在市场经济发展的基础上确立规则导向型的现代法治政府。这是一个不可逾越的阶段。

其次，这是解决现实问题的需要。

处在体制转型期的我国社会，目前面临许多问题。比如在改革领域中的行政性垄断和特权利益集团左右决策等问题，需要由过去的"先变革，后变法"，转到"先变法，后变革"的轨道上来，通过扩大公众参与，推动政府自身改革。发展过程中存在的机会不均、分配不公，以及资源浪费、环境污染等问题，需要由过去的"先发展，后规范"，转到"先规范，后发展"的轨道上来，通过把科学发展观变为指导发展的行为规则，来实现全面、协调、可持续发展。在维护稳定与构建和谐社会中，更需要由重在治标向标本兼治、重在治本的方向转变，通过民主法治建设，形成稳定与和谐的长效保障机制，避免"按下葫芦浮起瓢"的问题出现。

就拿目前大家普遍感觉到的公共产品短缺、公共服务非均等化的问题来说，这里既有"蛋糕"大不大的问题，也有"蛋糕"分得公不公的问题。一般说来，把"蛋糕"做大是发展问题，效率问题；把"蛋糕"切好是分配问题，公平问题。"蛋糕"大了好分配，所以把发展作为第一要务是对的；"蛋糕"大了不一定就能分配好，所以把制度建设作为根本保证也是对的。而且，发展也要靠制度创新，改革开放促进了中国经济30多年的持续快速发展就是证明。"蛋糕"分好了，大家气顺了，积极性和创造性发挥出来了，发展得就会更好更快一些。更何况提供公共产品和公共服务，本来就是政府的法定职责。以建设"法治政府"为目标，全面履行政府各项职责，这些问题的解决应该是不言而喻的。

第三，这也是符合人民群众根本利益的选择。

可能有人会说，建设"服务型政府"，不是更能体现党的宗旨，代表人民群众的根本利益吗？不错，"服务型政府"具有明显的解决民生问题的功能指向。但是，古今中外的实践证明，解决民生问题，需要亲民作风和解决具体问题的能力，更需要民主和法律制度建设，因为民生问题最终要靠民权的实现来从根本上保障。此外，服务型政府的实质是一种给付行政，是要以充足的公共财政为底蕴的，目前我国各级政府的财力虽然有了很大改观，但仍然算不上多宽裕，把"服务型政府"叫得很响，在很多地方和很多时候，会出现"口惠而实不至"的情况，必然影响党和政府在群众中的形象。

还要看到，无论是理论上还是实践中，什么是"公共服务"和"公共产品"，都还难以清楚界定。许多政府部门是很乐意通过提供"公共服务"和"公共产品"，来扩展自己的权力，甚至营私舞弊的，而公民的自由民主权利，也可能会在追逐"福利供给"的过程中消磨殆尽，政府职能在一片"转变"的声浪中，可能复归到计划经济体制下的"全能"状态中，至于机构膨胀、人员扩编、行政成本加大、效率与质量低下、财政拮据、税负加重、腐败丛生，以及"行政依赖症"的久治不愈，都有可能发生。

与"服务型政府"相比，"法治政府"好像离我们党全心全意为人民服务的宗旨远了一点。其实不然。前述法治政府的三要素，依法行政的六项原则，既彰显着公民权利本位，又以对政府权力的依法限制来保证；既体现着为民服务的理念，又以对政府职责的规范来保证服务的高效和廉洁；既有解决民生问题的内在要求，又以对民权和民主的制度规范来实现。从根本上防止了主仆易位、本末倒置。

当然，我们不能期望"法治政府"包医百病，但应该说，坚持依法行政的基本原则，是政府代表人民群众根本利益的制度保证；建设"法治政府"，是现阶段政府建设目标的正确选择。

### （三）横向综合集权与纵向减层分权

以转变政府职能、建设法治政府为核心的行政体制改革，是一个长期的动态过程，任务很多，其中横向综合集权、纵向减层分权，是比较重要的两个原则或具体路径。

所谓横向综合集权，就是政府机构职能要更具综合性和宏观性。

实践证明，市场分工与政府职能有个反向运动规律，就是经济越发达，社会分工越细，专业化程度越高，政府作用越小，政府部门的综合性越高。反之，政府部门就多。政府机构林立，相互之间难免会制造出许多"工作"来，还会出现"七八个大盖帽，管不住一个破草帽"的情况。而且，政府的权力越大，政府越可以我行我素，就会使它的许诺变得不可信。当老百姓不相信政府许诺时，就没有生产的积极性，最终会使政府自身的利益受损。反过来，依法限制政府权力，约束政府行为，会使政府的行为更加有效，承诺变得可信，老百姓积极性上升，结果不仅老百姓受益，政府也从中受益。这不只是一种逻辑推导，也有历史证据可寻。比如英国的光荣革命削弱了皇家收税权力，权力转向议会，在后来的英法战争中，英国反而通过发行国债征集到大量军费，因为政府的还债承诺可信性增强了。而中央集权的法国却没有做到这点，因为投资者不相信不受约束的政府许诺。

现代主流经济学把政府维护市场秩序的内容分为三类。第一类是无争议的，即所有经济学家公认的内容。包括定义产权、保护产权、执行合同等。这就是通常所说的政府的"守夜人"作用。第二类是较少争议的，包括某些法律和规制。比如反垄断以及与人体健康安全和环境保护、金融市场与机构、公司治理结构有关的规制。虽然比较极端的自由派经济学家，反对政府在这些领域的干预，但大多数经济学家认为，对这些领域适当规制的正面作用，大于干预带来的成本。第三类是争议较大的内容。比如政府对价格包括房租、工资、股价、汇率等的管制，对贸易的限制，有倾斜的产业政策，等等。之所以有争议，是因为没有充分证据表明这些干预对经济发展有明显的正面作用，但其负面作用，比如市场扭曲、寻租、腐败却常常十分明显。对第一、二类的内容，政府可以发挥积极的作用。对于第三类，则应极为慎重。而对任何除此之外的市场规制，都应视为过度。

因此，要按照凡是公民、法人、其他组织能够自主解决的问题，凡是通过市场竞争机制能够解决的问题，凡是社会中介组织能够通过自律方式解决的问题，应该优先让它们去解决的"三个优先"原则，把目前行业管理、资产管理、社区管理等职能，逐步从政府机构中剥离出去，实现政企、政资、政事分开。这样才能建立有限政府，提高行政效能。按照这个原则，应当继续推进"大部制"的政府部门设置，成熟一个，组建一个，法定一个，再不能随意分合收放。

所谓纵向减层分权，就是减少行政层级，下放行政权力。

有人曾形象地指出，大国政治制度的特征，是存在着一个发育良好的"大拇指"。通过这只有力的大拇指，可以对社会施加高度的压力，自上而下地引导社会发展。但是，大拇指良好发育的结果，是其他手指的弱小甚至不发育。尽管从表面上看，政治和社会的整体性特征明显，但其他手指的政治功能，则由于大拇指的过度发育而基本上被扼杀或替代了。当其他手指面临危机时，就只能依靠那只粗壮的大拇指了。因为大国制度设计者们的初衷，并不希望在一个中心之外再存在若干个权威中心。在他们看来，多中心制度一方面效率低下，另一方面会人为地制造分裂，不利于大国的一体化统治。而实际上，正是由于单一中心的权威结构，导致了非制度性的多中心权威的存在，而且既然是非制度性的，它的最大特征是，地方权威既缺少来自最高权威的授权，又缺少来自下级权威的有效制约，成了事实上的权力不受制约的"利维坦"。大国最担心的是多头"利维坦"的出现，希望以单一中心制度来解决这个问题，结果恰恰相反，越怕鬼越多。更重要的是，大国之所以繁荣，绝不是因为它大，而是因为它强。单一制也许能够为大国带来表面的繁荣，但这种繁荣注定是短暂的。因为单一制从根本上讲，是一种遏制个人权利的制度，使整个社会和国家缺少应有的活力，成为一具貌似强大的虚弱躯体。

中国是中央集权的单一制国家，中央政府有点像"大拇指"，与各级地方政府的关系不是很正常。改革开放以来，地方政府的权限实际上在扩大，相互之间的竞争也比较激烈，从某种意义上可以说，中国这些年的发展成就，与地方扩权、相互竞争有很大关系。今后应当根据经济社会发展的程度，按照现代国家权力配置的原则，特别是事权与财权、职权与责任相匹配的原则，科学划分中央与地方政府的权责，尽量使权责重心下移，调动地方政府和公民个人的积极性和创造性。

同时应该看到，我国现在的行政层级太多，古今中外，绝无仅有，运行起来成本过高，浪费过大，效率过低。因此，需要也可以逐步减少政府层级，具体说就是要分省、简市、扩县、虚乡、实村。

分省。就是多划分出一些省级行政单位来。我国的国土面积和美国差不多，人口要多几倍，美国50个州，我们完全可以有50—60个省。我们现在的省域疆界，大都是在帝制时期形成的，其中隐含帝王重控制、轻发展的意图。应该从有利于经济发展与社会和谐稳定的原则出发，因地制宜，逐步重新划分和调整，形成规模适度的省域布局，这样会更有利于经济发展和社会管理。

简市。就是逐步改变现在市管县的体制，把市区独立出来，把它作为一个相对而不固定的行政层级，可以有省级市、地级市，也可以有县级市、乡（镇）级市。这样可能更有利于城市的管理和发展，也有利于县域经济的发展。

扩县。就是扩大县级政府的权力，逐步实行省管县。我国目前有2000多个县，分省以后每个省大约管四五十个县，从管理学的角度看，也是比较适宜的。现在县级政府的权力，实际上是残缺不全的，有许多被中央和省上的垂直管理拿走了，县官们实际上是责任很大，法定权力不大。这种情况应该逐步改变。

虚乡。就是乡这一级的政权功能应该逐步虚化，最终退出政权体系的行列。中国古代有"政不下县"的说法，古代的乡官不是官。新中国成立之初的乡，也大都是派出机构，叫乡公所。有的地方，一个乡长，一个文书，一头毛驴，就把事办了。后来人越来越多，功能也越来越齐全。在计划经济时期是有些硬任务的。现在搞市场经济，交通、通信等都比较发达，随着城镇化的加速和政府由经济管家向社会服务者的角色转化，乡镇职能必然会逐步虚化。在适当的时候和地方，逐步取消乡镇一级行政组织，将乡镇改为县级政府的派出机构，从事委派的具体事务，同时指导村民自治活动。乡镇财政开支由县级政府编制预算，由县财政开支。乡镇不设立与上级对等对口的机构，可因事设立办事员或助理。当然，在一些边远山区，由于地域广阔，交通不便，人口聚集程度很低，乡级政府还需要保留，但重在公共服务。

实村。就是要把村这一级做实，让它发挥更大的作用。一是"人要实"。在工业化和城镇化过程中，大量乡村人口进城入镇，许多村庄成了人丁稀少的"空壳村"，不少地方农业生产处于停滞甚至凋敝的状态。中国的人口数量多，但可利用的农业土地不多，即使城镇化率达到60%～80%，农业人口和土地之比仍然较低，土地的规模化经营程度不会太高。因此，既要顺应工业化和城镇化的趋势，使农村人口向城镇聚集，又要因势利导，通过合村、并乡、建社区等多种方式，使农村留得住人，特别是留得住会种地和会经营的人。不能出现"无米之炊"，也不能出现"无人产米"的情况。二是"权要实"。按照我们现行法律，村是自治组织，应该让村民有更多的自主权。要改革和完善村委会的民主选举，遵循市场经济规律建立各类村级经济合作组织。三是"事要实"。因地制宜地发展各种农业产业，活跃乡村文化和各种服务性活动，使村这一级基层组织充满活力、动力和安定力。

转变政府职能的口号，我们已经喊了几十年。虽然这是一个渐进的过程，但也需要壮士断腕的勇气和牺牲精神。几乎可以断言，只要政府仍然是一个市场运行的统御者和参与者，政府官员实际上仍是一个个经济增长的寻租者和谋利者，不仅经济增长方式不可能转变，而且以海量投资来保增长和提民生的结果，可能是经济的萧条和民生的凋敝，到那时，政府职能的转变甚至政治体制的改革，就不是执政者可以控制的事情了。

## 四、让人大成为"大人"，政协真的"协政"

虽然现行宪法规定，中国的政体是人民代表大会制度，人大是权力机关，全国人民代表大会是全国最高权力机关，但实际情况并非如此。至于政协，虽然新中国成立之初，曾代行最高决策机关的功能，但长期演化下来，其实际地位和作用，又次于人大。所谓"党委点戏，政府演戏，人大看戏，政协评戏"的说法，虽然不完全正确，倒也是权力配置的一个形象比喻。这种状况的形成，不一定是开国领袖们的初衷，虽然他们对此应负一定责任。因为权力关系的演化，有天然的集中倾向。就是三权分立最典型的美国，实际上也经常有行政权独大的冲动。只是人家的宪政制度从一开始就比较硬，有广泛的社会根基，很难突破。应该说，党委、政府、人大、政协，如果各有职权分工，又有相互制衡，不比美国的三权分立差。底子是不错的，走了一段弯路，现在再回到正途，也是应当和可能的。只要党委和政府能够准确定位，人大和政协的权力配置与运行，相对更好进行一些。

目前人大制度存在的缺陷归结到一点，就是人大的实际地位与法律地位不相适应。这主要体现在三种关系上。首先，在党与人大的关系上，人大在国家法律上的地位是最高的，但在实际政治生活中，人大是置于党的领导之下的。有人曾问一位中共县委书记，中国的最高权力机关是什么，书记不假思索地说，是党中央！你能说他的回答是错的吗?! 其次，在人大与其他国家机关的关系上，有的地方行政机关的权力往往超越人大，人大的工作受政府支配，或者人大仅仅作为政府"履行法律手续"的工具；在人大与司法机关的关系上，由于一些地方党组织对司法工作的直接指挥和干预，人大对司法机关实施有效的监督并非易事。再次，在人大与人民的关系上，人大还不能充分反映和体现人民的意志，人大的实际作为离人民群众的期望还比较远。

如果说，目前要按现代政党执政原则对我们党进行全面彻底改革，还可能有较大风险的话，那么，落实现行宪法的规定，使人大真正具有宪法赋予的各项职权，特别是决策权和监督权，应该是风险较小且带动作用较大的事情，对于以权力制约权力，把权力关进制度的笼子里，具有重要意义。

## （一）同级党委书记兼任人大常委会主任

从法理上讲，中国共产党是执政党，全国人大是国家最高权力机关，党的执政主张要通过人大的法定程序变为国家意志，才能实现。因此，由党的主要负责人出任人大常委会主要负责人，是合法的，也与民主法治国家由执政党掌控议会的做法是相通的。现在多数地方党委书记兼人大常委会主任，但挂名的多，真正坐班的少。为了规范党的领导，同时也是为了规范决策权，在现阶段，应当把同级党委书记兼任人大常委会主任法定化，并且要名副其实地在人大主政，使人大成为真正的最高权力机关，逐步实现国家权力配置的重心转移。因为现在的情况，党委是实际的决策中心，人大是形式上的决策中心，通过改革，使二者逐步融合一体，是正确的选择。

有人担心，现在的人大本来就是党委的"传声筒"，书记再来坐镇，还有什么民主？其实恰恰相反，只要党的权力规范了，书记真的坐到人大了，人大就会变成"大人"了。还有人担心，作为党的一把手，他应该是被监督的对象，如果变成人大的一把手，等于自己监督自己，这在法理逻辑上是不成立的。其实，对国家最高领导人的监督，关键在于整个权力配置体系的相互制衡，如果坚持以党治国，各种权力统一于党而不是统一于法，党的一把手到哪里都是无人敢监督的。

这里涉及一个重大而敏感的问题，就是如何处理党对人大的领导与人大对党的监督这两者的关系。就前者而言，中共作为唯一的执政党，按照现行宪法的原理，对作为国家机关的人大行使政治上的领导权是可以的；就后者而言，问题就不那么简单了。宪法并没有明确规定人大监督党的条款，但由中共党章中"党要在宪法和法律范围内活动"的规定，以及宪法的其他相关规定，可以间接推导出人大拥有监督执政党的权力。因为从法理上看，人大对党的监督权是人民主权这一最高宪政原则的体现。

为了使党委和人大权力融合，在现阶段还可以设想，把党的代表大会和人民代表大会套在一起开。具体的衔接形式，可以采取党代会稍先、人代会稍后的做法。党代会和人代会套开的好处，是可以把党的决策和人大的决策紧密地衔接起来，形成有效的良性互动，还可以把党推荐人才和人大选举很好地结合起来。

与此相关联的一个问题，就是国家最高权力交接的制度设计，应当是无缝对接，不能有大的纰漏。现在全国党代会上选出中共中央军委主席后，相隔半年左右才在全国人代会上选出国家军委主席，在这段时间内，党中央和国家军委主席是由两个人分别担任的，一旦发生非常事件，真不知该由谁说了算。当然，在具体的交接中可能有相应的防范措施，但在国家制度建设层面不能有明显漏洞。发达国家最高权力交接已经精确到几日几时几分，我们不能相差太远。

## （二）改进人大代表产生办法，使之能够真正代表人民

现在各级人大主任及其常委的构成，实际上以安排即将退休的党政干部为主，因此被戏称为"退居二线"。就是其他代表，也基本上是由各级党组织提名，然后履行法定的选举程序。这种做法与西方国家刚相反。

因为人家是先当议员，然后有机会的话，参选政府官员，包括总统职位，奥巴马就是个典型的例子。我们是先当官后当代表，好处是有从政经验，都是过来人，知道实情，只要招呼打到，都很体谅，加之是组织安排进来的，只要是党的意图，就是个人有些不大情愿，也要遵守党的纪律。何况，"曾经沧海难为水，除却巫山不是云"，也懒得较真了。而真正的民选代表，则不一样了，一者确实有个责任问题，二者"初生牛犊不怕虎"，敢说真话敢较真。这正是民主制度所需要的。因此，应该彻底改变目前人大代表的产生办法。从规范提名开始，严格按法定程序和方式民主选举。代表必须有自己的选区，能代表选区的人民。代表可以有自己的竞选班子，有合法的竞选经费来源。当选后，可以有自己的工作班子，有法定的并进入财政预算的工作经费。代表行使职权受法律保护，若选民认为不能代表他们的意愿和利益，可以依法罢免。在过渡时期，可以在人大建立代表联络群众制度，比如设立代表联系室，公布联系方式，让选民能够找到自己的代表。

对于以差额竞选的方式产生代表，应该有正确的认识和相应的平台。竞选并非资产阶级的专利。我们党早在民主革命时期就倡导和实行过竞选，它在本质上是把优胜劣汰的竞争机制引入选举，通过对候选人的宣传、介绍和比较，增加选举的透明度，使选举人对候选人有比较多的了解和比较满意的选择，从而减少选举人投票的盲目性。有人担心竞选会削弱党的领导，其实并非必然。因为党完全可以通过立法，来保证党员在人大中的多数地位。近些年来，选举有了差额，但差额人选是事先定好的，且大都只在预选中进行，等于没有真实的和正式的差额竞选，缺乏民主平等竞选的实际意义。可以预料，只要正确运用竞选机制，建立相应的合法平台，就可以减少许多地方存在的"逼良为娼"式的贿选现象，给我国选举制度带来生机，从而加强代表的责任感，提高代表质量，增强党的执政能力。

现在中央提出要改善人大代表的结构，提高基层人大代表特别是一线工人、农民、知识分子代表比例，降低党政领导干部代表比例。这无疑是正确的。但必须注意的是，如果代表不是经过真正的民主、平等竞选出来的话，基层代表所占比例越大，越缺乏代表性，越容易形成权力的专断。最典型的例子就是"文化大革命"期间工农代表难以代表工农，并在事实上助长个人专制的"无法无天"。

### （三）减少代表名额并逐步实行人大代表专职化

人大代表名额的多少，不是一个简单的数量问题，而是关系到人大的民主程度和实际效果的问题。现在全国人大代表接近 3000 人，是世界议会人数之最。省级人大代表也在 400—1000 人之间，比一般国家议会人数还多。人大代表名额过多，不便于召开会议，充分讨论和决定问题，从而影响到人大职权的行使和作用的发挥，而且会议成本很高。可以考虑，按有选举权的公民为 9 亿计算，分层分类设定代表名额，争取把全国人大代表数量控制在 500 人以内，地方各级人大代表数量应更少一些。这里有一个认识误区，就是有些人觉得我们国家人口众多，代表人数多一些才好分配，才有代表性。其实，代表性的关键不在于人数多少，而在于代表是否真的通过民主平等竞选产生，是否真的能代表选举者的意志。代表人数众多而且又不是通过真实的民主选举出来，是没有什么作用的。何况许多政治学家经过研究后得出结论，500 人以内的会议，还可以讨论、协商，经过民主程序形成科学决策。而 500 人以上的会议，就只能是"团结的大会，胜利的大会"了。

与减少代表名额相关联的，是人大代表的专职化问题。应该说，人大代表专职化是我国根本政治制度的内在要求。政府官员、法官和检察官都是专职的，作为最高权力机关主体的人大代表更应是专职的。只有专职代表才可能有时间、有精力、有条件、有能力承担起人大代表的繁重工作。而且，人大代表专职化是克服"官员代表大会"弊端，进一步实现分权制衡的客观需要。因为"官员代表大会"现象的制度根源，在很大程度上就是人大兼职制。人大代表专职化还可以消除权钱结合的制度安排，起到维护社会公平正义的作用。因为目前人大代表中有相当数量的企业家，在人大兼职制的轨道上，有意无意地违反了公平竞争的市场经济原则。而人大代表专职化的基本要求，就是企业家若要担任人大代表，就必须把自己的生意委托给代理人，自己在担任人大代表期间与之完全脱钩，以确保其成为真正的选民代表，避免权钱结合可能带来的种种弊端。

更重要的是，人大代表专职化也是其他相关改革的前提条件。只有实行人大代表专职化，才有可能充分延长人大会期，形成和发展人大的辩论制度和质询制度，建立和完善人大代表与选民之间的常年联系制度，从而充分发挥人大代表的重要作用。

### （四）赋予人大名副其实的决策权和监督权

人大应有名副其实的决策权和监督权，而不仅仅对决策进行评议和咨询，对监督缺乏有效手段。

要加强人大在政府预算收支方面进行实质性审议、制约和批准的功能。稍微了解世界近代史的人都知道，英国的光荣革命、荷兰的建国、法国的大革命、美国的独立，都是从政府征税问题引起的。从欧美历史看，宪政民主的实质是限制政府的征税权和预算民主的问题，而不简单是民众的普选权和选民直接"选主"即选举国家和政府领导人的问题。我们也应当从预算和税收制度的规范做起，使这项真正关系国计民生的权力，由人民掌握，而不是归政府实际掌握。

同时，应将审计部门归属人大。国际上审计部门的归属有两种情况，一种是归属于政府，如中国；另一种是归属于议会，或在议会中设立审计委员会，如芬兰、瑞典等，或审计机关直接向议会报告工作，如美国。从公共受托责任的角度分析，审计部门由于负有对政府履行公共受托责任情况进行鉴定的责任，应设立于政府之外。我国将审计机关作为国务院的一个部门，在实际运行中弊端较多，如审计机关缺乏独立性、审计结果的披露受到限制、审计工作的重点和目标不稳定、审计监督留有空白、预算审计流于形式等。改革的方向，应当是将审计部门划归人大，这样才能更好地落实人大对政府的监督，并增强人大的权威。

各级人大及其常委会，以及各专门委员会的各类会议，可以实况直播或转播，公民可以现场旁听。建立人大会议辩论制度，这是一项基础性的制度构建，应当成为一项法定的独立程序。同时，要建立起相关配套制度，即人大代表的职业中立制度和修正案制度，以保证辩论制度的有效实施。

政府及政府部门，以及司法机关，应当定期不定期向同级人大及其常委会报告工作，主动接受监督。对法律执行情况的检查监督，应当经常化。

### （五）使政协真正起到"协政"的作用

在对人大制度进行改革和完善的同时，对政协制度也应做相应的改进，总的思路是让政协具有一定的决策权和监督权，使政协真正起到"协政"的作用。

可以在宪法中明确规定政协是国家权力机关的组成部分，具有法律审议权；对行政机关制定的法规规章及执法行为具有质询权；政协委员有权通过视察或调查的方式对国家法律的实施情况进行全面监督，对各级国家机关工作人员提出批评或弹劾，对违法情节严重者提请同级人大罢免；政协委员享有言论免责权；等等。在政协委员的选择上，则应逐步引入竞争选举机制，减少协商提名过程中的腐败行为。

　　还可以考虑由全国政协来承担违宪审查。从制度设计层面看，我国人大制度是权力集中制，一切国家权力归全国人大，其他国家机构的权力都是由人大授予，对人大负责。这种体制有其高效的优越性，但人大自身在国家制度范围内却没有或不受任何其他权力的制约或监督。如果全国人大及其常委会的决定特别是立法，出现违反宪法的基本原则、侵犯公民基本权利的情况，就很难及时纠正。如果让全国政协作为违宪审查机构，可能更"中立"和有效一些。而且政协和各民主党派是受共产党领导的，不必担心它会借此挑战共产党的执政地位。这不失为一个新的改革思路。目前可以考虑使政协有建议人大进行违宪审查的提案权，并把它作为改革的切入点。

　　我们经常嘲笑西方三权分立国家"决策时婆婆妈妈"，不像我们干脆利索。其实，决策时就应该"婆婆妈妈"，如果不问问"婆婆"，不经过"妈妈"，单凭老子一句话，难保不出问题。打个不那么恰当的比方，中国的人大和政协，类似"婆婆"和"妈妈"，多发挥"婆婆"、"妈妈"在决策中的作用，肯定能减少重大失误，更有利于各种权力有序和有效运行。

# — 第十一章 —
# 推进司法独立与公正

司法与行政不分是所有专制集权政体的特点。现代法治国家司法独立是通则。不管是实行三权分立的国家，还是没有实行严格意义上三权分立的国家，都是这样。因为司法是社会公正与否的最终裁判者。只要司法是独立稳定、权威公正的，社会重大问题就会有一个理性的解决机制，一般不会发生街头政治和暴力对抗。对于社会转型时期的中国来说，推进以独立与公正为目标的司法改革尤为重要。因为它既是政治改革的重要组成部分，又是政治改革的重要保障。

## 一、走出观念和体制误区

中国现行宪法对司法独立有原则规定，即"人民法院依照法律规定独立行使审判权，不受行政机关、社会团体和个人的干涉"。对检察院也有同样的规定。宪法的这一原则规定，在司法实践中落实得不是很好，司法受党政机关的实际控制和司法不公，一直是饱受世人诟病的问题，也成了一些人批评中国"有宪法无宪政"的口实之一。这种状况的存在，与我们的一些观念和体制误区有关。

### （一）"独立"与"公正"

司法机关独立行使职权，是人类社会制度文明的成果，并不是资本主义的专利。正如恩格斯所言，司法分立原则"最透彻地反映了人类对自身的恐惧"。它是司法规律的必然要求，是对权力制约和监督的历史经验总结，是有效解决社会矛盾、纠纷的制度设计，与三权分立并不必然联系。比如，英国的司法机关独立性较强，但英国长期以来并不是典型的三权分立，上议院是英国的最高法院，立法与最高司法机构是合二为一的。

在我国多数人眼中，司法独立就是司法机关在行使审判权和检察权时，不受任何组织和个人的干涉。这当然是司法独立的基本含义，但不是全部含义。因为要做到不受干涉，就要有许多前提条件。比如，法官和检察官的资质与任免，要有相对科学的标准和独立的程序，如果实际上由同级党委和政府决定，他是很难独立行使权力的。还有，法院和检察院的经费要相对独立，如果事实上由同级党委和政府掌控，他不仰人鼻息就活不下去，也是很难独立行使职权的。再有，司法机关系统内部若是行政层级的管理方式，上下级之间实际上是领导与被领导关系，法官和检察官不听行政领导的话行吗？诸如此类的问题不解决，司法是不会真正独立的。

至于司法公正，包括程序公正和实体公正两个方面。其主要内涵，一是确保当事人在诉讼程序中，依法充分行使诉讼权利，承担诉讼义务；二是认定事实要符合客观实际；三是对当事人行为性质、责任的认定和权利义务的确立，必须符合法律规定；四是法官做出自由裁量时，必须掌握科学合理的度，确保裁判结果既合乎法律，也最大限度地合乎情理。

一般来说，只要做到裁判公正，就能建立司法权威。但在实践中，公正的裁判不一定带来公正的评价，不一定能树立司法的权威。因为司法公正有其不可克服的评价标准客观性不足的先天局限，人们无论对实体还是程序公正的评价，都会带有各自较多的主观意识和利益倾向。实体公正具有一定的局限性和模糊性已是众所周知，程序正义虽然情况能好一些，在通常情况下能够最大限度保障实体公正，但也无法达到"只要遵守程序规则，必能获得公正裁判"的理想程度。在现实中，这两方面的例子都有不少。

克服司法公正先天局限性的基本出路有两条。一条是不断完善立法，以追求永远不可能达到却永远应当追求的目标。这是一个长期反复的过程，而司法是一个即时的过程，实在等待不起。另一条出路，就是树立和强化司法权威，以获取公众对司法的信任和对判决的服从，从而达到解决纠纷、稳定社会秩序的目的。对现代文明条件下的社会治理来说，造就法律权威就显得非常有效和经济。因为一个社会一旦树立起法律权威，那就意味着人们的行为不需要太多的社会压力，就会趋向于理性的社会合作，在一定意义上说，现代社会治理的核心问题，就是营造一个现实的司法权威。

司法权的价值取向是公正，不是独立，这是常识。那么，为什么要强调司法独立？这是因为历史经验证明，没有独立，就很难做到公正。从哲学角度讲，司法独立是手段，司法公正是目的。造就司法公正的因素很多，但独立，是其中最重要的因素。只有独立了，其他问题都好解决，或者可以把负面影响降到最低程度。当然，在司法独立的同时，也应注重其他因素的影响，在主观上加以改良，不能听之任之。否则，司法独立与公正就可能发生裂变，即虽有独立，却无公正，或做不到应有的公正。这在实际中也不无例证。

## （二）"政法"与"法政"

在民主法治国家，听不到"政法"这个词。如果有的话，也叫"法政"而非"政法"。虽然只是两个字的次序颠倒了一下，含义却大相径庭。

在"法政"这个话语体系中，法律是老大，政治是老二。政治问题要法律化，或者说通过法律途径去解决。政治得听法律的，一切政治活动，都得在法律框架内进行。法比权大，不管是谁主政，谁掌权，法律的统一、稳定和公正，是不能随意突破的。否则，就要接受法律的制裁。因此，不管这党那党、这派那派，尽管斗得不可开交，但社会基本秩序不受太大影响，大家该干什么还干什么。

在"政法"这个话语体系中，政治是老大，法律是老二。许多法律问题、社会问题甚至经济问题，都要政治化，或者通过政治手段和方式去解决。法律要服从政治，紧跟政治，不能与政治相左。在这种制度环境和话语体系下，法律只是完成政治任务的一个工具。而政治，说到底，是由谁来管谁。今天我管你，法律就得听我的；明天你管我，法律就得听你的。有人指出，现在法院判案，是"小案讲法律，中案讲影响，大案讲政治"。这样，法律的统一、稳定、公正，就是一件很难有保证的事情。

有人指出，中国社会的最大特点，就是习惯于将经济、社会和法律问题"政治化"，动不动就要求"站在政治的高度来认识问题解决问题"，结果使许多本来可以通过法律途径和方式解决的问题，都归到了政治领域、政治高度、政治方式。这样，对有的事情的解决可能是有利的，对更多事情的解决可能是不利甚至有害的。而在法治国家和法治社会，人们更愿意接受经济、社会和政治问题的"法律化"，通过法律途径和方式认识和解决问题，因为所谓经济手段、行政手段和政治手段，说到底，都要以法律为基础和依据，在任何一个法治国家和社会，都不存在纯粹的经济手段、行政手段和政治手段。

法律具有统一性和普遍适用性，即所谓的法律面前人人平等；而政治具有多样化和特殊性，不同的人在法律面前可以有不一样的待遇。如果有钱者可以通过钱、有权者可以通过权来把司法过程政治化，无权无势者则可以通过花样繁多的形式如集会、游行、抗议、暴力（包括自杀）来求助问题的解决。在现代流动性社会，社会角色之间信任的建立和保障都必须依赖于法律，尤其是司法。对执政者来说，司法更是社会和政治秩序的根本。对任何统治者来说，对司法的信任是一个社会的基本信任，也是最后一根"稻草"。道理很简单，一旦社会失去对司法的信任，整个社会必然出现暴力横行的局面。所以，任何一个法治国家，都会动用一切可以动员的力量，不惜成本来保障司法的公正和司法的尊严。不难观察到，在法治社会，统治者本身受到批评甚至攻击是小事，但司法是不可以遭到批评和攻击的。"藐视法庭"是一项非常严重的罪行。但在中国，无论是党政干部还是普通老百姓，都可以藐视司法，甚至把司法当儿戏。司法的衰败导致谁也不信任司法，都想用政治甚至暴力手段求得问题的解决；司法的信任危机和司法的政治化反过来加剧司法的继续衰败。如果继续下去，可以确定的就是大面积的无政府状态，也就是人人都没有安全感的丛林法则盛行的"自然"状态。

### （三）群众性与专业性

我们党是靠群众运动起根发苗的。群众路线是基本的执政方式和工作方式。这在司法领域，也有很深的影响。

司法工作本是一项专业性很强的工作，是一种以法律知识和技能为基础的职业。在西方国家经常把法官和医生相提并论，因为二者都需要专业的知识训练和丰富的经验，并且都关乎人命，不可随便找个人来干。在法官的选任上，既有严格的资质标准，也有相应的法定程序。中国对司法官员的选任，原先没有什么资质标准，也没有什么法定程序，基本上按党政官员的标准和任免程序进行。这些年有了一些改进，但不很严格和科学。往往是选择一些具有党政工作经历的干部，并由同级党委提名，然后由同级人大"走程序"任免。至于是否具有相应的专业知识和法律信仰并不重要，重要的是"政治上强，有大局意识"。实际上就是要听党的话，按党的指示办案，不与党和政府闹独立。

与此相关的是司法行政化色彩越来越强烈。比如，审判委员会对案件具有最终决定权。由于法院内部机构设置等级化，审判权力由法官向各庭庭长、主管副院长、院长方向集中，办案需要层层请示汇报、研究讨论、审批把关，造成审权与判权的分离，不仅人为地拖延诉讼时间，还模糊了责任界限。一旦发生错案，要么是法不责众、不了了之，要么是直接办案人员背黑锅。责任追究的模糊化又为司法权滥用提供机会，关系案和人情案屡禁不绝。行政化的案件管理机制，还使得有办案经验的人员大部分被提升到领导岗位，不再承办案件，影响办案质量，进一步加剧司法公信的危机。因为"法律的生命不是逻辑，而是经验"。司法的专业性不仅体现在司法需要以错综复杂的法律规范为基本依据，而且司法裁判需要以经验为基础，没有足够经验的人通常很难成为一个好法官。再如，不同审级法院之间的监督关系异化为领导关系。实践中存在下级法院不断地就具体案件审理向上级法院请示汇报，上级法院不断地向下级法院发布指示命令的现象，影响各级法院和法官在司法活动中的独立性，导致两审终审和审判监督制形同虚设。

在法治社会中，必然会形成一个专靠规则谋生的"法律人"群体。这其中除了法官、检察官、法学家外，还有律师。律师的天职就是通过反驳检察官或法官的规则阐释和适用，为遭受指控的人进行辩护，使其免受不应有的惩罚。发达国家的宪政史表明，没有"法律人"群体，就没有法治。律师是这个群体中不可忽视的力量，而且大量的法官、检察官甚至法学家，都是律师出身。没有优秀的律师，就很难有出色的法官和检察官，因为不仅有角色的相互转换，也有相互砥砺。从司法公正的历史进程看，律师是推动司法独立的重要力量，也是程序正义的保护神，更是公民权利和自由的忠诚卫士。但在中国的司法领域，律师的实际地位和作用，一直比较尴尬。用传统观念看，司法不是专业的活，律师不是专业工作者，而首先应是社会工作者。律师可有可无，律师就是给坏人说话、为罪犯鸣冤叫屈的人。不管被告还是原告，如果有谁想请律师辩护，就有些不那个了。直到近些年来，"去律师化"的倾向还不时出现。

与"去律师化"相关的，就是在司法领域实行司法的"大众化"和"人民性"。现在，仍然有不少地方热衷于推行当年在陕甘宁边区政府出现的"马锡五审判方式"，主张法官将法庭搬到老百姓中间去，搬到村间地头去，简化程序，倾听民意，追求实质正义。不能完全否定这种做法的正面意义，但它肯定不是法治社会司法专业化的方向。因为司法的价值追求是公正，公正的重要前提是司法独立。司法独立不仅意味着要独立于立法权和行政权，而且意味着独立于民意与舆论，它的实质就是正常情况下的集体理性，要优于非正常情况下的群情激愤。当年"不杀不足以平民愤"的司法实际不乏冤假错案。当今网络媒体对司法影响的利弊得失，也值得认真考量。

应当说，现代社会的司法公开，为民意舆情评判司法提供了话语空间，这也可视为公民基本权利之一。但评判司法并非具有推翻司法的能力和权力。如果司法基于舆论而改变，当正确的司法每每由舆论引发而获得，就潜含着极大的司法风险，那就是司法的专业性及司法权威不断遭到蚕食，最终会撼动司法的根基。因此，必须明确：在我国现行体制下，人民通过自己选举出来的代表组成全国人民代表大会，制定法律，司法机关严格依法办案，推动法律有效实施，就是最大最理性的民意，符合人民的根本利益。而舆情承载的民意往往具有非理性的属性，时而"民愤杀人"，时而"民意救人"，并不可靠与公正。说得再透彻一点，就是规则先于游戏制定，游戏过程中不能随意变更规则。比如四个人打牌，一局下来，一人赢三人输，输家提出改变输赢计算办法，并且提出用少数服从多数的方式进行"民主表决"，这样的民主可以允许吗？它所造成的结果是合理的吗？有太多的司法实践表明，如果没有立法层面上的民主，没有对司法独立的体制性保证，司法过程中的所谓民主设置，往往会造成更大的司法不公，甚至成为专制权力剪除约束力量的重要打手。

当然，司法的专业化与司法民主化二者并非截然对立。专业化要求法官须有严格的准入和履职标准，但这主要是就法律适用问题而言；事实认定则可以体现民主化的要求，应当尊重普通人的常识、常情、常理的判断，在许多情况下，常识优于复杂的专业结论。法治国家陪审团的作用，就是专业化与民主化结合的一种模式，它的公正性和权威性是得到多数公民认可的。需要警惕的是，民主有时具有很大的不确定性，只有法律职业者才能成为平衡民主的强大力量，甚至是唯一可靠的力量。托克维尔在《论美国的民主》中说："当美国人民任其激情发作，陶醉于理想而忘形时，会感到法律人对他们施有一种无形的约束，使他们冷静和安定下来。法律人秘而不宣地用他们的贵族习性去对抗民主的本能，用他们对古老事物的崇敬去对抗民主对新鲜事物的热爱，用他们的谨慎观念去对抗民主的好大喜功，用他们对规范的爱好去对抗民主对制度的轻视，用他们处事沉着的习惯去对抗民主的暴躁。"

因此，应当在法律上将媒体报道司法的行为与评论司法的行为区别开来。在允许大众传媒对司法过程进行客观公正报道的同时，在法律上划定一条明确界限，即已经审结的案件，允许媒体自由评论，正在审理的案件只可报道而不得评论。对法律判决的评论和批判，必须有一个合理明确的标准，那就是审判是不是依法进行的，也即它的审判是不是合乎法律规定的。否则，就会是一场"公说公有理，婆说婆有理"的无休止混战，可能混淆公众视听，影响司法权威。

## 二、以公正为目标推进司法改革

现在越来越多的人认识到，司法改革应作为政治改革的切入点优先突破。因为司法是关于纠纷解决的程序规则，在社会转型时期，关于程序规则的共识相对容易达成；司法改革是法治改革的核心领域，如果司法机构能够有效运行，宪政框架基本上就具备了；司法作为社会的"稳定器"，可以为这个急剧变动的时代提供一种缓冲机制。问题的关键在于，司法改革的目标选择，以及改革的主要内容，究竟该如何确定？从法理角度看，把司法公正作为改革的终极目标，是可以被各方接受的，这也是目前的选择和提法。培根曾指出，不公正的司法判决比其他不公正的行为危害更大，因为不公正的行为只是弄脏了水流，而不公正的司法则把水源败坏了。所以，应当围绕司法公正的目标，把司法独立的有关内容由内到外渐次展开，在推进过程中，可与整个政治改革的内容与步骤衔接，形成相互促进与保障的局面。

### （一）让懂法的人当司法官员

建立司法官员任职资格标准和相应的资质认定办法，确保司法官员具备必要的专业知识、法律信仰和职业操守。杜绝从党政官员中选任不具备任职资格者当司法官。同时，建立司法官转换制度，可更多地从律师中选任司法官。

司法官员应有单独的序列，与行政级别脱钩，并逐步实行高薪制度，确保不为蝇头小利而动心。司法官员的升迁要更多地与时间挂钩，培养静心中立的心态。可以参考发达国家的做法，建立司法官任期保障、人身安全保障、退休保障及职务行为豁免权等具体制度，减少公正履职的后顾之忧。

这些改革举措，在整个干部制度中，不会伤筋动骨，应该没有多大的阻力，而且有些举措实际上已经或正在实施，只要坚持做下去，会产生良好的带动效应。

### （二）审判与执行可先实行相对独立

先从司法系统内部做起。下级法院对上级法院、法官对法院领导、法官相互之间，都应保持相对独立性。逐步减少院长、庭长在司法审判中的权力。改革审委会，落实合议庭的合议，推广独任审判。上级法院可通过审级监督、人事任免建议，影响下级法院；下级法院在司法检察、司法统计、案卷管理、信息技术利用等方面配合上级法院的工作。除此之外，上下级法院之间应该"没有关系"。最高法院的功能，可调整为司法政策引导，如发展案例指导制，逐渐减少"准立法性"的司法解释。

我国现行司法执行体制借鉴了大陆法系国家的做法，将司法执行权交由法院行使，是一种"审执合一"的体制。近年来，随着司法改革的不断深入，司法执行体制也在实践中有一些调整和变化。如成立执行局，使司法执行机构在法院体制中相对独立和统一。这一改革思路是基于司法执行权是一种区别于司法裁决权、具有行政权性质的认识。实践中，不少法院设立了各自的独立执行机构，在执行机构的管理体制上实行单列的管理模式。这样，司法执行机构实际上在司法机关内部已经相对独立出来。这是合乎逻辑的，在我国司法执行体制改革中具有方向探索性质。

### （三）优化司法资源配置

逐步改变依照行政层级设置司法机构的做法。即使是行政层级，在社会转型基本完成后，也要向扁平化方向发展，司法机构更应如此。可以打破行政区域界限，设立跨区域的司法机构，这本身就可以起到改变行政司法不分的作用。同时，逐步淡化上下级司法机构之间的领导与被领导关系，使司法机构无论在纵向还是横向中，都处于相对独立的状态。

根据社会发展需求，特别是民主法治进程需求，适当设立一些专门法院。比如，在行政复议和行政诉讼发展的基础上，在中央和地方设立相应的行政法院，专门审理"民告官"案件。再如，可以考虑在时机成熟的时候，设立宪法法院，专司违宪审查。

适当扩大司法审查范围。现在法院对许多诉求都有一些严格的限制，立案的门槛较高，使人望而却步。这其中有的是有道理的，有的只是为了"维护稳定"。应随着政治改革进程的步伐，逐步扩大司法审查权限。比如，对有些所谓的抽象行政行为，也可以进行司法审查。实际上，抽象行政行为造成的危害，远远大于具体行政行为，更需要约束与监督。依法纠正抽象行政行为，是最大效应的"维稳"。

### （四）确立司法最终解决机制

司法是实现社会公正的最后一道防线。确立司法最终解决机制，是所有法治国家的通则。应该确立权力分工制衡的理念，将信访机构的监督功能归人大，救济功能归司法。不搞"大信访"，对于公民和利益集团的各种诉求，除批评建议类外，党政机关原则上不应受理，党政领导不干预个案处理，给信访机构"松绑"，向司法机关"分流"。凡经司法终审和再审的案件，原则上不得再通过信访渠道重新办理。对少数无理纠缠者，应依法果断处理，以儆效尤。

最终解决机制的确立，还有赖于司法机关目前比较严重的"执行难、执行乱"问题的解决。"迟来的正义不是正义。"假设判决是公正的，但长期得不到执行，或者在执行中变样，就不可能有司法最终解决，老百姓等不得，受不了。因此，司法系统在保障判决执行方面，必须有更大的改革力度，彰显自己的公信力。

当然，任何完美的机制也不可能完全有效，最终解决肯定也会这样。因此，可以发展一些替代性纠纷解决方式，使民众有更多可选择的机会，但要防止再走到目前没完没了的"信访"老路上去。

## 三、有效抑制司法腐败

应该说，前述司法改革的各项措施，实际上都有抑制司法腐败的功能。但还不够，需要有其他一些举措。

### （一）全方位促进司法公开

这是最重要的。这方面许多地方已有一整套比较成熟的做法，包括立案公开、庭审公开、执行公开、听证公开、文书公开、审务公开等。同时要规范媒体旁听和采访报道制度，规范司法宣传的归口管理制度，建立科学有效的沟通联络机制，以保障司法全方位公开的有序进行。

### （二）以对抗制为基础完善司法程序

改进法庭调查和辩论制度，使之更具实质性，而非只具程序性。建立货真价实的陪审制度，在事实认定中更多地发挥陪审员的作用，从根本上扭转"人民陪审员"变成"人民陪坐员"的现状。对重大刑事案件，被告可以诉诸陪审团审理。

还可以逐步将现行的职权主义诉讼体制，逐步转变为当事人主义诉讼体制。职权主义诉讼体制的基本特征是，法院和检察院、法官和检察官在诉讼活动中拥有主导权，对诉讼程序的启动、进行和终止，以及对诉讼对象的确定和诉讼资料的调查收集具有决定权，当事人在诉讼中处于被支配地位。职权主义诉讼体制实际上是计划经济体制下，国家对社会生活进行全面干预控制在司法领域的体现和反映。在市场经济条件下，诉讼体制可以逐步转换为当事人主义诉讼体制。这一体制的基本特点是，诉讼程序的启动、进行、终止，以及案件审理对象和审理范围均可由当事人决定。简言之，就是将诉讼的主导权和支配权适当交由当事人行使。诉讼体制逐步实现由职权主义向当事人主义的转型，可能更有利于防止和遏制司法不公与腐败。

对社会弱势群体，国家应提供有效的法律援助、司法救助、刑事被害人救助等制度，并完善国家赔偿制度，在更大范围使受害和受损者的利益得到公正赔偿。

### （三）实行司法裁判终身责任制

在司法权内外相对独立行使的基础上，逐步实行法官和检察官办案的终身责任制。这是有效杜绝人情案、关系案，防止司法腐败的重要环节。现在有的地方法院已经这样做了，效果不错。国家司法机关应该及时总结这方面的做法，同时借鉴国际司法经验，经过充分试点，形成科学合理的制度，在全国范围推行。

### （四）充分保障律师权

在抵制司法腐败中，充分保障律师权是一个重要的方面。与其他人员相比，律师是内行，同时又处在与司法权对抗的位置上，司法官员可以敷衍当事人，但很难敷衍律师。律师的调查取证、充分辩护、人身自由安全等，应该得到充分保障。

### （五）垂直管理与经费保障

为了摆脱地方主义造成司法的不公与腐败，可将法院和检察院的经费和人事垂直化管理。同时给各级人大，特别是给全国人大以足够的监督权力，避免两院垂直管理后可能产生的寻租和低效率问题。在人事垂直管理方面，应该实行法院和检察院的领导干部、机构设置和编制由中央统管。

在经费保障方面，改变目前法院和检察院经费由地方财政解决的思路，特别是要改革法院和检察院实际上仍然存在的"收支两条线、超收奖励、罚款分成"的经费来源和供给体制，建立独立的司法预算制度，实行国家单列财政拨款。目前世界绝大多数国家的司法经费，都由中央财政保障。中国现在实行中央财政统一保障司法经费，或许有一定的困难，但可在省级区域内实行司法经费统一保障的试点。这里的关键是财政的预算与决算，应该由同级人大说了算。如果实际上仍由同级党委和政府掌控，给的钱越多，司法可能越难以独立，也越难以公正。

# — 第十二章 —
# 建立有效和有序的监督体制

内部监督无效，外部监督无序，是中国监督方面的显疾。所谓内部监督无效，是说在体制内，尽管各种监督机构林立，力量庞大，但实际效果不佳。所谓外部监督无序，是说体制外的各种力量，包括公众、媒体和网络等，在对公权力特别是腐败问题的监督中，不能完全甚至有时完全不能依法进行，充斥着难以理喻的不文明言行，尽管命中率较高，但误伤率也不低。前些年，民间俚语戏说中国反腐情况是，一靠媒体关注，二靠美女脱裤，三靠子女炫富，四靠短信外露，五靠情妇反目，六靠小偷入户，七靠二代跋扈，八靠烂尾事故，九靠访民拦路，十靠平息众怒！虽然言辞不雅，但并非完全不着边际。因为现阶段中国腐败程度十分严重。上到党政要员，下至村官末吏，从公认的实权部门到清水衙门，从国家机关到企事业单位，腐败几乎无处不存。与大面积腐败相关联的，则是一些党政官员的不作为和效能低下，在有的地方和单位达到令人无法容忍的程度，这同样影响党和政府公信力，威胁到党的执政地位。

从伦理学角度讲，腐败的基因在于人们的自利心，只要有人类社会，就会有腐败现象。专制制度下有腐败，民主制度下也有腐败。但不可否认的是，专制制度下的腐败，要比民主制度下的腐败严重得多。因为民主制度下，是众目睽睽，腐败无处藏身；而专制制度下，通常是选择性反腐，尽管帝王"独具慧眼"，仍难免"网漏吞舟之鱼"。自古以来，帝王对臣子的要求首先是忠诚，只要他觉得你是忠诚的，你的腐败就是可容忍的，甚至你越腐败他越高兴，因为这样你有把柄在他手，就好控制；反之，如果他觉得你不够忠诚，那就麻烦了，即使你略有腐败行为，也会遭到严惩。北周最高统治者宇文泰曾向大臣苏绰请教治国之道，苏绰提出"用贪官，弃贪官"之说："用贪官以结其忠，弃贪官以肃异己，杀大贪以平民愤，没其财以充官用，此乃千古帝王之术也。"可见，在专制政体下，腐败不可能从根本上治理，古今中外的历史也证明了这一点。在腐败大面积存在的情况下，采取"老虎苍蝇一起打"的做法，形成高压态势，遏制蔓延势头，是必要的。但大面积腐败必定有制度根源，经过一段时间的"治标"后，应当适时向"治本"转换，即由严刑峻法向制约权力的制度建设转换。前述改革"入法"、加强公平正义的制度建设、规范权力运行、推进司法独立与公正等，都有助于从根本上遏制腐败。同时，还需要对监督制度本身进行改革和完善，达到既遏制腐败，又提高效能的双重目标。

## 一、构建科学合理的监督体系

在西方的权力形态中，没有单独的"监督权"。在立法、行政、司法三权分立制衡体系中，国家权力已从根本上受到制约，监督无处不在，无时不有，所以不需要再设立专门的监督权。中国传统的权力配置和运行体制，是轻视横向的制约，重视纵向的监督。20世纪初，孙中山以西方的"三权分立"理论为蓝本，并从中国的历史与现实出发，提出"五权宪法"的设想，在三权之外，加上考试权和监察权。之后的"中华民国"和台湾地区，就按这个构想建立国家机构。但在后来的台湾地区，更侧重西方的三权分立实践，结果使"监察权"成为"纸老虎"，"考试权"成为"睡美人"，这是必然的。因为权力有了横向的相互制约，纵向的单向监督就会显得多余。当然，在中国这样单一的中央集权的大国，并且正在由传统社会向现代社会转型时期，国家权力配置不可能一蹴而就，特别是腐败还处在高发弥漫之时，有必要建立具有高度权威的运行起来有效有序的监督体系。在体制内构建科学合理的监督体系，至少包括两个方面。一是监督机构和力量配置合理，既相互协调，又适度制约，能够形成监督合力，并能防止监督者无人监督的局面。二是监督制度健全，机制灵活有效，能够遏制不断滋生变化的腐败行为。

## （一）整合监督力量和机构

中国现在的体制内，有党的纪律监督，人大的权力监督，政协的民主监督，法院和检察院的司法监督，还有政府系统的审计监督、监察监督、法制监督，等等。在这么多的监督和反腐机构中，存在职权交叉、力量不集中以及授权不足、影响监督力度与效果等问题。在实际运行中，往往是"龙多不治水"。因此，设置职能相对统一的反腐机构，既是世界趋势，更是中国急需。

可以将纪委升格为与同级党委、人大、政府、政协相同的级别，提升反腐败机构的地位，形成决策权、执行权和监督权相互分离、相互协调、相互制衡的权力配置和运行机制。

还可以打破原有的双重领导体制的固化框架，实行地方各级反腐败机构直接受上级反腐败机构垂直领导体制，形成上级纪检监察机关管理为主、同级党委政府管理为辅的新的双重管理模式。这对于改变现在"同级监督太难，上级监督太远"的问题，会有些作用。如果难度太大，可以考虑先从省级以下垂直管理做起，或者选择若干具有不同代表性的地方进行试点，等经验成熟后，再全面推行。

成立职能相对统一的专门机构，可以把职务犯罪侦查权从检察机关剥离出来，将监察机关、预防腐败局和反贪局，整合成高度独立、权限集中、授权充分的反腐败专门机构，在现阶段可与纪委合署办公，赋予其统一的职务犯罪侦查权，还可以赋予其特别调查权和机动调查权，强化反腐能力。或者仿效香港的成功做法，整合检察、纪委等机构职务犯罪的侦查职能，建立廉政公署。

推行职能相对统一的监督机构设置，将会涉及宪法以及其他权力机构组织法的修改和完善，是一项牵涉面比较大的举措，步伐不可能很快。但可以针对当前一些权力机关和官员频频越线侵权和寻租问题，尽快制定一部完整清晰的"行政组织法"，明确政府权力的边界，划清政府部门的职责分工，列出"权力清单"，包括法定权限和法定程序，并向社会公布。这是一个源头性质的制度安排，也是规范各种权力机构设置的重头戏，做好了就有带动全局的作用。

### （二）健全和完善相关制度

我们常说，要建立和完善各种反腐机制，使官员不想腐、不敢腐、不能腐。这其中，不想腐侧重于思想教育，不敢腐侧重于高压震慑，不能腐侧重于制度约束。从人的自然和社会属性来看，不想腐的欲望是难以消灭的，除了少数"圣人"之外；不敢腐的震慑也是难以持续的，而且只要有足够大的诱惑，敢于铤而走险者还是大有人在。因此，只有通过制度建设，特别是增强制度实施的必然性，才能使那些"敢想敢做"的人动弹不得。所以，还是要在"不能腐"上多做些文章。邓小平当年曾说："对干部和共产党员来说，廉政建设要作为大事来抓。还是要靠法制，搞法制靠得住些。""搞法制靠得住些"，是一句很朴实的话，却道出了制度建设的重要性。

　　比如，建立重大决策程序制度。腐败多发生在主要领导干部身上，而主要领导干部之所以会腐败，是因为他们拥有重要问题的决策权，通过决策行为设租寻租。而决策失误所造成的损失甚至远高于贪污腐败。因此，制定重大决策程序方面的法律法规，规范当前一些重要机构和许多"一把手"权力不受约束的问题是非常必要的，也是从源头上遏制腐败的制度建设。重大决策程序并不仅仅指集体讨论，还应包括公众参与、专家咨询、合法性审查、风险评估、过程反馈和责任追究等多项内容，是一个严密系统的制度安排，体现法治建设程序优先的正确理念。同时，可以考虑进行全国统一的行政程序立法，使各种权力特别是行政权力的运行真正做到规范有序、公开透明，处在社会的全面全程监督之中。

　　再如，建立科学的现金管理制度。世界上所有发达国家和相当一部分发展中国家，都有现金管理制度。没有这个制度，腐败在很大程度上就处在不可治理状态。比如买官卖官，行贿人将几十万元往旅行袋一放，自己开车给官员送到家里去，就很难被发现和取证。如果有了规范的现金管理，情况就可能不一样了。这时也会有买官卖官，但要将几十万元现金拿过去就费事了，必须得另想办法。比如通过银行给他账号打过去几十万元，或给他办一张卡，里面存上几十万元，或者给他买一套房。有人可能会说，这跟拿过去几十万元现金没有什么差别，实际上是有差别的。几十万元现金直接拿过去，没有任何记录，很难发现。给他办一张卡，身份证实名制，第一个蛛丝马迹有了。如果借别人的身份证，必须从另外一个账号转钱过来，第二个记录有了。另外，提款机有摄像头，消费还得签字，即使签假名字，笔迹也是可鉴定的。到处都有记录，这就转入可治理状态。这些基础制度，就类似于城市的基础设施，马路、桥梁、路灯、管道、输电线路等等，基础设施出现了问题，一个城市的生活就玩不转了。

　　还有，完善官员问责制度。官员问责制，是对党政领导干部的执政行为和执政后果，进行责任追究的制度。通过责任约束，规范权力运行，使之既不越位，也不缺位，既防止乱作为，也防止不作为。近年来，在这方面已经有了一些制度规范，但从实际运作来看，存在问责主体单一、程序随意、免职官员复出不透明等问题。特别是对组织和纪检部门官员的问责，还很少实行，而大面积腐败的存在，除了体制因素外，几乎都直接或间接与这两个重要部门有关。需要针对这些情况，对问责制度进行修正和完善。首先要固化问责程序，包括界定问责客体、确定问责主体、划定问责范围、判定问责后果。第二要优化问责方式，运用多样化的问责手段，使公开与公正有机结合，同体和异体有机结合，问责和责问有机结合。第三应完善被问责官员引咎辞职的具体制度，使问责制度在防止腐败和提高效能方面，都收到理想效果。

诸如此类的制度建设，还有不少，应根据实际需要逐步加以健全和完善。

### （三）"高薪养廉"与"原罪追究"问题

与制度建设相关联的，还有两个争议较大的问题。

一个是高薪养廉。对于高薪养廉，一直有不同看法。客观地说，在一个由落后向发达转型的社会初期高薪养廉是非常需要的。如果从政者没有足够的收入来源，维持一个体面的生活，各种"潜规则"必然流行，权力"寻租"和腐败的花样就会层出不穷。我们可以要求官员向海瑞学习，向焦裕禄看齐，但必须使官员们的生活水准高于海瑞和焦裕禄，否则，就很难保证他们真的不贪不腐，或者培养出一大批道貌岸然的伪君子。不可否认，中国古代尤其是明清时期官员的合法俸禄过低，也是造成官场贪腐成风的重要原因之一。因此，给予公职人员较高的收入，以支撑他们的体面生活，在一定时期和范围是可以减少腐败动机的。从中国香港和新加坡的经验来看，这种做法比较成功。当然，高薪必须有一个限度，这个度就是社会所能接受。如果超出社会接受程度，高薪的合法性就会成问题。尤其是政府规模过大，官员数量过多，经济又欠发达时，高薪养廉恐怕就很难养得起、行得通。当经济社会发展到一定阶段，全社会平均生活水平达到一个可以过体面生活的程度，也就是中产阶级社会形成后，高薪养廉的效用会逐渐降低。很多欧洲尤其北欧国家，政府官员薪水不很高，但也能保持清廉，就与全社会生活水平较高有关。到那时，从政只是一项技能，并非谋生的主要手段，人们无须通过权力寻租来过上好日子。

还有一个是"原罪追究"问题。今天，无论是企业家还是政府官员，凡是手中握有大量财富的人，都感觉到很不安全。一有机会，就想把财富通过各种方式转移到国外去。这就涉及"原罪追究"的问题。"原罪追究"的声音在中国一直非常响亮。近年来因为社会不公的蔓延，这种呼声越来越高，财富的加速流出与此不无关系。在西方发达国家，历史上也曾经有过这样一个阶段。通行的办法是通过制定新法律，规定在某一时间段之前的某些非法收入免除"原罪追究"，强制或者鼓励这个群体将资金投到教育、社会慈善等事业中去。这样既留住了财富，也有益于社会。之后，对他们的收入通过种种举措来监管。中国可以学习这种做法。若不对此进行"去道德化"的处理，盲目迎合激愤的社会仇富情绪，负面作用肯定会大于正面效果，而且也不会对弱势群体带来多少好处。因此，必须客观分析改革开放以来财富"原罪"形成的社会历史背景，理性对待当下的财富"原罪"问题，按照现代法治原则，寻找一个合适的时机进行切割。切割之后，老问题老办法，新问题新办法。这种切割需要有特定的社会环境和氛围，就是一些学者期望的"执政者有向前的决心，民众有理解的宽容"，中国非常需要这两句话，以及这两句话所形成的氛围。

# 二、让权力在阳光下运行

阳光是最好的防腐剂，公开是最有效的监督，大家对此不会有什么异议。有异议的是先把自身弄干净，还是先把门打开？无论从执政者自身考虑，还是从保持社会正常秩序着眼，把房子打扫干净再迎接客人，把内部整顿得差不多后再向外公开，可能更妥当一些，这样既能有面子，也能保里子。如果信息公开的范围和速度大幅度超出解决问题的能力，问题摆在光天化日之下又解决不了，就可能引发政治危机。当然二者有个互动关系，如果老是嘴上说公开，实际上没有什么具体制度安排，问题官员就可能不再清洁自身，甚至连起码的卫生也不想搞了。因此，在自我规整的基础上，适时加大公开力度，是最佳的改革路径选择。

## （一）制定政务公开法

在政务公开方面，这些年已经有了一些制度建设。比如，制定实施了《政府信息公开条例》，各地还有一些相应的实施细则或办法。但撇开施行的实际效果不说，仅从立法角度讲，公开的主体限于政府，无法涵盖党务公开、司法公开及其他领域的办事公开；而且公开条例只是一个国务院的行政法规，不是权力机关的立法。所以，有必要制定一个层级更高、涵盖范围更广、实际执行效力更大的"政务公开法"。现在这方面的社会呼声很高，立法的基本条件也已具备，全国人大应该尽快启动立法程序，在立法过程中广泛听取社会各个方面特别是公众的意见，甚至可以试行全民公投，使立法过程变成普及法律知识、提升法律信仰、树立法律权威的过程。

作为国家层面的"政务公开法"，应该明确公开的主体、范围、程序、责任，以及对个人相关权利的保护等。一些具体的制度规范，不可能在一部法律中全部涉及，可以授权中央政府和地方权力机关加以配套和细化。基本的法律原则和精神不能突破，具体的制度规范可以更具针对性和操作性。大国立法，又立大法，应当如此。

### （二）推进官员财产申报与公开

凡是法制比较健全、清廉度比较高的国家和地区，一个共同经验就是建立了官员财产申报公开制度。近年来我国也有官员财产申报的内部制度性要求，比如领导干部个人事项报告制度等。但在实施中多流于形式，这说明没有公开和高层的带头，这项制度是很难落实的。至于财产公开，近年来在一些地方有过试点，据说有一定的作用，但一时一地的情况，对全局的影响力毕竟有限。

有人认为，现在建立干部财产公开制度，有些不合时宜。持这种意见的人，并不一定是反对财产公开，而是觉得有很多因素，可能使公开制度无法制定和实施。如果硬要这么做，很可能引发不良反应，甚至社会动乱。不能说这种担心是危言耸听。但有两个道理，我们必须考虑。其一，拿最低生活保障制度来说，一个家庭现在想要领取低保，必须公示家庭财产状况，看是否符合领取标准。同样是家庭财产公示，低保制度顺利实行了这么多年，为什么一轮到公务员就不合时宜了呢？低保由国家财政支持，公务员领取的也是国家财政的钱，老百姓领低保时要公开财产，公务员领国家薪金不用公开，这个道理说不通。其二，要相信我们官员队伍的主体还是比较好的。如果老是嘴上说要"立党为公，执政为民"，实际上是"立党为党，执政为政"，还要党和政府干什么？如果不敢公开财产，客观上会给一些别有用心者"天下乌鸦一般黑"的说法提供口实。

现在的实际情况表明，官员财产申报与公开不能无限期拖下去。近年来社会上有意无意暴露出来的许多官员贪腐事件，比如"表哥"、"房叔"等，尽管可能在官员队伍中是少数，但对党和政府的整体形象的伤害，是无法估量的。从这个意义上讲，建立干部财产申报公开制度，时不我待。以往各种防止干部贪腐的制度规章、机构设置和措施方法，之所以不足以震慑贪腐干部，就在于这些制度安排大都以"内部事务"的方式进行，而不是将其作为与公众利益攸关的事务进行公开处理，导致一些干部心存侥幸，并能够设法搞定。而这一制度的建立，将在吏治方面起到事半功倍的效果。

在建立和推行这一制度时，阻力一定会有。因为毕竟干部财产申报公开制度，是对公务员权力的限制与约束。但对于大多数官员来说，应当认识到，尽管公开会束缚自己的手脚，但同时也具有保护自己的功能。因为这样的制度安排，可以促使官员洁身自好，也可以让无辜者不受冤枉。

当然，要使这项制度真正有效，还有一些技术层面的问题需要解决。比如，财产的鉴定、申报的范围与程序、公开的范围与程序、对不实情况的认定与处理，等等。这些问题，都会在不同程度上影响财产申报公开制度的建立与实施，但并非没有化解之法。

比如，可以逐步实行官员收入的货币化。官员的消费水平和其收入水平应当是对应的。货币化有利于对官员进行监督。一旦官员的消费水平远远超出了其工资水平，人们就可以怀疑其是否有非正常的收入，甚至腐败了。所以，很多国家官员的收入是货币化的，可以供老百姓查找。这方面新加坡政府做得最为彻底。新加坡的高级官员连公车都没有，官员群体的薪水较高，但所有的费用都包括在内了。一旦收入与支出不符，很快就会显形，这就降低了监督的难度和成本。

还可以实行国民收入记录制度。在美国，一个人的收入可能自己不清楚，家人不清楚，周围的朋友同事不清楚，但有一个地方一定清楚，那就是税务局。我们正好相反，你的收入你清楚，你的家人清楚，周围的朋友同事也差不多清楚，但就一个地方不清楚，那就是税务局。因为国家没有国民收入记录制度。美国就是因为有了这样一个制度，保证了每一个人的收入是清楚的，政府是掌握的。不能说我们现在没有条件，国民收入记录制度建立不起来。一些发达国家当年也是在没有计算机和互联网，靠手工抄卡片的情况下，将这个制度建立起来的，我们现在还能说没有条件吗？说一千道一万，如果公众在网络图片中都可以查出干部的财产状况，那么干部财产申报公开制度就没有理由建立不起来。

当然，在中国目前官员众多且腐败较为严重的情况下，推行财产和收入申报公开制度，需要讲究策略。其中最关键的，主要是两条：其一，从新提拔者做起；其二，高层领导带头。这样阻力和风险可能较小，带动和示范效应较大。

### （三）建设中立客观的民意调查制度

民意调查制度是反映社会舆情的一面活"镜子"。当今世界许多国家政党执政、社会管理、民生考核都离不开民意调查。尤其是大家关心的执政党和国家领导人的社会满意度，已成为各方都可以接受的常态化的民意调查项目。进入 20 世纪 60 年代以后，民意调查引进系统论、控制论、信息论、电子信息和互联网的成果，进入了一个全新阶段。随着现代高新技术的发展，民意调查和研究的方法日新月异，新技术层出不穷，出现了以综合分析法、E－mail 问卷调查、网络调查、计算机辅助电话调查系统（CATI）等为代表的新型调查手段和方法。同时，形成了各种类型的民意调查机构。比如，隶属于政府或半官方性质的民意调查机构、民办非营利性调查机构、媒体民调机构、学术类民调机构、商业性质调查公司等，其中非政府性民意调查机构比较发达。

在中国，"民意"一词最早出自先秦时期的著作。民意调查始于周朝设置的"行人"，行人不论外出采风、打仗或访问邻国，都会带回一些有关社情民意的新信息，但这同从尊重民意出发，主动征询民众对社会事务意见的民意调查是有差距的。在整个古代社会，民意调查主要是官方辅助统治的一种工具，在有些时候甚至发展成为维护专制统治的特务机构和行为。一直到近代孙中山提出"三民主义"后，以问卷调查为标志的现代民意调查开始萌芽，主要以学术界和新闻界为主导，关注民主政治，以及如何改进新闻、报纸内容等。这些早期的现代民意调查，社会影响力很小，并没有像西方那样出现民意调查蓬勃发展的时期。

新中国成立初期，由于有着与苏联、东欧社会主义国家相类似的原因，民意调查很少举行。加之1957年的反右斗争及"文化大革命"的十年动乱，更没有条件进行普遍的民意调查。改革开放以来，停顿已久的民意调查活动得以逐渐恢复，且日益频繁，影响不断扩大，民意调查日益被人们所接受，也受到决策部门的重视。1992年邓小平南方谈话后，民意调查发展较快，尤其是外资企业带来的市场分析与预测方面的需求，境外一些著名的调查公司进入中国市场，或者设立分支机构，给中国民意调查事业带来了全新理念及调查技术，也促进了民间独立市场研究与民意测验机构的成立。

尽管中国目前已经有了一些民意调查机构和民意调查活动，但与民主政治建设的客观需求，还有不小的差距。现在，困扰各级政府的"街头政治"和"网络炒作"，真假参半甚至无中生有的各种流言到处传播，社会诚信的普遍缺失，特别是官民之间的互不信任，都与客观中立有效的民意调查制度的缺位有很大关系。而民意调查的缺位，又与各级领导对民意调查的认识不到位有关，担心推进民意调查会出乱子、惹麻烦、丢面子。特别是对执政党和国家领导人的社会满意度调查，还是一个高度敏感的禁区。

我们现在已进入信息化时代。在这个时代，客观中立的民意调查制度建设，是执政者终究无法回避的问题。必须充分认识民意调查对中国民主政治建设的重要性，促使其向客观中立、运作科学、功能多样、内容广泛、富有实效的方向发展。特别是要保证民意调查机构的中立性和权威性。不能老想着如何把它掌握在自己手中。经验证明，越是官方色彩浓厚的民调机构，越缺乏应有的公信力。越想让它给自己帮忙，结果往往是越帮越忙。如果只想把民意调查作为执政者粉饰太平与宣扬政绩的工具，其结果可能会适得其反。坚持民办民意调查机构，应成为民意调查制度建设的一条基本原则。应该承认，严格意义上的民意调查制度建设，在中国还是一个比较陌生的事情，还有许多东西需要学习和试验。但这个发展方向是不容置疑的。至于何时以及如何启动对执政党和国家领导人的民意调查，则是一个需要慎重对待的事情。

## 三、发挥媒体依法监督的作用

研究表明，所有的威权体制，都难以避免威权精英阶层的自利化倾向，这是人类社会面临的共同难题。在中国目前"强国家—弱社会"的结构里，官员腐败可以借助于权力庇护网结构而如虎添翼。这种权力庇护网结构的特点是，腐败官员在与公安、检察、司法系统之间，在上下级职能部门的朋党之间，在执掌的权力与黑社会之间，形成勾结起来共谋利益的关系。这样，在某些地区，保护人、效忠者、黑社会分子与地方监督和司法机构之间，以地方官员为中心，形成依附性的四环结构。在这种威权庇护网支配的环境里，腐败行为的收益极大提升，违法犯罪成本与风险极大降低，腐败因此会越演越烈。而这种庇护网问题，很难在体制内解决，必须在体制外力量的压力下来解决，这就需要在政务公开的前提下，借助相对独立的新闻媒体的力量来遏制和消解。

### （一）促进网络管理法制化

近年来，随着网络传播技术的迅猛发展，以及网民群体的扩大，依托于各种网络平台的网民舆论权，或网络话语权也顺势崛起，并在媒介独立和舆论监督方面发挥重要作用，使传统的新闻媒体才具有的舆论监督的权力，正在悄然向网络舆论或网络话语转移。如果说，传统媒介是新闻自由之子的话，那么网络媒介就是信息自由之子，这是由其独特的任何人、任何时间、任何地点的参与表达和互动这一媒体特征所决定的。正是这种特点，使网络媒介起到了传统媒介难以起到的作用。现在人们越来越认识到，端正党风政风的主要力量，不完全是中央的三令五申，更重要的是全媒体或自媒体时代，对官员监督的无时无处不在。

　　由于网络媒体的特殊性，网络媒介中难免鱼龙混杂，泥沙俱下。公共机构和市场类机构，可以通过网络越来越多地获取个人、组织和政府的信息。这些信息甚至成了一些人牟取利益的手段，也成了商家、投机者、不法分子所觊觎的"财富"。同时，在网络社会中，公众可自由行使监督权、检举权，随着一些公众举报案件被查证，这种热情被进一步激发。而网络的虚拟性本身，决定了许多人特别是一些匿名发言人，对所说问题的真实性与准确性不能完全负责，甚至故意发布一些虚假信息，让无辜者受到伤害，使得网络反腐沦为攻击他人的手段，甚至成为权力斗争的工具。有时候，一个危言耸听的假信息就能让人身败名裂。在事实查清后，就算你发几十上百个更正帖，也很难真正消除影响。如何既使主流媒体更加贴近实际，又使网络全面反映生活，使二者融合发展，是当代中国新闻舆论需要解决的一大难题。

　　就网络管理而言，近年来国家已经制定或修改了一些相关的法律法规。比如，刑法修正案中增加了打击"信息贩子"的条款，颁布了《中华人民共和国居民身份证法》，国务院还出台了《互联网信息服务管理办法》，此后又颁布了诸多相关暂行规定，全国人大常委会还制定了《加强网络管理的决定》。但是，在实践中仍然存在立法相对滞后、实用性不强等问题。无论是官方还是民间，都有关于进一步净化网络环境的建议，呼吁国家加快网络立法。

网络管理法制化，也是国际社会的通行做法。据统计，目前世界上有 90 多个国家制定了相关法律。以世界头号发达国家，同时也是互联网最为发达的美国为例，从 1978 年至今，已经出台了一系列相关的联邦和州法律，明确将互联网定性为"与真实世界一样需要管控"的领域，主要涉及保护国家安全、未成年人、知识产权及计算机安全等方面。在美国，侵扰他人的私人事务、错误曝光、挪用他人信息等，均在侵犯隐私之列。针对有关国家安全的信息保护，美国安全部门投入大量精力，打击通过互联网散布威胁国家、社会安全的恐怖信息行为。2011 年 2 月提交国会的《信息安全与互联网自由法》中，授权总统可以宣布"信息空间的紧急状态"，在此状态下，政府甚至可以部分接管或禁止对部分站点的访问。

中国目前网民之多位于世界之首，但相关技术尚不能与美国等发达国家相比。也正因为如此，在网络立法方面可以借鉴美国等发达国家的经验，同时要符合中国的具体国情，特别是民主法治建设的进程需要，尽量少走弯路。

网络上什么话都能说，固然与网民素质和网络监管有关，但也反衬出一个问题，就是平面媒体上可以说话的空间还是太小，过滤太多，不能满足公众言论自由的需求。因此，立法的主旨一定要注意保护网络世界应有的自由、民主和真实。要管好，但绝不能管死。一旦管死了，虚拟世界鸦雀无声，真实的世界就有可能积累起太多的压抑情绪，如果处理不当，一旦爆发出来，远比虚拟世界所能造成的危害大。

信息经济学的一个基本原理告诉我们，谁拥有的权力越大，谁被欺骗的可能性也越大。尤其是在专制龙威之下，即使位居九五之尊者主观上想听真话，客观上也必然会被谎言世界包围。例如明明是一个错误的决策，下属偏偏说成是圣上英明。原因很简单，欺骗一个穷光蛋，所得有限，但欺骗拥有至高无上权力的执政者，一旦成功，收益可能是巨大的。而且，金字塔尖的人离底层的距离远，得到的信息往往经过了多重加工过滤，严重失真，即便事后有所觉察，往往也会因不愿自损龙威或者无从核对而就此作罢。鲁迅先生曾经提到的"红嘴绿鹦哥"的故事，就是这样一个典型。

目前拥有计算机终端等现代网络通信设施的，多数在城镇，多数是文化人，无论身份、职业等有多少不同，但大都属于社会的中上阶层。虽然也有一些人处于底层，但能玩手机电脑，就有相应的沟通和理解能力。因此，当有人在网上发布不实信息时，相关政府部门或相关人应该及时予以澄清。不一定要等到全部事实掌握后，才予回复。想通过一次性发布就搞定，往往搞不定。可以形成对话，形成互动，相信绝大多数网民是有起码的鉴别力的。因此，在网络立法中必须明确规定政府相关部门及相关人回复质疑的义务和时限，因"不予理睬"而引发不良后果的，应负相应的责任。

对于个人隐私、商业秘密、国家机密，以及未成年人保护、计算机安全等，都需要在网络立法中予以规定。在网络虚拟世界中，如何做到有效保护，的确是个难题。就是发达国家，尽管法令细密，也还是漏洞不少。从法律规范和技术层面讲，要在两个方面着力。一是对违犯规定者，设定法律责任，并尽量做到执法必严，违法必究。二是要有相应的技术手段，能够及时准确捕捉弄虚作假者，做到"魔高一尺，道高一丈"。这可能是一个永远也不会终结的博弈过程。

立法当有百年计。当一个新生事物出现后，我们对它的性质、功能和作用的认识，不可能在短时间内达到完全正确的程度。网络在中国的出现和作用正是这样。诚然，现在网络上的确有不少虚假信息，有的已经造成比较严重的后果，但同时它也登载了许多真实的情况，而这些情况在平面媒体中，可能永远也听不到、看不见。如果因为它在目前阶段暴露出来的一些问题，而忽略了它在本质上具有的正能量，因而在立法指导思想上发生偏差，就会损害网民的权利，最终也会影响中国民主法治进程。

### （二）依法保障新闻自由与真实

新闻自由与真实的关系是辩证的。从哲学层面讲，新闻自由是手段，真实才是目的。我们通常说，新闻的生命在于真实，道理就在这里。但无数事例表明，要真实，就必须自由，没有自由，很难保证真实。从认识论角度讲，真实是有层次的、相对的，只要主体能自主表达所见所闻，就是一种真实，虽然这种真实不一定为所有人认可或喜欢。我说出了我想要说的，我说出了我看到和听到的。保证传媒表达的这种真实性，是还原真相走向正义的重要一环。

在全面推进依法治国的进程中，应当从中国的客观情况和需要出发，逐步依法规范和保障新闻自由，促进新闻真实，有效发挥新闻媒体的监督作用。

新闻自由权中，包含采访权、报道权、批评建议权、创办报刊权等，需要逐一规范。

就采访报道权而言，政党、行政机关、法律法规授权的具有管理公共事务职能的组织、社会团体、公共企事业单位，均有接受媒体采访、提供信息的义务。上述组织如认为相关信息不能公开或拒绝提供，应在一定时限内以书面形式向提出采访请求的媒体解释说明。拒不提供解释，或新闻媒体认为理由不正当，可以依法向法院提起诉讼。

就批评建议权而言，公民、新闻工作者可以通过新闻媒体对法律法规、公共政策的制定、修改和执行，发表建设性意见。但所发表意见不得反对或背离宪法规定的基本原则。公民、新闻工作者有通过新闻媒体对政党、政府机构及其工作人员、社会团体、企业事业单位等发表意见、提出建议、进行批评的权利。但对各级党政领导人的批评，由国家新闻管理部门根据渐进发展原则，制定实施细则，以使国家领导人的名誉不受损害。

在新闻媒体的体制改革中，应该引进经济体制改革中行之有效的反垄断和鼓励竞争的思路。既然中国已经容许经济产权的多元化和平等竞争，也应该提倡新闻媒体产权的多元化和平等竞争，包括国家控股、法人参股以及私人独立经营新闻媒体。只有在新闻媒体的平等竞争中，才可能真正实现新闻报道的公正性。一旦以社会公正为主题的政治变革得以启动，中国的新闻自由必将扩大，新闻媒体的社会监督功能也就得以强化，腐败现象也会随之受到全面监督和抑制。

# — 主要参考书目 —

柏拉图：《理想国》，湖南文艺出版社 2011 年 7 月第 1 版。

孟德斯鸠：《论法的精神》，三联书店 2009 年第 1 版。

黑格尔：《法哲学原理》，商务印书馆 1961 年 6 月第 1 版。

霍布斯：《利维坦》，商务印书馆 1985 年 9 月第 1 版。

科恩：《论民主》，商务印书馆 1988 年 5 月第 1 版。

约翰·密尔：《论自由》，商务印书馆 1959 年 3 月第 1 版。

皮埃尔·勒鲁：《论平等》，商务印书馆 1988 年 5 月第 1 版。

边沁：《道德与立法原理导论》，商务印书馆 2000 年 12 月第 1 版。

卢梭：《论人类不平等的起源与基础》，商务印书馆 1980 年 2 月第 1 版。

卢梭：《社会契约论》，商务印书馆 1980 年 2 月第 1 版。

罗尔斯：《正义论》，中国社会科学出版社 1988 年 3 月第 1 版。

亨廷顿：《文明的冲突与世界秩序的重建》，新华出版社 2002 年 1 月第 3 版。

戴维·波普诺：《社会学》（第十版），中国人民大学出版社 1999 年 8 月第 1 版。

韦恩·莫里森：《法理学》，武汉大学出版社 2003 年 1 月第 1 版。

托克维尔：《旧制度与大革命》，商务印书馆 2012 年 8 月第 1 版。

江平:《私权的呐喊》,首都师范大学出版社 2008 年 12 月第 1 版。

吴敬琏、马国川:《中国经济改革二十讲》,三联书店 2012 年 12 月第 1 版。

张维迎:《什么改变中国》,中信出版社 2012 年 7 月第 1 版。

潘德斌等著:《中国模式理想形态及改革路径》,广东人民出版社 2012 年 7 月第 1 版。

郑永年:《改革及其敌人》,浙江人民出版社 2011 年 9 月第 1 版。

张维为:《中国震撼》,上海人民出版社 2011 年 1 月第 1 版。

刘哲昕:《文明与法治——寻找一条通往未来的路》,上海人民出版社 2011 年 4 月第 2 版。

高健、佟德志主编:《法治民主》,天津人民出版社 2010 年 3 月第 1 版。

李强:《社会分层十讲》,社会科学文献出版社 2011 年 7 月第 2 版。

范进学:《法律与道德社会秩序的规制》,上海交通大学出版社 2011 年 10 月第 1 版。

易中天:《先秦诸子百家争鸣》,上海文艺出版社 2009 年 1 月第 1 版。

易中天:《帝国的终结》,复旦大学出版社 2007 年 11 月第 1 版。

周旺生:《法理探索》,人民出版社 2005 年 10 月第 1 版。

徐育苗:《中外政治制度比较》,中国社会科学出版社 2004 年 10 月第 1 版。

辛鸣:《制度论》,人民出版社 2005 年 10 月第 1 版。

高兆明:《制度伦理研究》,商务印书馆 2011 年 10 月第 1 版。

# — 后 记 —

这是我多年体验和思考的一个结果。

还在孩提时代，每当有城里的孩子来村中走亲时，其穿着和零食就令我羡慕。稍大一些时，就有些妒忌，甚至愤怒。后来参加工作，也成了城里人。再后来恢复高考，进入上海复旦大学，毕业时国家包分配，每个毕业生特别是名牌大学的毕业生，通常都会有几个地方和单位供选择。即使这样，上海和北京的同学，一般还是选择在原户籍所在地工作，哪怕外地有更好的单位，甚至宁愿接受五年内不予安排的处罚，也不愿离开上海或北京。而学业很好的同学，如果是外地户籍的话，要想在上海工作，是非常困难的——当然那时还不是完全没有可能。再到后来，选地方、找工作，就几乎与学业好坏没有什么关系了。因户口问题引发的人间悲欢离合，更是随处可见。都是户籍惹的祸？我曾花费十年工夫研究户籍制度，并写成约 40 万字的填补中国户籍制度史研究空白的《中国古代户籍制度史稿》，结果发现，在整个中国古代，几乎不存在因户籍制度而造成的不平等。城乡二元户籍制度只是新中国成立后的产物。进一步的研究表明，户籍制度的不平等，既是现实社会不平等的反映，也是固化和加剧现实社会不平等的制度安排。

由对户籍制度造成的社会不平等的思考，我曾多次萌发深入探讨并撰写社会制度与社会公平问题著作的想法。主题就是一个社会如何才能做到永远让有本事的人，不会因为自身以外的因素而不能实现自己的梦想。再进一步，就是一个社会如何保证永远充满文明进步的动力和活力，同时又不因此而形成差别悬殊的社会不公。在后来不同的工作岗位上，我始终没有停止对这个问题的体验和思考。我阅读了大量古今中外的有关著述，并撰写了不少相关的文章。特别是到政府法制机构工作后，思考的主题与工作实践，有了更为紧密的关系。我的思考，也更集中到社会制度特别是法律制度对于保持社会进步所需的动力与社会平等的关系上来。我也曾设计过另外几种框架的写作或表述的方式，而且可能比现在这种方式更为科学合理。但最近十几年来中国社会的现状，使我最终还是选择了目前的写作架构，即介于学术和政论之间的表述方式。这可能和我的经历有关，也可以说是自己的水平所及或能力所限。

在中国传统道德文化中，"忠"是第一位的。忠的含义有两个方面，一是"顺"，二是"诤"。历来对于"忠"的理解和认可，大都在第一种上面。其实，对于执政者而言，既需要"顺"，也需要"诤"。在特定时期和事情上，"诤"比"顺"更重要。当然，"诤"的实际效果，既取决于执政者的胸襟和见识，也需要谏诤者的胆识与智慧。在专制政体中，往往是"顺"存"诤"亡，或"顺"升"诤"黜。在现代民主法治社会，情况就不一样了。正因为如此，我不揣智慧和水平的欠缺，写作了此书，其中有顺言，也有诤言，无论是顺言还是诤言，都是出于对党的忠诚而言。

由于本书体例的限制，一般不在书中直接引文或标注出处。书后我开列了一个"主要参考书目"，虽然已经不少，还是不够完全。但如果再开列下去，会有人觉得我是在炫耀自己的博学，而不是对被参考者的尊重了。在本书的写作和修改过程中，得到许多同志的具体指点和帮助，因为多种因素，不便一一列出。需要说明的是，现代传媒特别是互联网的兴起，对我写作的帮助很大。有些长期思考而难以破壁的问题，在其中找到了答案。一些虽心有定论却苦于无法准确表达的问题，有时会在其中碰到现成的话语模样。对众多实际上对我写作有帮助和影响的各方人士，我心存感激并致谢，同时也希望能够继续得到他们的批评指正。

陕西人民出版社的同志在精心审阅书稿时，提出不少修改意见，有些我采纳了，有些没有采纳。在此除了感谢之外，还要申明，如果本书确有错谬之处，由作者本人负责，不管其中是否与他人的观念及其影响相关。